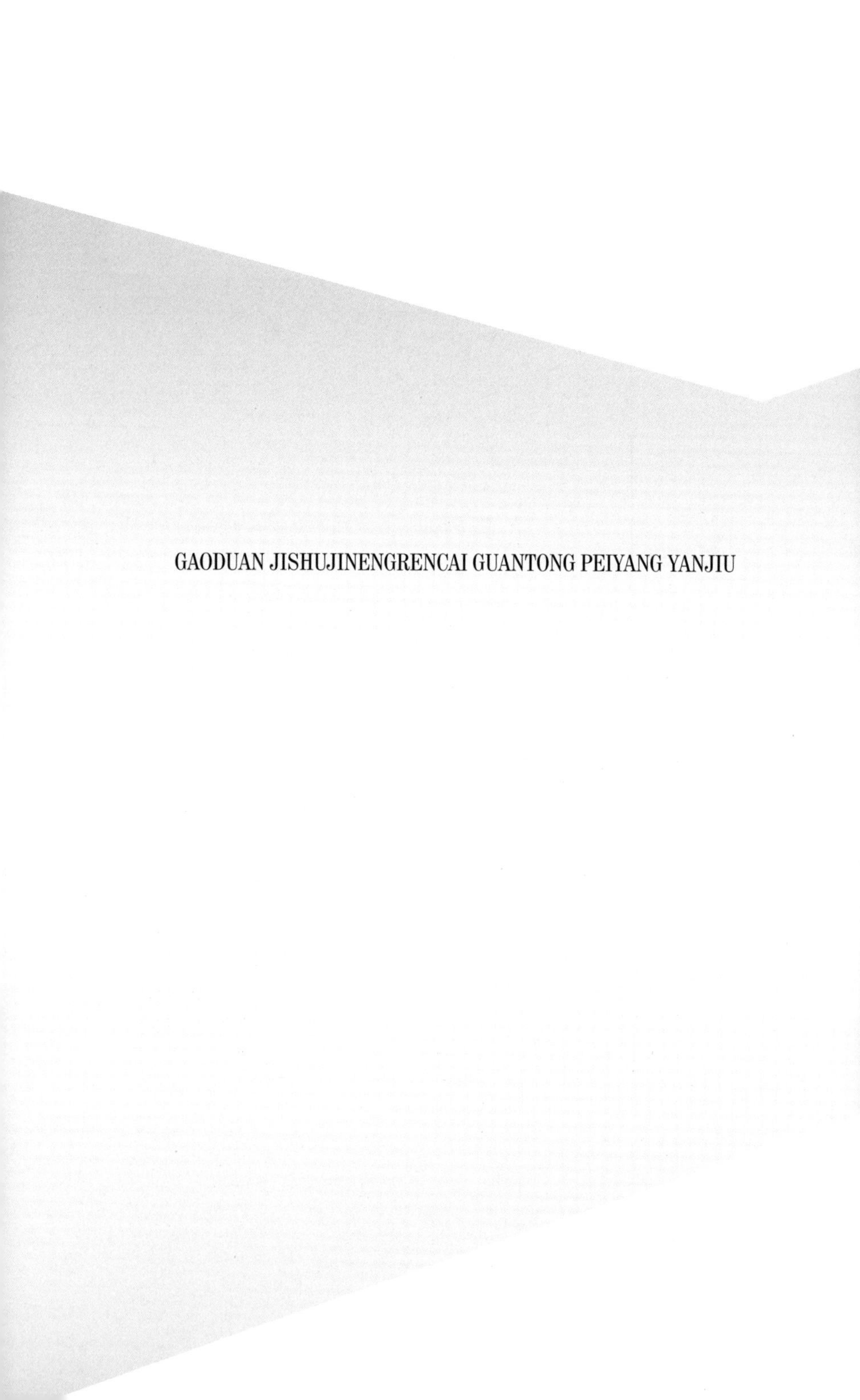

GAODUAN JISHUJINENGRENCAI GUANTONG PEIYANG YANJIU

高端技术技能人才贯通培养研究

吕良燕　著

民族出版社

前　言

当前，我国正处于产业转型升级和经济增长方式变革的关键时期，经济由高速增长阶段转向高质量发展阶段，新技术、新业态、新模式、新产业不断涌现。产业的深刻变革决定了人力资源供给格局的变化，职业教育作为人力资源开发的重要组成部分，开展中高本技术技能人才贯通培养是增强职业教育适应性的重要举措。

为深入贯彻落实《国务院关于加快发展现代职业教育的决定》（国发〔2014〕19号）精神，加快北京市现代职业教育体系构建，2015年3月，北京市教委发布了《北京市教育委员会关于开展高端技术技能人才贯通培养试验的通知》（京教职成〔2015〕5号）文件，提出了在北京市的部分中职、高职、本科院校中试验采用七年贯通培养高端技术技能人才项目，从试验院校、招生人数、专业设置、培养模式等各方面进行了具体的安排和部署。该项目的实施反映了北京市职业教育在京津冀协同发展背景下，主动适应首都高精尖产业需求，创新培养高层次技术技能人才的顶层设计思路。

作为构建北京特色现代职业教育体系的尝试与探索项目，一方面为首都产业转型调整背景下技术技能型人才素质的提高提供了平台和机会，另一方面为研究者和实践者提出了问题和挑战，如何在一体化人才培养理念下，实现行之有效的衔接，创新人才培养模式，切实保证高端技能人才的培养质量，成为研究者和实践者关注的重点和难点。为此，受北京市教委的委托，北京教育科学研究院对全市贯通培养项目的实施进行全过程的跟踪研究和质量监测，申报并获批了2016年北京市教育科学规划重点课题“北京市高端技术技能人才贯通培养研究”（课题编号：CADA16037）。

几年来，在课题组成员及试验院校的共同努力下，针对贯通培养试验院校人才培养实践过程中的问题和困惑，研制了《中高本一体化人才培养方案及课程标准》指导手册，深度解决中高本贯通培养目标和路径的问题；研制“能力递进，阶梯式”课程体系开发方法，推进中高本贯通在培养目标、专业设置、课程内容、教学过程等方面的有效衔接；探索多样化教学新样态，研制课堂教学质量标准，提升课堂教学质量；开展实训基地建设研究，提炼出贯通培养实训基地建设的原则与策略；开展贯通培养专业课教材编写研究，创新提出贯通培养专业课教材编写的原则与路径；从教学质量、管理质量和绩效质量3个维度研制了贯通项目质量评价指标体系，有效地对贯通培养项目运行情况进行跟踪监测。

经过课题组的共同努力，圆满完成了课题研究预期目标，发表了5篇核心期刊论文，出版了2本专著，提交了8篇研究报告。

课题研究在理论和实践层面上均有一定程度的创新。在理论层面，通过开发《中高本一体化人才培养方案及课程标准》指导手册，深度解决中高本贯通培养目标和路径的问题，引领试验院校厘清中高本各层次人才培养目标和定位、明确高精尖人才培养的路径。在实践层面，引导试验院校掌握中高本专业建设及教学改革的具体实践方法并落实在贯通人才培养过程之中，产生切实效果。课题研究形成的系列成果，为推进首都高端技术技能人才贯通培养的持续优化开展提供了理论支撑、政策建议和实践指导。

在贯通培养实施现状调查过程中，得到北京电子科技职业学院、北京工业职业技术学院、北京财贸职业学院、北京农业职业学院、北京信息技术职业学院、北京政法职业学院、北京劳动保障职业学院、北京市昌平职业学校、北京市商业学校、北京市国际职业学校、首都铁路卫生学校等十一所试验院校学生、教师和管理人员的积极配合。首都铁路卫生学校（现已并入首都医科大学）卢桂霞副校长组织人员，对调研数据进行核查和统计，在此表示感谢！

感谢北京教育科学研究院原副院长吴晓川研究员、职成教研中心原主任柳燕君研究员在贯通培养项目研究方面全程给予的精心指导和帮助。

感谢北京市教育科学规划领导小组办公室对课题研究给予的大力支持；也感谢北京教科院职教所的同事们，在课题研究中的努力付出和大力支持。

感谢有关贯通培养试验院校积极参与本课题的实践研究，并为本书提供了丰富的案例。

由于本人水平有限，书中的内容和观点难免存在疏漏与不妥之处，敬请职教同仁批评指正。

吕良燕

2022 年 5 月于北京

目　录

第一章　绪　论

第一节　研究背景与意义

《国务院关于加快发展现代职业教育的决定》（国发〔2014〕19号）提出，"到2020年，形成适应发展需求、产教深度融合、中职高职衔接、职业教育与普通教育相互沟通，体现终身教育理念，具有中国特色、世界水平的现代职业教育体系"。

为贯彻落实国务院该决定的精神，深入推进首都教育领域综合改革，2015年3月，北京市教委颁布了《北京市教育委员会关于开展高端技术技能人才贯通培养试验的通知》（京教职成〔2015〕5号）文件，提出在北京市的部分中等职业学校、高等院校开展高端技术技能人才贯通培养试验，探索适应经济社会发展、产业转型升级需要的高端技术技能人才培养的新路径，率先提出建设具有国际视野、中国特色、首都特点的首都职业教育体系建设新思路。

一、研究背景

（一）世界经济发展和技术进步对职业教育人才需求逐步高移化

近年来，全世界科学技术快速发展，生产、服务和管理等领域的信息化程度、智能化程度越来越高，工业 4.0 将通过信息技术、物联网与生产整合，形成智能制造模式，由“规模化”转向“个性化”，创新成为驱动发展的新引擎。原有职业、岗位的工作内容、任务和方式发生变化，对技术工人、管理人员、现场工程师等一线工作人员的专业理论知识、实践工作能力等专业技术技能水平提出了更高的要求。企业生产一线人员要能够综合应用各种技术知识解决生产现场一些不确定的实际技术问题、进行生产现场管理和监督等工作。创新能力、较高的综合素质成为现代企业一线工作人员应具备的能力素质。

（二）经济新常态需要职业教育培养大批高端技术技能人才

推动经济转型升级和创新驱动，实现价值链与产业链的升级，必须更多地依靠科技创新和劳动者素质的提高。全面提高人力资本素质，不仅需要培养一大批拔尖创新人才和管理人才，更需要各类教育培养的数以亿计的技术技能人才和高素质劳动者。我们不仅要创造更多的科研成果，而且要将大量创新成果转化为现实生产力，促进先进技术的转移扩散和转化应用。所以职业教育适应新常态就是不断提升系统培养人才的能力，打通从中职到本科的上升通道，夯实中等职业教育发展基础，创新发展高等职业教育，引导一批有条件、有意愿的普通本科高校转型发展。提高技术技能型人才的层次，从培养中端技术技能型人才为主，向中、高端并重，再向以高端技术技能型人才为重点转化。积极发展多种形式的继续教育，形成技术技能人才成长“立交桥”。

（三）京津冀协同发展要求首都职业教育发展“高”定位

京津冀作为我国的核心区域之一，未来将形成我国经济发展的新的增长点。实现京津冀协同发展，是一个重大的国家战略。北京坚持和强化全国政治中心、文化中心、国际交往中心、科技创新中心的核心功能，首都经济产业链将从低端向高端移动。首都职业教育需要面向高端产业培养技术技能人才。北京市委领导也多次强调首都职业教育发展定位要“高”，在教育技术日新月异和教育国际化趋势不断加强的背景下，需要更加开放、更加宽泛的视野。

1. 加快高水平培养高端技术技能人才

北京将加快推动产业升级转移，加快构建高精尖经济结构。深度调整优化三次产业内部结构，突出高端化、服务化、集聚化、融合化、低碳化，加快形成创新引领、技术密集、价值高端的经济结构。北京高精尖经济结构的形成和发展不仅需要一大批拔尖创新人才，更需要职业教育培养的生产服务一线的高端技术技能人才，将大量科技成果转化为现实生产力。北京也要把工作重点和资源配置聚焦到以教育质量为核心的内涵建设上来，对接首都经济社会发展需求，重视学生的人文素养、职业素养、职业技能和职业精神的培养，高水平培养高端技术技能人才。

2. 更加重视培养国际化技术技能人才

北京作为国际交往中心，北京的职业教育必须重视培养国际化人才，培养面向世界、具有国际意识的开放型的技术技能人才。因此，北京职业教育必将通过“请进来”与“走出去”的方式，进一步深化国际合作，引进吸收先进理念、模式和方法，创设符合职业人才成长规律和教育规律、具有国际水准的课程与教学标准，提高北京职业教育的国际影响力和竞争力。

3. 多种模式培养多元化的技术技能人才

要实现建成一个具有中国特色世界水平的现代职业教育体系的职业教育发展目标，北京应加快步伐。伴随着经济发展方式的转变和技术技能人才需求的高端化与国际化，人才培养的模式也要不断创新和发展。探索多样化的人才培养模式，培养多元化的技术技能人才成为完善建立现代职业教育体系的必然。

二、研究意义

高端技术技能人才贯通培养试验是首都职业教育主动适应经济新常态的重要举措。项目定位于高端技术技能人才培养，打通从中职到本科的上升通道，形成了人才成长的“立交桥”。贯通培养项目面向首都“高精尖”产业相应地规划布局专业，促进人才供给链与经济产业链的供给对接，实现了职业教育领域供给侧面向学生和市场两个“需求端”的全面改革，为北京市作为首都在“中国制造 2025”“一带一路”战略中更好地发挥核心区位作用，奠定坚实的人才基础和保障，也为北京市打造“高精尖”产业结构，提升创新驱动能力创造了前提条件。

贯通培养试验是首都教育领域综合改革的重大举措，是满足人民群众对多样化高质量教育需求的创新和突破。高端技术技能人才贯通培养试验理念先进，体现了很强的北京区域特色，其顶层设计始终以立德树人为根本任务，以促进教育公平、提高教育质量为主线，以改进政府教育管理方式、激发释放学校办学活力、构建终身学习体系为重点，目的就是进一步深化教育领域改革创新，体现北京市政府在满足人民群众对多样化高质量教育的现实需求方面所做出的努力。

本书研究旨在落实北京市教委关于开展高端技术技能人才贯通培养试验的通知精神，分析发达地区经济社会发展、产业调整升级需求背景下对高端技术技能人才的需求，借鉴国际技术技能人才培养先进经验，把握国内部分地区先行先试项目的经验和问题，围绕北京市高端技术技能人才贯通培养项目的实施，将研究贯穿人才培养过程的始终，努力为技术技能人才的贯通培养实施做好理论支撑和实践指导。

本书研究引入人本主义学习理论、系统化理论、全面质量管理理论等对贯通培养项目进行研究，明确中等职业教育、专科高等职业教育、应用技术型本科教育的人才培养定位，分析人才培养定位与实际培养中的差异；深入探索中高本一体化人才培养方案制订及中高本课程衔接的途径、方式，构建一体化的课程体系，研究适用于贯通培养的教学模式、实训基地建设模式，开展贯通培养教材开发研究，研制贯通项目实施质量跟踪与监测指标体系，以期为首都现代职业教育体系构建的实践提供借鉴和指导。

第二节 核心概念界定及相关理论依据

一、核心概念

（一）贯通培养

贯通培养是指将学历教育的各阶段作为整体进行统筹考虑的人才培养模式。普通教育中贯通式人才培养多是指博士的培养模式，也就是把硕士生阶段和博士生阶段进行统一的博士生培养模式。本书研究的“贯通培养”，是指将中职、专科高职到应用技术型本科三个阶段进行统筹考虑的人才培养模式。其核心就是将“中、高、本”进行有机衔接，培养更高层次的技术技能人才。贯通培养具有职业性、长学制、衔接性的特点。

北京市高端技术技能人才贯通培养是指北京市教委自2015年开始为深入推进教育领域综合改革，适应国家和首都经济社会发展、产业转型升级需要，探索构建北京市现代职业教育体系而推出的高端技术技能人才贯通培养试验改革项目。2015年该项目涉及2所中职学校、3所高职院校、8所市属本科高校共16个专业大类，分为中、高职两种招生模式。

高职院校贯通培养方式为“2+3+2”，即前2年在高等职业院校接受基础文化课程教育（示范高中协作培养），中间3年在高等职业院校接受专业课程及职业技能教育，后2年到国外本科应用技术学院或者在北京市属本科高校接受本科专业教育，学生最后可以获得国外或者国内的本科文凭。中职学校贯通培养方式为“3+2+2”，即前3年在中等职业学校接受基础文化课程和专业基础课程教育，中间2年在高职院校（护理专业为3年）接受高等职业教育，后2年接受本科专业教育。

（二）高端技术技能人才

《教育大辞典》记载：技能指人们运用知识和经验顺利完成某种任务的一种活动方式。技术是指为实现生产过程和非生产性需求的经验和科学方法与手段的总和。姜大源教授认为，技能是关于“运用专门技术的能力”，“技术是一种外在于人的客观力量，技能则是一种内在于人的主观能力”[①]。技术是“为实现生产

① 姜大源：《技术与技能辨》，载《高等工程教育研究》，2016（4）：71。

过程和非生产性需求的经验和科学方法与手段的总和”。技能是“人们运用知识和经验顺利完成某种任务的一种活动方式”[1]。“技术技能人才”，是指具有必要的专业技术理论知识，能够熟练掌握专业技术及现代设备的操作技能，在生产和实践一线工作，能完成技术和操作任务的高素质劳动者。

“高端技术技能人才”的内涵体现在三个方面：一是面向的产业高端，高端技术技能人才是在最前沿的新知识、新技术领域范围内掌握相应的核心技术、技能的从业人员。二是能力高端，高端技术技能人才必须能够完成工作任务复杂程度、综合化程度更高以及不可预知性更强的工作任务，并且能够进行生产现场管理和监督等工作。三是素质高端，高端技术技能人才要求除掌握岗位技能，能对岗位工作提出策略性方案并组织实施这一技术能力外，还必须具备很高的人文精神、科学精神、创新精神和国际化视野。

二、相关理论

（一）人本主义学习理论

人本主义学习理论反对把人看作动物或机器，反对忽视人类情感、态度、价值等对学习的影响，认为人是完整的人，强调人的价值和发展潜能的内在倾向。马斯洛（Abraham H. Maslow）和罗杰斯（Carl Ransom Rogers）是对该理论产生深远影响的两位著名心理学家。

马斯洛提出教育目标论和内在学习理论，指出教育的终极目

① 顾明远:《教育大辞典》，上海，上海教育出版社，1991。

标是自我实现，教育的根本目标在于开发潜能。依靠学生的内在驱动，让学生充分发挥自己的创造力和想象力，人的潜能自动地得以实现。

罗杰斯的学习理论主要包含三个方面的内容：教学目标观、有意义的自由学习观和学生中心的教学观。

（1）教育的目标在于促进学生的发展，使他们成为能够适应变化，知道如何学习的自由人。

（2）学生的学习主要有两种类型——认知学习和经验学习，其学习方式也主要有两种——无意义学习和有意义学习。有意义学习，不仅是一种增长知识的学习，而且是一种与每个人各部分经验都融合在一起的学习，是一种使个体的行为、态度、个性及在未来选择行动方针时发生重大变化的学习。

（3）学生中心模式又称非指导教学模式。罗杰斯主张用“学习的促进者”代替“教师”这个称谓。教师的任务是要为学生提供学习手段和条件，促进个体自由地成长。教师的角色是“助产士”或“催化剂”。

（二）系统论

系统论是由美籍奥地利生物学家贝塔朗菲提出的，其核心思想是，系统是由若干要素以一定结构形式连接构成的具有某种功能的有机整体。系统是一个有机整体，它并不是各部分简单或机械的组合相加，而是构成整体的各个要素之间的相互关系。

宏观上来说，现代教育是一个完整的系统，职业教育是从属于现代教育的一个子系统。职业教育的整个体系包含初级、中级、高级等不同层次的教育，呈现出一个阶梯状的分层次教育模型。目前试点实施的中高本贯通分段培养模式，在合理定位中高本教育培养目标的基础上，制定七年一贯制的培养方案，能够有效促进职业教育人才素质的高移化和技术的专业化。

微观上来说，中高本贯通教育在职业教育体系内部体现为培养目标、专业设置、课程衔接、教学内容、评价模式等诸多要素的综合。该模式通过不同的课程设置方案提供了不同阶段、不同层次、由浅入深的职业技能训练与培养，正是体现了系统论的有序性。

（三）全面质量管理理论

全面质量管理（total quality management）简称TQM，由美国费根堡姆（Feigenbaum）博士于20世纪60年代初提出。TQM以质量为核心，倡导全员参与，致力于使顾客满意，提高组织内部成员及社会的收益，是一种可以实现长期成功的管理途径。它具有全员性、全面性、服务性、预防性、科学性等特点，注重质量，并将质量视为组织管理工作的中心，主张在为顾客提供服务时应最大限度地满足顾客的需求。20世纪70年代，TQM已全面渗入日本企业的基层，使企业获得了巨额收益，并促进了日本经济的发展。随着全面质量管理的迅速发展，国际标准化组织（ISO）开始对其内容及要求进行细化，且发布了ISO 9000族系列标准。20世纪80年代，美国的一些高校开始尝试将全面质量管理理念应用到教育领域。随着时间的推移，我国对于教育领域的质量管理也越来越重视。全面质量教育是把教育活动视为一种服务，把学生视为教育服务的顾客，以学生为本，全面提升教育领域的服务质量。本书进行理论研究的同时，也对贯通培养项目质量进行跟踪与监测，对贯通培养的实施现状进行调研，全面了解贯通实施在专业设置、课堂教学、师资、教材、学生管理等方面存在的问题，提出政策建议，同时研制对贯通培养项目基础学段质量的监测指标体系。

第三节　国内外贯通培养现状

一、国外贯通培养现状

中高本技术技能人才贯通培养是构建首都现代职业教育体系的探索。国际上，一些发达国家已经建立了比较完备的职业教育体系，并取得颇多成就，对我国职业教育体系的发展、完善，具有极大的借鉴意义。

（一）德国职业教育体系结构[①]

根据德国《联邦职业教育法》的规定：按入职前后，可以将德国职业教育划分为职前职业教育和职后职业教育两部分。本书中的德国职业教育体系是指职前职业教育。德国职前职业教育体系主要包括三个部分：初中阶段职业教育、高中阶段职业教育和高等教育阶段职业教育。

1. 初中阶段职业教育

初中阶段的职业学校主要包括职业预科学校、实科中学和综合中学。

职业预科学校，学制 5 年，以就业为导向对学生进行职业准备教育，大部分毕业生进入高中阶段的“双元制”职业学校，毕业后从事手工业和制造业等工作。实科中学修学年限一般为 5 ~ 6 年，主要培养农业、工业和商业中级技能型人才；实科中学的毕业生可以直接工作，也可以进入高中阶段的职业学校，部

① 高明：《德国职业教育体系对我国技能型人才培养的启示》，载《高等农业教育》，2014（1）：124-125。

分优秀的学生进入高中阶段的文理中学，为考大学做准备。综合中学是职业预科学校、实科中学和初中文理中学的结合，通过开设难易不等的课程，为学生提供更多的可能，学生可以根据自己的能力、兴趣和专长选择课程，毕业后，学生可选择文理中学的高中阶段，也可选择职业学校。[①]

2. 高中阶段职业教育

德国高中阶段的职业学校由文理中学高中阶段和职业学校构成。

文理中学高中阶段实施课程制，学制 2 ~ 3 年，为进入研究型大学或综合大学做准备。但随着时代的变化，越来越多的文理中学高中阶段的毕业生，选择就业或进入高中后的职业院校学习，所以德国的文理中学高级阶段为应对社会对新兴职业、应聘人员的新要求以及职业高等教育的特点，调整课程安排和教学科目，增加了与职业教育相关的内容，并缩短了修学年限。

高中阶段的职业学校包括“双元制”的职业学校和“全日制”的职业学校。“双元制”的职业学校以培养技术工人为目标，根据职业的不同，学制为 2 ~ 3.5 年，但一般为 3 年。进入“双元制”职业学校的学生主要来自实科中学，“新生”必须与企业签约成为“学徒”，然后在职业学校内接受全日制教学，在校内主要进行基础知识和专业知识的学习，同时学生在企业进行顶岗实习。毕业生参加由所属行业的行业协会组织的毕业考试，合格

① 李海宗、陈磊：《德国职业教育衔接模式对我国的启示》，载《中国高教研究》，2012（9）：100-106。

者得到行业协会颁发的职业资格证书。[①]“全日制”职业技术学校略高于“双元制”职业学校，学生主要来自实科中学，学制1～3.5年，主要培养经济、技术、医疗等专业人才，学生必须参加由德国联邦政府组织的毕业考试，通过后得到毕业证书。“全日制”职业技术学校主要包括：职业专科学校、高级职业专科学校、职业文理中心和专业高级学校。

3. 高等教育阶段职业教育

高等教育阶段职业院校主要包括：专科高等学校、职业学院和综合大学。

专科高等学校学制为4年，注重培养具有较强实践能力的非学术性高级技能型人才，为企业生产和管理一线输送专业性强、实践水平高的技能型人才和管理人才。专科高等学校的教学分为基础阶段和专业阶段，两个阶段之间通过考试衔接；课程设置包括必修课、专业选修课和通选课，学生可根据自己的兴趣和专长自主选课。

职业学院是德国职业教育高等教育阶段的主要形式，学制一般为2～3年，生源主要来自高中阶段的文理中学或高中阶段的完全中学，学生入学必须获得专科高级学校的毕业文凭、文理中学12年结业文凭和实习证明、文科中学高中毕业后取得的大学入学资格。职业学院的专业集中在工程技术、社会服务和经济等领域，在校学生与企业签订职业教育合同，并在学院和企业分别实施教学。在职业学院学习的学生可以免交学费，并从企业获得为他们提供的津贴和补贴，以及领取法律规定的社会保险。在校

① 景琴玲、王革：《德国职业教育体系透析与展望》，载《国家教育行政学院学报》，2012（2）：91-95。

修满2年并考试合格的学生，被准许颁发“助理工程师”证书，等同于专科学历；修满3年并考试合格的学生，颁发“职业学院工程师”的证书，等同于本科学历。

职业教育学在德国已经成为一门独立学科，柏林技术大学、慕尼黑大学、洪堡大学等24所大学相继成立了职业教育研究所或研究机构，汇集了专门研究职业教育的优秀专家和学者。德国的综合大学只招收文理中学毕业的学生，因此，初中阶段职业学校的毕业生可以通过选择高级阶段文理中学、职业专科学校或职业完全中学，毕业后可进入综合大学的职业教育所或其他专业进行深造和学习。

从德国职业教育体系内部来看，形成了“初中阶段—高中阶段—高等教育阶段”三级递进的技能型人才培养体系。在各个层级都设有各类的职业学校，每所学校针对不同的专业，制定了较为弹性的教育期限，较高层次的职业教育以较低的职业教育为基础，各级学校之间实现了贯通。中等职业教育通过开设综合性职业基础课程，培养学生跨专业的综合能力，为培养高技能型人才创造条件，也为学生进入高等教育做好准备；而高等职业教育，强调学生“双元制”的教育经历或职业培训经历，提供多样的学习方式以满足学生的多元化需求。

同时，德国职业教育体系还实现了与普通教育的横向融通。普通中学通过开设经济和技术等相关课程，定期组织学生到企业或工厂参观实习，帮助学生联系劳动就业部门等措施为学生提供免费的职业入门教育，为进入“双元制”职业教育做好准备。文理中学初中阶段的毕业生可以选择高中阶段的职业教育，文理中学高中阶段的毕业生在完成要求的实习课程后也可以选择进入高等职业院校学习，为进入职场做好准备。而实科中学的毕业生，可以选择进入文理中学的高中阶段、技术高中等，为进入综合大学打好基础。

（二）澳大利亚职业教育体系[①]

1. 澳大利亚 TAFE

澳大利亚的职业教育体系（VET）由三大核心部分支撑，即《澳大利亚学历资格框架》(AQF)、《澳大利亚技术与继续教育》(TAFF) 和《澳大利亚质量培训框架》(AQTF)。其中《澳大利亚学历资格框架》是体系构建的基础和灵魂，《澳大利亚技术与继续教育》是实施路径，《澳大利亚质量培训框架》是质量保证。

《澳大利亚学历资格框架》中的“资格”包含两类，一类是毕业生从业所需资格，即我国通常所说的职业资格；另一类是代表毕业生教育水平的学历资格。在《澳大利亚学历资格框架》中，学生的学习成果是由 5 级证书和 3 级文凭所组成的体系体现。在该体系中，1 ~ 4 级证书基本相当于普遍意义上的中等职业教育，专科文凭相当于我国专科层次的高职教育，高级专科文凭相当于我国将加快发展的本科高职教育，职业研究生证书和职业研究生文凭是研究生层次的职业教育，与我国的专业硕士学位教育大致相同。这样的 5 级证书、3 级文凭，分别对应澳大利亚后义务教育水平等级的 1 至 8 级。值得注意的是，澳大利亚的高等教育也执行该等级水平规定，专科文凭与职业教育的专科文凭相同，为 5 级；学士学位与高级专科文凭相同，为 6 级；研究生证书和文凭分别与职业研究生证书和文凭相同，为 7 级和 8 级；再向上是仅普通高等教育可以授予的硕士学位和博士学位，职业

① 夏莹：《现代职教体系构建的比较研究》，载《无锡职业技术学院学报》，2016（15）：30-31。

教育与培训不再涉及。正是因为有了统一的等级水平规定，在澳大利亚，职业教育与普通高等教育的衔接路径十分通畅，学生可以凭借已获得的证书和文凭，自由选择职业教育或普通高等教育继续深造。

《澳大利亚学历资格框架》以文凭和证书的形式确定了职业教育的体系，而职业教育的实施则被称为“技术与继续教育”（technical and education，简称 TAFE），所以 TAFE 是一种教育类型，而不仅是一类学校的名称。在澳大利亚，多种教育机构具有开展 TAFE 教育的资格，包括政府举办的技术与继续教育机构（常常被称为 TAFE 学院）、部分大学、部分中学、私立培训机构、对员工开展培训的企业等。

TAFE 学院可以提供澳大利亚职业教育体系中全部的证书和文凭教育及培训，其教育对象覆盖从初中毕业生到成人的各类人群。学生既可以从最基本的 1 级证书学起，也可以依据自身前期的教育背景，按照澳大利亚后义务教育水平等级规定，选择直接进入专科文凭、高级专科文凭等阶段的学习。TAFE 学院是澳大利亚职业教育最主要的实施者，全部为公立院校，由各州政府管理。

开展 TAFE 教育的大学，往往具有理工学院的背景，开展的是高中后的职业教育，其起点为 4 级证书教育，向上可延伸至职业研究生文凭。开展 TAFE 教育的中学，通常是具有注册培训机构资格的普通高中，一般仅提供 1 级和 2 级两个级别的证书教育。私立培训机构和对员工进行培训的企业，所能进行职业教育的等级，由政府注册管理机构经严格评估后确定。私立培训机构面向社会开展职业教育与培训，企业开展的员工培训一般仅针对本企业或合作企业的员工进行。

包括TAFE学院在内的所有TAFE教育机构，在开展TAFE教育之前，都必须符合《澳大利亚质量培训框架》的规定，获得认证注册资格，每年还要接受对其注册资格进行的年检。正是因为有严格的质量控制手段，澳大利亚的TAFE教育得到了全球范围的广泛认可，甚至成为澳大利亚教育输出的主要内容。

澳大利亚建立了从中等职业教育开始，直到研究生层次高等职业教育的现代职教体系，依据统一的后义务教育水平等级规定，实现了职业教育内部、职教与普教之间的沟通和衔接。尤其是分布全澳洲各地的92所TAFE学院，能够进行几乎全体系的职业教育，充分满足了学生的升学需要。

2. 启示

（1）加强学历体系、职业技能等级证书认证之间的衔接[①]

澳大利亚职业教育、高等教育、资格证书彼此之间通过国家认证课程、非国家认证课程获得的学分，打通了彼此之间的隔阂，搭建起了从大专到本科、研究生教育等不同教育类型之间的立交桥，避免了学生在资格证书、文凭教育之间重复选修同一课程、浪费教育资源。而我国目前资格证书规定的课程考核与相近专业文凭教育规定的课程学习之间往往是互不相干、彼此割裂的，这不利于教育资源的优化配置。教育部于2019年启动了“1+X”证书制度试点，鼓励学生在获得学历证书的同时，积极取得多类职业技能等级证书。“1+X”证书制度体现了职业教育作为一种类型教育的重要特征，是落实立德树人根本任务、完善职业教育和培训体系、深化产教融合校企合作的一项重要制度设计，

① 沙其富：《澳大利亚职业教育成功经验及其启示——基于TAFE学院模式》，载《成人教育》，2020（6）：92-93。

制度的推动还在试点之中。

（2）制定教学内容、课程评估标准全国统一的教学指南

澳大利亚职业教育质量的显著提升得益于政府、行业、学校共同参与制定的培训包以及澳方政府健全的监管体系。这些培训包规定了统一的课程教学内容、教学要求、评估标准等诸多教学环节，无论哪所学校、哪位教师都是在这个统一的框架下进行，尽管不同学校的教育理念会有差异、不同教师的教学方式和教学风格迥然不同，但不会影响教学质量。与澳方相比，我国没有发布统一的关于教学内容及课程评估标准等方面的具体指导指南，尽管近几年教育部公布了部分专业标准及课程标准，供全国职业院校使用参考，但是缺乏行业企业、学校各方深度参与，其公信力及执行效果如何有待观察。

（3）建立教师培养多元化机制

澳大利亚 TAFE 学院教师主要来自行业企业，具有 5 年行业工作经验且拥有规定的资格证书和文凭的员工才能申请学院教师岗位，这些教师不仅具备实践经验可以胜任学院教学工作，同时还在相关行业企业兼任专业技术岗位工作，与外界保持密切联系，随时将行业经验带入课堂教学。而我国职业院校教师大多来自本科院校毕业生，不仅缺乏行业企业工作经验，也缺少教育理念及方法培训。因此，一方面，我国职业院校要加大从行业引入能工巧匠，提高人才工资福利待遇，这需要国家出台相应的支持政策；另一方面，国家和地方要定期选派教师到行业企业挂职锻炼，或者支持现有教师队伍在行业企业相关岗位兼职，增加实践经验。当然，近几年我国部分优质职业院校通过探索产教融合、校企合作，开展学徒制试点等多种渠道，逐步建立了师生实践教学平台，提高了教师队伍的水平。

二、国内贯通培养现状

构建现代职业教育体系是现代职业教育发展的重要任务，是党中央、国务院的重大战略决策，打造纵向贯通、横向融通的现代职业教育体系，打通技术技能人才的成长通道，成为新时期职业教育改革的总体任务。适应全球新一轮科技革命和产业变革，面对技术技能人才培养的新需求、新挑战，各地积极开展基于长学制的贯通培养改革实践，逐步探索出一条高素质技术技能人才培养路径。

（一）贯通培养政策发展①

贯通培养起步于20世纪80年代。1985年《中共中央关于教育体制改革的决定》发布，提出逐步建立起一个从初级到高级、行业配套、结构合理又能与普通教育相互沟通的职业技术教育体系，中高职衔接“五年一贯制”应运而生。伴随2010年《国家中长期教育改革和发展规划纲要（2010—2020年）》和2014年《国务院关于加快发展现代职业教育的决定》的出台，各地开展贯通培养试点的积极性高涨，出现了“3+2”“3+3”“3+4”“2+3+2”“5+2”等不同学制衔接模式。2019年，《国家职业教育改革实施方案》（以下简称“职教20条”）强调，“在学前教育、护理、养老服务、健康服务、现代服务业等领域，扩大对初中毕业生实行中高职贯通培养的招生规模”，同时，提出开展本科层次职业教育试点，探索长学制培养高端技术技能人才。2020年，《职业教育提质培优行动计划（2020—2023年）》进一步明确要求，规范长学

① 赵晓燕、袁二凯、马建华：《高素质技术技能人才贯通培养的现状、问题与对策》，载《中国职业技术教育》，2021（22）：19-21。

制技术技能人才贯通培养，逐步取消中职本科贯通，适度扩大中职专科贯通，贯通专业以始读年龄小、培养周期长、技能要求高的专业为主，为贯通培养的可持续发展指明了方向。

（二）贯通培养的衔接路径

伴随现代职业教育体系的不断完善，在各地开拓性试点的带动下，贯通培养的实践路径逐渐明晰，综合来看可归纳为中职与高职、中职与本科、高职与本科三条衔接路径。

1. 中职与高职衔接

中职与高职衔接始于20世纪80年代，进入21世纪形成规模并稳定发展，主要模式有“五年一贯制”亦称“五年制高职”，“3+2”“3+3”“2+3”等。20世纪80年代初，我国的经济开始发展，社会急需一线的技术应用型人才。1984年，经交通部同意、教育部批准，首次在福建省集美航海专科学校等极少数工科学校尝试举办五年制专科教育，紧接着，扩大了五年制职业教育的规模，试办了66个五年制高职专业。同年，江苏省试行五年制师范教育，培养专科层次的小学教师，同时在中职学校举办五年制高职班，或者将中职改为五年制高等职业学校。随后，北京、四川、山东、河北、安徽等省市都相应进行了五年制高职教育试点。其特点是，在同一所学校内将初中起点的学生通过五年一贯的系统培养，达到高等职业学校学生的毕业要求，并颁发高职院校的毕业证书。

2010年，《国家中长期教育改革和发展规划纲要（2010—2020年）》颁布，上海市最早启动了中高职教育贯通培养模式试点，批准4所中职学校与3所高职院校合作进行“3+2”贯通培养改革试点。2011年，进一步扩大招生规模的同时，明确提出贯通培养的试点专业，必须是行业岗位技术含量较高，专业技能训练周期较长，熟练程度要求较高，社会需求量较大且较为稳定，适合中高职培养目标相互衔接贯通的专业。此后，北京、江苏、浙江、山东、河北、吉林等地均实施了中高职贯通培养，衔接模式有“3+3”“3+2”“2+3”等，主要特征是以初中生为招收对象，中高职一体化设计、分段培养，在完成相应学段的学习后，颁发对应的中职或高职文凭。

2. 中职与本科贯通

中职与本科衔接主要为“3+4”培养模式。北京和上海分别探索了“5+2”“2+1”模式。江苏省于2012年在全国率先开展“3+4”中等职业教育与应用型本科教育贯通培养试点项目，此后，山东、上海、河北、海南、吉林、福建等地陆续开始实践。该模式下，由中等职业学校录取应届初中优秀毕业生进入试点相关专业，学习3年后，经考核测试进入对应本科高校学习4年，成绩合格，获得本科高校毕业证书。

2015年，北京市启动高端技术技能人才贯通培养试验项目，采用“3+4”培养模式。到2021年，北京市教委则明确提出，原则上由入选“北京市特色高水平职业院校”的中职学校与应用型本科高校联合培养。前5年在中职学校学习，后2年在本科高校学习。完成前3年学业且成绩合格者，由中职学校颁发中职毕业证书；完成前5年学业且成绩合格者，由合作本科高校颁发专科学历证书，完成全部学业且成绩合格者由合作本科高校颁发本科学历证书（专升本），即“5+2”培养模式。

2017年，上海市信息管理学校、上海视觉艺术学院、上海应用技术大学联合申报了文物保护与修复中本贯通试点专业，并获得上海市教委批准。国内首次出现由两所应用本科院校和一所中职学校共同开展的中本贯通“2+1”人才培养模式。学生在上海市信息管理学校图书信息管理专业学习 3 年后，进入上海视觉艺术学院主修文物保护与修复专业，同时辅修上海应用技术大学材料工程专业课程，成绩合格者获得上海视觉艺术学院本科文凭和艺术学学士学位，以及上海应用技术大学工学学士学位，即该模式下学生可获得“双学士学位”。[①]

3. 高职与本科衔接

从试点范围来看，高本衔接实践规模要大于中本衔接，江苏、上海、辽宁、河北、贵州、广东、天津、山东、四川、安徽、广西、浙江、湖北、北京、重庆等地陆续开展了本科层次职业教育的实践探索。从培养模式上看，有五年制高职和 2 年本科的“5+2”衔接培养；3 年高职和 2 年本科的“3+2”衔接培养；2 年高职和 2 年本科的“2+2”衔接培养；第 1 年在本科学习，后 3 年在高职学习的“1+3”衔接培养；4 年均在高职院校，与本科联合培养的四年贯通模式。

（三）国内部分地区贯通培养试点情况

1. 江苏省现代职业教育体系建设试点情况

（1）基本情况

2012 年以来，江苏一直致力于搭建中等和高等职业教育人才贯通培养立交桥：中职校与高职校“3+3”分段培养，中职校与应用技术型本科院校“3+4”“5+2”分段培养，高职校与应用技术型本科院校“3+2”分段培养，以及高职校与应用技术型本科院校联合培养。

试点规模不断扩大。从 2012 年的 71 个试点项目实际招生

① 唐纪瑛：《“2+1”中本贯通专业课程一体化建设实践研究——以文物保护与修复专业为例》，载《中国职业技术教育》，2020（32）：20。

4885人到2014年的422个试点项目，招生规模达2.2万人。参与“3+4”项目的是国家改革发展示范中职校，参与“5+2”项目的是有“国家改革发展示范中职校”称号的高等职业学校，参与“3+3”项目的是江苏省四星级中职校（江苏省高水平示范性中职校）；从高职院校来看，参与的高职院一般均为江苏省示范高职院，其中参与专科高职与应用技术型本科分段培养、专科高职与应用技术型本科联合培养项目的基本为国家示范高职院；从本科段来看，参与试点项目的本科段院校主要为江苏省内享有良好办学声誉的本科二类高校。

选择有针对性的专业。一方面，中等和高等职业教育衔接所选试点专业是对接地方产业的、试点学校的优势专业或特色专业，例如中职校一般是新一轮的江苏省特色专业或品牌专业；另一方面，这些专业具有很强的职业岗位（群）针对性，联合培养才能更好地满足市场需求。

随着时间的推移，中等和高等职业教育“立交桥”的搭建得到学生、家长和学校的认可。为了进一步提高试点项目的质量，江苏不断探索构建衔接贯通的职业教育课程体系。到2015年，所有现代职业教育体系建设试点项目均建立起中高等职业教育相衔接的课程体系。到2020年，全省中高等职业教育对应专业基本建立起衔接的课程体系。

（2）存在的问题

①培养目标定位不清晰。中等和高等职业教育培养目标的区分度在哪里，目前尚未有清晰的叙述。“3+4”“5+2”“3+2”等含本科段的项目，其培养目标也是缺乏清晰的定位，哪些是学术型和应用型，哪些是技术技能型和工程型，各层次培养目标区分点在哪里等，都缺乏理性的论证与表述。

②分段衔接的渠道缺乏系统管理。现代职业教育体系项目从试点到推广，需要更有效、有力的管理。如何对这些衔接渠道发挥的作用进行有效管理，仅仅靠教育行政部门管理恐怕不现实。

③培养体系未得到系统改革。首先，试点项目的总体目标未能确立，分段培养中每一段的培养目标与原有目标未能形成清晰的区分；其次，每一段的课程设置尽管进行了一定的协调，但是课程标准建设及其教学基本要求未能形成系统，每一段的课程目标、教学目标如何定位和区分、其节点在哪里等，均未能形成有效的论证和评估。

④定位重复，造成招生空间的相互挤压。试点项目存在重复定位的问题，如中等和高等职业教育的“3+3”项目与原先的五年制高等职业教育、“3+4”项目与“5+2”项目之间相互挤压招生空间。

2. 浙江省现代职业教育体系建设试点情况

（1）基本情况

浙江省的贯通培养包括中等、高等职业教育“五年一贯制”和“3+2”职业教育试点以及高职—应用技术型本科四年制高等职业教育人才培养试点。中等和高等职业教育衔接试点从2012年以设区市为单位开展，一般由市属高职院校与当地若干所省级以上重点中职学校共同组织实施。允许部分行业性省属高职院校联合省内若干所同类中职学校参加试点。高职本科四年制从2015年开始分别由4所高职和4所本科院校承担，涉及自动化（机电一体化技术）、材料成型及控制工程（模具设计制造技术）、物流管理（智能物流）、电气工程及其自动化（自动化生产线应用技术）、电子信息科学与技术（电力电子技术）5个专业。

（2）存在的问题

①中等和高等职业教育培养目标定位问题。有效地做好

“3+2”阶段的衔接，分清阶段目标至关重要，前 3 年和后 2 年的目标衔接问题对于贯通制人才培养有直接的影响，但目前的实践中其培养目标缺乏清晰的定位。

②课程及课程内容衔接的有效性。中等和高等职业教育一体化人才培养模式的核心主要是中等和高等职业教育课程设置和教育教学的相衔接，前 3 年中职阶段的课程与后 2 年的高职课程必须是两者的有机结合。这种“分段递进”式基本设计思路还未能有效地贯穿于整个课程体系当中。

③中职与高职学校之间协调机制。同一专业在具体的人才培养上缺乏必要的交流和协作，沟通不畅、融合不够等，在某种程度上阻碍了中等和高等职业教育业教育的内部衔接。

④质量管理和监控。如何发挥中等和高等职业教育院校不同阶段在教学与管理中的统筹作用？对学生质量管理、中职学校的教学质量的监控等问题亟待出台相关管理制度。

⑤选拔考核机制。在具体的选拔考核机制方面，未建立较为完善的考核选拔机制。学生初中毕业进入试点中职学校进行专业学习，完成相应的学习任务后进入高职阶段学习都应进行选拔考试，以便确保五年一贯制学生的生源质量。

⑥长学制下学生动力的保持问题。由于试点专业学生“准大学生”的身份以及他们前 3 年没有高考升学和就业压力，对个别主观能动性不强的学生的学习积极性造成影响，进而造成个别学生学习热情下降。另外，贯通培养模式的生源综合素质比相应中职专业的学生高一些，在前 3 年中职阶段的学习中，试点专业学生如何能一直坚持在学习、操行方面起到模范带头作用，从而带动中职相关专业甚至整个学校的学风、校风的良性发展成为试点工作中学生管理面临的一个问题。

⑦教材的设计和实施问题。目前各校试点专业没有统一的专业教学标准，试点院校主要依据自身的实际情况、依靠自身的教师力量开发专业教学标准和各门课程的课程标准，并依据课程标准开发符合本专业的教材。但是，这种各自为政的课程教材开发，耗费了职业院校大量人力、物力、财力，存在大量的重复劳动。由于生源质量的差异，必然会有学生反映课程学习难度大，难以跟上学习进度。

3. 上海市的中职—应用技术型本科贯通培养模式实践

（1）基本情况

上海市首批中本贯通培养模式试点选取了3所老牌的中等职业学校和2所应用技术型本科院校以及2个强势专业，具体学校和专业是：上海信息技术学校、上海石化工业学校的化学工程与工艺专业对口上海应用技术学院相应专业。上海市工业技术学校的机械工程（数控技术）专业对口上海第二工业大学相应专业。

经过一年多的实践探索，这5所学校相应专业的中本贯通培养模式试点取得了初步成效。中职、本科院校就共同制定培养目标达成共识，认为中本贯通本科同一般普通本科相比具有鲜明的技术应用性特征，是以培养高素质应用型技术人才为主要目标，兼具工程教育和技术教育并侧重技术教育的本科层次教育，中本贯通的培养目标需要中职和应用技术型本科根据具体情况详尽地共同制定。在实施过程中，联办的中职和本科院校形成“教育部门统筹协调，牵头高校主导引领，中职学校主动作为”的协调运行机制，保证生源质量，避免中等职业教育与高等教育脱节。教学模式由单一转向多元化模式，教学方式方法也做到了启发式教学、讨论式教学等多种形式的结合。制定了相应的课程体系和课程标准，并成立了督导专家组进行指导、检查和监督。从招生情况看，学生生源质量好，制定了严格的学籍管理制度，并且明确了学生中本衔接要参加统一的转段考试的制度。

（2）中本贯通培养模式面临的主要问题

①学生的学习动力问题。“准大学生”的身份弱化了一部分学生的学习动力。由于中本贯通班学生的入学成绩普遍优于中职班，因而部分学生存在自满情绪。入校一定阶段后，“准大学生”身份让中本贯通班学生觉得自己没有了学习动力，从而在学业上产生了懈怠情绪。

②转段考试细则尚未明确。上海应用技术学院反映，由于教学计划中语文、数学只安排了 3 个学期，而转段考试要在第三年的第二学期进行，时隔一年半不碰语文和数学，考试成绩肯定不能与当年三校生录取本科的成绩相比。3 所中职学校负责人也反映，由于转段考试目标要求不清晰导致文化课的教学难度加大，许多教师只能摸着石头过河，本着“就高不就低”的原则严抓文化课；上海市工业技术学校提出中职学习阶段文化基础课的教学目标不明确，尚无中职到本科的转段考试大纲。

③教材的一体化设计和实施尚需时日。由于目前中、本的相关专业教学标准尚未完全统一，而教材的一体化考虑和设计需要符合专业教学标准要求、理论与实践相结合、逐步摸索的过程，具有一定的探索性和时间跨度，因此尚没有完全适合中本贯通人才培养模式的专业课完整教材。5 所学校编制校本教材的工作刚刚起步，现行一些专业课教材基本采用“中高职教材 + 补充讲义”的办法，编制适合中本贯通培养模式一体化独立教材的路还很长。

④师资队伍建设亟待加强。中职学校文化基础课教师自身教学的宽度、厚度不够，并且执教中职文化基础课没有升学的教学经验，面临转段考试压力较大。教师的培训形式单一，直接影响

到中本贯通班教师能力的提高。

⑤需要专项资金激励机制。目前对开展中本贯通培养模式试点工作的专项资金只划拨到中职学校，本科院校尚未设立专项经费使用的渠道。而事实上，中本贯通培养模式试点工作本科院校从一开始就介入并发挥了积极引导的作用，开发适合中本贯通的专业教学标准、课程教材建设、队伍建设等都需要花费大量的财力，在这个过程中，对高校配套经费是必不可少的。因此，在多个独立主体（法人）的情况下，如何设立专项经费统筹机制也成为一个瓶颈问题。

4. 借鉴与启示

（1）建立健全组织保障机制

这不仅需要各级教育部门的重视，建立区域教育部门牵头、相关职能部门参与的工作领导小组，定期研究并协调关于中等和高等职业教育衔接培养遇到的各类突出问题；各试点学校也要成立工作小组以及专业建设指导委员会，按照工作制度分工协调解决实施过程中的问题。更为重要的是在工作机制方面，建立健全全省市联动协调机制、中等和高等职业教育互动合作机制、协同创新研究机制等。

（2）科学合理地制订人才培养方案

应按照国家和省级教育行政部门有关文件要求和培养目标，建立由学校、行业、企业参加的专业建设指导委员会，根据学生的特点共同制订人才培养方案。在课程体系上，应进一步明确中等和高等职业教育在各自阶段的培养目标和教学任务，合理确定课程设置、教学要求和教学方法，实践教学环节统筹安排，增强课程教学的针对性和实效性，确保中等和高等职业教育专业课程与教学衔接。

（3）建立完善的选拔机制

明确选拔对象和资格要求来拟定升学选拔办法，可以尝试采取“综合考评＋选拔考试＋政策加分”相结合的测评方式进行，设“免试”项目，根据考评、考试、加分的汇总成绩，择优选拔升入高职阶段的学生。

（4）加强人才培养质量过程监控管理

加强构建适应试点学校改革与发展的质量过程监控管理体系。牵头院校应承担起人才培养质量管理责任。合作院校应认真实施专业人才培养方案，主动接受高一级院校的指导和监督。

（5）统筹力量开发课程教材

根据中等和高等职业教育贯通培养模式的特点，结合当前试点过程中的实际情况，开发真正适合中等和高等职业教育贯通试点的高质量的课程标准和教材。特别是对于公共基础课程教材，建议政府相关部门组织一批课程专家、学科专家，建立标准统一开发。

（6）搭建平台促进交流学习

搭建区域试点工作交流平台，定期组织试点院校召开经验交流会、工作座谈会，定期发布工作简报，总结并宣传相关试点专业经验，共同研究推进试点工作的办法。

（四）北京市“3+2”中高职衔接情况

2012 年开始，北京市启动了第一批“3+2”中高职衔接试点项目。该项目涉及 17 所中高等职业院校，10 个专业，招生规模 800 人。“十三五”以来，随着经济社会发展对高技能人才需求的增加，中高职衔接办学已经由原来的小规模试点迅速进入大规模发展的阶段，涉及的中高职院校逐渐增多，专业覆盖率不断提高，在统筹中高职发展，推进高水平技术技能人才培养方面发挥了重要作用。

1. 北京市中高职衔接办学呈现出的特点

（1）发展规模：前期规模较大，后期先降后升

截至 2020 年，“十三五”期间共立项 379 个中高职衔接办学项目，中高职衔接已经成为北京职业教育体系建设的重要模式。中高职衔接办学经历了从试点制到项目化推进的过程，项目规模 2015 年最大，达到 82 个，以后逐年平稳递减。尤其是 2018 年以后，由于北京“疏非控人”政策的出台，职业教育的招生规模整体下降，中高职衔接办学的规模也在 2019 年降到最低，2020 年略有回升。

（2）学校分布：学校覆盖率高，呈现相对集中的特点

自 2015 年开始，共有 40 所中专学校和职业高中参与了中高职衔接办学，占现有中专和职业高中学校总数的 54.8%；共有 23 所独立设置高等职业院校参与中高职衔接办学，占全市独立设置高等职业院校总数的 92%。自 2017 年开始，共有 7 所技工学校参与了中高职衔接办学，占现有技工学校总数的 25.9%。中高职衔接办学已经体现了明显的规模效益。

（3）中高职衔接办学的专业分布：专业覆盖率高，符合首都功能定位和三个服务需求

根据 2020 年统计，中高职衔接专业中，以信息技术和智能制造为代表的服务高精尖产业需求的中高职衔接专业平均占比 20%，以交通运输类、公共管理与服务类及资源环境类等为代表的服务城市运行保障需求的中高职衔接专业平均占比 30%，以轻纺食品类、医药卫生类、休闲保健类、体育与健身类、教育类等为代表的服务高品质民生需求的中高职衔接专业平均占比 43%，服务传统文化技艺传承的文化艺术类专业平均占比 7%，体现了衔接办学专业服务高精尖产业、服务城市运行保障以及服务高品

质民生需求的导向性。

（4）中高职衔接办学的招生情况：招生占比稳中有升

“十三五”期间，中高职衔接办学的379个项目共招生24914人（其中技工学校招生843人），年度平均招生规模近5000人。中高职衔接办学已经成为中高职学校招生的重要形式。从年度招生占中专和职高招生总人数的比例来看，“十三五”期间中高职衔接办学的招生年平均占比超过三成，2020年全市中专和职高学校中高职衔接招生占招生总人数的比例达到49.6%，中高职衔接成为拉动中职整体招生非常重要的办学形式。

2. 中高职衔接办学存在的问题与改进建议

（1）部分中高职衔接项目的招生存在问题

“十三五”期间存在不连续招生情况的项目共计79个，占所有项目的比例达到20.8%。

其中，由于东西城职业教育政策变化以及部分中职学校的合并调整，影响中高职衔接连续正常招生涉及了30个项目，占招生不连续项目总数的38%，也是连续4年及以上无招生项目的主体。

从招生有中断的中高职衔接项目所属的专业领域分析，加工制造大类的专业招生问题比较突出，主要涉及数控技术应用、模具制造技术、机电设备安装与维修、机电技术应用、机械制造技术、电气技术应用等专业，这与北京的加工制造业向智能制造等高端领域发展的趋势相符合，中低端加工制造类产业人才需求下降。

（2）衔接性课程体系构建有待持续完善，需要进一步明确各阶段的人才培养目标定位

一体化的人才培养方案需要持续完善，真正实现包括专业课

程和公共基础课程在内的整个课程体系的有效衔接，避免课程的简单叠加和内容重复，从而提高学生的学习兴趣和学习效率。

（3）转段升学缺乏合理的质量控制机制，需要在保证体系贯通的基础上完善考核评价

在前期中高职衔接办学实践中，大部分项目没有设置明确的转段升学质量标准，导致很多学生产生入学即可毕业的想法，往往失去了学习的动力，学习兴趣无法得到有效激发。调查显示，有 54% 的职业院校支持设置转段升学的淘汰机制，淘汰率设置在 5% ~ 10%，确保大部分中职学生有机会升入高职学习。可见，绝大部分学校都支持建立合理的质量控制机制，具体采用什么样的考核方式和考核标准，可以由中高职院校共同研究制定。

第四节 研究内容与方法

一、研究目标

本研究在国际比较视野和本土创新实践的基础上，针对贯通培养试验院校实践中的问题和困惑，对人才培养的每一阶段进行跟踪、监测，分析人才培养定位，探索课程衔接的途径、方式，开展国际化教材比较研究，探索创新校企合作模式，研制人才质量评价体系，在研究中明晰思路，凝练特色，形成成果，以期为现代职业教育体系构建的实践提供经验借鉴，为推进高端技术技能人才贯通培养提供理论支撑、政策建议和实践指导。

二、研究内容

本课题的研究在一体化人才培养理念指导下，遵照理论指导实践、实践验证理论的思路，在先行、先导中探索，在反思、提

炼后调整，伴随北京市职业教育高端技术技能人才贯通培养试验的全过程，围绕职业院校的人才培养定位、课程体系、教学模式、教材、实训基地等核心环节展开研究。

（一）研究各层次高端技术技能人才培养定位

借鉴国际教育标准分类、发达国家和地区职业教育体系建设经验，借鉴经验——策略型技术技能人才成长理论模型，研究从中职、高职到应用技术型本科的技术技能人才培养定位。针对贯通培养项目中，“高职招生”和“中职招生”等不同招生模式，研究不同学段的人才培养定位及人才培养标准。

（二）构建高端技术技能人才贯通培养一体化课程体系

1. 研制一体化人才培养方案

借助北京教科院与德国弗伦斯堡大学合作研究平台和各院校国际交流合作平台，以典型专业为案例，结合人才培养目标定位和知识、技能、素养要求，研制从中职、高职到应用技术型本科的一体化人才培养方案，研制相应的核心课程标准。

2. 研究从中职到本科的课程结构和衔接模式

选择典型专业，从衔接理论、衔接内容、衔接机制、衔接模式等方面对课程衔接进行深入研究。在理论指导下，依据典型职业活动、工作任务和综合职业能力分析，遵循技术技能人才成长规律进行教学转化，将基础文化素养课程、专业核心课程、专业特色课程、综合实训与毕业实践等课程进行系统整合和调整，构建相应的课程比例以及组成结构，探讨衔接的程序和机制。

（三）研究适应高端技术技能人才培养的教学模式

打破不同层次院校之间的壁垒，以学生知识、技能提升需求为核心，探究高端技术技能人才培养的教学模式，着重在教学方法、教学组织形式、信息化教学手段在教学中的应用、实践教学环节的开展等方面进行深入研究。通过调研结果反馈教育教学中的问题，不断调整和完善人才培养模式。

（四）研究产学研一体化实训基地的建设模式

通过校企合作方式，依据职业性、先进性、实效性、开放性和共享性原则，根据高端技术技能人才贯通培养的能力训练要求，按照掌握基础技能到单项操作技能再到综合操作技能，从角色体验到角色转变再到职业素质养成的规律，明确各阶段实训技能标准和基地建设标准，研究制定校企结合的产学研一体化实训基地建设模式、实训资源建设。

（五）开展国际化教材比较研究

在分析职业教育教材建设的特点与面临的挑战的基础上，深入分析国内外职业教育教材研究的现状，进一步研究适用于北京职业教育贯通培养的教材建设规律，提出贯通培养专业课教材开发的原则与路径，指导院校教师开发与国际接轨的本土化教材，以推进培养高质量技术技能型人才目标的实现。

（六）监测评价贯通项目质量

在系统评价理论指导下，跟踪不同招生模式的生源情况、人才培养方案的落实、课程教学实践情况，对项目实施、人才培养情况进行全程跟踪和监测。梳理反映各学段人才培养水平、学校管理、运行保障措施等指标维度，构建项目质量监测指标体系，并通过数据分析、访谈和问卷调查，在实践中进行检测和调整，制定完善的人才培养质量监测方案，为项目运行管理和质量提升提供指导和参考。

第二章　贯通培养目标及定位

职业教育专业培养目标蕴含着人才规格和质量标准，反映着专业的本质特征和内在要求，科学合理地定位培养目标是职业教育教学活动的逻辑起点。职业教育作为培养生产、建设、管理、服务第一线的高素质劳动者和技术技能人才的教育类型，其内部各层次必须有机衔接，体现在内部各层次的专业培养目标也必须紧密衔接，而衔接的基础是职业能力的培养。要真正实现中高本贯通培养，应首先确保中职、高职、本科的专业培养目标的有效衔接，厘清专业培养目标的定位和层次。

第一节　人才培养目标及规格——基于国际资格框架和专业认证的认识

目前我国对于不同层次的专业教育人才培养，没有可以比较培养规格的基本毕业要求（学业标准）体系。而国际上高等教育发达的国家不仅有许多成熟的国家高等教育标准、职业资格标准，还有近几年形成的国际资格框架和高等教育认证协议，对各级各类教育的人才培养提出统一性要求。例如，英国 2011 年推出的资格与学分框架（Qualification and Credit Framework，QCF）、欧盟2008年通过的“欧洲资格框架”（European Qualification Framework，EQF），以及美国工程技术教育专业认证委员会（Accreditation Board for Engineering and Technology，ABET）提出的标准等。对上述国际上通行的资格框架和专业认证标准的具体内涵的了解，有助于我们更加清晰地认识贯通培养各层次人才培养的目标和规格。

一、英国的资格与学分框架（QCF）①

英国的资格与学分框架（QCF）是为推进全民终身学习，以有利于学习者的学分转换及对先前学习的认可，而将原有国家资格框架（National Qualification Framework，NQF）和高等教育资格框架（Famework for Higher Education Qualifications，FHEQ）进行对比后所做出的学业比对性测量框架。这里我们只就相应于我国应用型本科和高职教育（专科）的层级，来认识QCF的相关等级描述，进而形成对贯通人才培养规格制定的认识。表2-1是英国资格与学分框架中4~6级的资格（规格）标准描述，其中4级相当于我国的专科（高职），6级相当于我国的大学本科，5级在专科与本科之间。从该表对不同等级的知识、能力和态度的描述中可以清晰地看出人才规格的差异，这样的差异可以是范围或程度性的。例如：在认知和理解力维度上，4级的表述是“实用性、程序性和理论性”，5级的表述是“实用性、技术性和理论性”；解决问题维度上的表述4、5级分别是“明确又较复杂非日

① 董显辉：《英国资格与学分框架研究与汲取》，载《中国职业技术教育》，2013（9）：59-63。

常的问题”和“较复杂环境”；在理解力方面的表述4、5级分别是“解释和评价”“分析、解释和评价”；在应用和实践维度上，4级的需解决问题的表述是“明确又较复杂”，5级的表述是“明确但复杂”，6级的表述是“有限但涉及因素复杂”；而相应的对问题解决的要求4、5、6级分别是“运用适当的调查”“运用相关的研究”“运用和设计研究”。

表2-1　英国资格和学分框架等级描述

资格标准	等级4	等级5	等级6
总述	能够识别选用相关的方法、知识和技能解决复杂明确非常规的问题。负责制定总的行动方案，以及在相当宽泛的条件下自主做出判断；了解工作或者学习领域各种方法和观点	能够识别选用相关的方法、知识和技能解决复杂非常规的问题。在相当宽泛的条件下能承担制定和研发行动方案的责任；了解不同观点、方法和学派思想以及支持原因	能够提炼并选用相关的方法、知识和技能解决有限解释的复杂的问题。承担制定和开发能够支持重大变化或发展的行动方案，并自主做出判读。理解不同方法、思想和学派以及支持他们的理论
认知和理解力	运用实用性、程序性和理论性知识解决明确又较复杂非日常的问题；解释和评价相关的信息和理念；了解学习和工作的领域的特性和范围；掌握所学或所工作领域各种方法和观点	运用实用性、技术性和理论性知识在较复杂环境下找到解决问题的办法；分析、解释和评价相关的信息、概念和理念；了解所学习和工作的领域的特性和边界；了解不同观点、方法和学派思想及支持原因	运用实用性、技术性和理论性知识在较复杂环境下找到解决问题的办法；分析、解释和评价相关的信息和理念；了解所学习和工作的领域的背景和前沿；理解不同方法、思想和学派以及支持他们的理论

续表

资格标准	等级 4	等级 5	等级 6
应用和实践	解决明确又较复杂非日常的问题；识别、选择和应用合适的技能和技巧；运用适当的调查解释行动；评述方法、行动和结果的有效性和准确性	解决解释明确但复杂的问题；决定采用适当的方法和技巧；运用相关的研究解释行动方案；评价行动、方法和结果	解决解释有限但涉及因素复杂的问题；决定采用适当的方法和技能；适当运用和设计研究解释行动；评价方法和行动及其影响
自主性和责任感	负责制定和开发行动方案，对他人相关工作责任；在宽泛但明确条件下自主作出判断	负责制定和开发行动方案，对他人相关工作责任；在宽泛的条件下自主作出判断	能制定和开发能够引起大变化和发展的行动方案，发起和领导完成任务和程序以及对相关人的工作和作用负责；在宽泛的条件下自主做出判断

二、欧洲资格框架（EQF）[①]

为加强对资格的认证、提高职业资格的透明度，2008 年，欧洲议会和欧盟理事会正式颁布了欧洲资格框架（European Qualification Framework，EQF），从而在教育与培训领域建立了一个共同的资格互认参照标准。EQF 中针对学习结果的层级描述，是欧洲职业教育与培训体系现代化进程中的关键要素。同时，为了实现劳动力人口与劳动力市场之间的技能匹配，满足民众对终身学习、终身发展的需要，欧洲各国开始广泛建立起国家资格框架（National Qualification Frameworks，NQFs）。在 EQF 颁布之前，

① 过筱、石伟平：《基于 EQF 层级描述的欧洲国家资格框架新进展》，载《职业技术教育》，2019（25）：67。

只有 3 个欧洲国家（爱尔兰、法国和英国）开发了国家资格框架，其余国家均未形成成熟的国家资格认证体系。如今，在 EQF 的规范与建议下，已有 39 个欧洲国家基于国家法律和相关实践，建立起了各具特色的国家资格框架。这些国家资格框架是从 EQF 的层级描述出发制定的，尤其注重对教育与培训结果的认证，即从知识、技能，以及对知识和技能的运用三个维度来评价学习者的学习结果，规范各国内部的资格体系，进而实现各国资格框架与 EQF 的相互衔接。

欧洲资格框架（EQF）通过涵盖各教育阶段的 8 个级别的资格标准，用以认证各种正规、非正规和非正式的学习结果，该资格标准是用知识、技能、能力来表述的，按照我们对能力与技能概念的理解，欧洲资格框架中的“技能”一词应该是专业技术能力，而“能力”一词应该属于通用职业能力。表 2–2 列出了欧洲资格框架 4 ~ 6 级的资格 (规格) 表法，同样相当于我国的专科 (高职) 到本科教育，该标准在知识维度对 4 ~ 6 级的描述分别是：“广泛背景的事实和理论知识”，“全面的、专业化、事实性的理论知识，以及某些跨学科的认识”，“高级知识，包括对理论和原则进行批判性理解”；对专业技术能力的描述分别是“具体问题”“抽象问题”“复杂和不可预测问题”，等等。

表 2-2　欧洲资格框架

资格标准	等级 4	等级 5	等级 6
知识	基于某个工作和学习领域广泛背景的事实和理论知识	具有某个工作和学习领域的全面的、专业化、事实性的理论知识，以及某些跨学科的认识	特定工作或者学习领域中的高级知识，包括对理论和原则进行批判性理解
技能（专业技术能力）	解决某个工作和学习领域具体问题所需要的一系列认知和实践技能	具有创造性地解决抽象问题所需的一系列综合性认知技能和实践技能	特定工作或学习领域中解决复杂和不可预测问题所需的高级技能和创新能力
能力（通用职业能力）	在可能发生不可预知变化的工作和学习情境下，进行自我管理；对他人的常规性工作进行监督，在工作和学习活动的评估计改进中承担责任	能够在不能预知的工作或者学习活动中进行管理和监督审查自己和他人的工作业绩	管理复杂的技术性和专业性活动，在不可预知的工作或学习环境中作出决策；能够负责管理个人和集体的专业发展

三、美国 ABET 工程技术教育专业认证标准[①]

工程与技术认证委员会（Accreditation Board for Engineering and Technology，ABET）是美国著名的高等工程技术教育专业认证机构，对全美高等教育的工程类专业（EAC）和技术类专业（ETAC）进行评估认证工作。ABET 也是《华盛顿协议》和《悉尼

① ABET. Criteria for Accrediting Engineering Technology Programs 2016—2017[EB/OL]. [2016-06-03]. http://www.abet.org/accreditation/accreditation-criteria/criteria-for-accrediting-engineering-technology-programs-2016-2017.

协议》的正式签约会员。ABET认证的技术类专业并不是按照学科分类，而是按照技术领域分类，比如空调/制冷/采暖/通风工程技术、汽车工程技术、化工/工艺/设备工程技术、土木工程技术、制图/设计工程技术、机电工程技术等专业类。专业认证标准包括一般性标准和具体专业的标准，其中一般性标准是所有专业都必须遵照的基本标准，包括学生、专业教育目标（教育机构向社会公布的）、学业标准（副学士和学士学习成果）、持续改进、课程、教师、设备、学校支持等共8项。表2-3是技术类专业本、专科学业标准的一般性规格要求。从表中可以看出本、专科学业规格的差异主要在于：职业技术工作领域的有限性或广泛性；解决工程技术问题的有限性或广泛性；技术原理应用要求，专科更多地依赖于经验知识，本科更强调解决问题的方法、流程和系统性，本科还要求社会和全球视野下的知识。

表2-3　美国ABET技术类（ETAC）专业（本、专科）学生毕业要求认证[①]

标准	副学士（专科）	学士（本科）
基本定位	能够在狭义（有限性）的工程技术活动领域内，应用知识、技术、技能和使用现代工具	能够在广义（广泛性）的工程技术活动领域内，选择和运用知识、技术、技能和现代工具
技术思维与技术行为	能够在需要有限的原理应用、但丰富的实践知识的工程技术问题中，应用数学、科学、工程的知识和技术	能够在需要应用原理、程序或方法的工程技术问题领域内，选择和应用数学、科学、工程的知识和技术

① 程宜康：《对技术应用型人才培养的若干认识》，载《职业技术教育》，2016（31）：24。

续表

标准	副学士（专科）	学士（本科）
技术思维与技术行为	能够进行标准测试和测量，并进行分析和解释实验	能够进行标准测试和测量，实验分析和解释，并应用试验结果改进流程
	能够识别、分析、解决狭义（有限性）的工程技术问题	能够在广义（广泛性）的工程技术问题领域，能够按照专业教育目标设计系统、组件或工艺过程
	能够在技术和非技术环境中，进行书面、口头和图表形式的沟通，检索并使用相应的技术文献	能够识别、分析、解决广义（广泛性）的工程技术问题
		能够在技术和非技术环境中，进行书面、口头和图表形式的沟通，检索并使用相应的技术文献
技术文化与技术态度	理解需要并能够自主地持续性专业发展	知晓工程技术解决方案对社会和全球性范围内的影响
	作为技术团队成员，能够有效地行使职责	理解需要并能够自主地持续性专业发展
	理解和承诺（专业工作）道德的责任，包括对多样性的尊重	即作为一个技术团队成员或领导者，能够有效地行使职责
	承诺及时和持续改进质量	理解和承诺职业（专业工作）道德的责任，包括对多样性的尊重
		承诺及时和持续改进质量

四、认识与启示

（一）培养目标的素养导向和技术技能应用性

从英国资格与学分框架、欧洲资格框架和美国 ABET 专业认证标准中的表达看，职业教育人才培养的目标定位应该是技术技能应用型。例如在标准中使用了以下表述："选用相关的方法、知识和技能解决问题""运用调查、研究、设计方法""在某个工作和学习领域内解决具体问题，或抽象问题，或复杂、不可预测问题""应用知识技术、技能和使用现代工具""应用数学、科学、工程的知识和技术”。特别是ABET要求课程体系的技术内容“着眼于科学和工程必需的应用方面”。

（二）学业要求的规格差异性

从上述英国资格与学分框架、欧洲的国家资格框架和美国ABET专业认证标准可以看出，不同层次的教育目标、是通过知识、能力的规格性要求来予以区别的。这样的规格区别仍然是定性的、原则性的和框架性的，但却是带有根本性区别的核心描述，对于我们在制定职业教育贯通培养的中职、高职、本科层次的规格性要求有着重要的借鉴意义。

（三）课程体系

美国ABET专业认证标准除了对技术类专业的副学士、学士课程提出应用性原则，还要求：技术课程的学分应该占总学分的1/3至2/3，包括一门为以后逐渐复杂的技术课程学习做准备的技术核心课，技术训练课程应该能够发展学生使用技术设备和工具的能力；专业课程的基础科学内容应该包括物理等自然科学实验训练的课程；本科还需要提供综合性或一体化经验课程，以便能够让学生具有在解决问题的过程中拥有运用技术和非技术的能力；需要通过企业实习和校企合作的形式为学生提供经验性课程学习；课程设置及学习目标设计须由来自企业的专家和毕业生代表共同参与。显然，这样的课程原则与贯通培养技术技能人才的认识是一致的，可以成为贯通培养课程体系设计的原则或者参考。

第二节　我国职业教育培养目标变化及发展动因

职业教育培养目标是职业教育人才培养活动中最基本、最核心的问题，也是职业教育人才培养的出发点，贯通培养各个层次人才培养目标的确定，是各层次职业学校办学的指导和相互衔接的源头和基础。

一、中职、高职、本科层次职业教育培养目标变化

（一）中等职业教育培养目标①

中等职业技术教育（以下简称中职教育）是我国职业教育的重要组成部分，也是构建现代职业教育体系的基础。中职教育的人才培养目标决定了中职学生培养的质量和规格，规定了中职学校教育教学工作的方向与任务。新中国成立以来，我国中职教育人才培养目标经历了数次演变，与当时的社会、政治、经济发展状况紧密相连，表现出由“社会本位”转向“个人本位”、由就业导向转向升学和就业导向并重、由培养专门人才转向复合型人才等特征。

1. 探索时期（1949—1965 年）

新中国成立初期，我国中职教育主要借鉴了苏联的办学模式。此时期中职教育人才培养目标概括为“培养具有社会主义觉悟和普通教育文化水平，掌握一定专业理论知识和专业操作技能，身体健康的初、中级技术人才”。

2. 倒退时期（1966—1976 年）

“文化大革命”后期，国家计委和国务院科教组就中等专业学校的办学问题提出了具体意见，将中等专业学校人才培养目标在此时期定位于“努力为社会主义各民族和社会主义建设培养更

① 宋晓欣、闫志利、杨帆：《中职教育人才培养目标的历史演变与现实定位》，载《教育与职业》，2015（33）：10-11。

多的又红又专的人才”。

3. 恢复时期（1977—1990 年）

1977 年“文化大革命”结束后，我国中职教育进入恢复发展时期。学校的人才培养目标，可概括为：“具有必需的文化科学基础知识和专业知识，掌握一定生产技能的，德智体美全面发展的初、中级技术人才。”

4. 发展时期（1991—1999 年）

1991 年，国务院决定大力发展职业教育，并首次运用了“技能型人才”这一概念，提出“实施国家技能型人才培养培训工程，加快生产、服务一线急需的技能型人才的培养”。此段时间，中职教育的人才培养目标明显突出了“市场”“职业”“技能型人才”三个关键词，可概括为“培养符合劳动力市场需求的，掌握一定职业知识和职业技能的技能型人才”。①

5. 稳定时期（2000—2020 年）

2000 年，教育部就全面推进素质教育、深化中等职业教育教学改革提出意见，要求培养与社会主义现代化建设要求相适应、德智体美等全面发展，具有综合职业能力，在生产、服务、技术和管理第一线工作的高素质劳动者和中、初级专门人才。2003 年，教育部再次强调中职教育要大量培养高素质技能型人才，特别是高技能人才。2014 年，教育部等六部委制定了《现代职业教育体系建设规划（2014—2020 年）》，要求中职教育“为初高中毕业生开展基础性的知识、技术和技能教育，培养技能人才”。可见，这一时期中职教育人才培养目标的内涵更加丰

① 宋晓欣、闫志利、杨帆：《中职教育人才培养目标的历史演变与现实定位》，载《教育与职业》，2015（33）：10-11。

富，可概括为适应生产、服务一线需求，德智体美劳等全面发展，具有基础性知识、技术和技能的高素质劳动者和技术技能型人才。

（二）高职层次培养目标[①]

在不同的时期，国家政策文件对高职教育人才培养目标有不同的表述，每一种表述都代表着特定时期对人才培养的要求。

1.“技术型”人才培养目标导向时期（1980—1993年）

这一时期高职教育刚刚开始兴办，人才培养目标的定位相对模糊。1987年《国家教育委员会关于改革和发展成人教育的决定》指出“职业教育为企业事业单位培养生产、经营管理方面的专业技术人才”。该文件提出的“技术型”人才培养目标定位代表了高职教育未来发展方向，具有积极意义。

2.“实用型”人才培养目标导向时期（1994—1998年）

1995年8月的全国高等职业教育研讨会明确指出“高职教育培养在生产服务第一线工作的高层次实用人才”。虽然在这一时期对高等职业教育人才培养目标没有做更多的定位与要求，但是高职教育地位进一步明确，真正成为一种区别于本科教育的高等教育层次，“实用型”人才是高职教育发展后提出的又一个目标定位，有着特殊的价值与意义。

3.“应用型”人才培养目标导向时期（1999—2002年）

2000年，教育部颁发的《关于加强高职高专教育人才培养工作的意见》明确指出“高职教育以培养高等技术应用型专门人才为根本任务”。2002年《国务院关于大力推进职业教育改革与

① 朱厚望、龚添妙：《高职教育人才培养目标的历史演变与再定位》，载《中国职业技术教育》，2020（7）：66-67。

发展的决定》提出“培养一大批生产、服务第一线的高素质劳动者和实用人才”。这一时期高职教育人才培养目标逐渐成形，除了技艺外，对综合素质也提出了要求，如比较具体的职业道德要求、较为宽泛的素质结构要求等，但其侧重的是对人才的应用能力要求。

4.“高技能型”人才培养目标导向时期（2003—2011 年）

2003 年“高技能”人才培养目标的概念在全国人才工作会议上被第一次正式提及。随后，教育部《2003—2007 教育振兴行动计划》指出“要培养高素质的技能型人才，特别是高技能人才”。2004 年《教育部关于以就业为导向深化高等职业教育改革的若干意见》提出“高等职业院校要坚持培养面向生产、建设、管理、服务第一线需要的高技能人才”。这一时期高职教育从规模发展转向内涵建设，高职教育的“职业性”得到强化。随着经济全球化、科技进步、经济结构调整等，经济发展迫切需要的是更多的高级技术人员。这也对高职教育人才培养目标提出了新的要求。“高技能型”人才是这一时期高职教育比较清晰的培养方向。

5.“技术技能型”人才培养目标导向时期 (2012—至今）

2012 年《国家教育事业发展第十二个五年规划》给高职教育人才培养目标重新定义“产业转型升级和企业技术创新需要的技术技能人才”。2014 年,《国务院关于加快发展现代职业教育的决定》明确指出“加快现代职业教育体系建设，培养数以亿计的高素质劳动者和技术技能人才”。《现代职业教育体系建设规划（2014—2020 年）》明确指出职业教育重点培养“掌握新技术、具备高技能的高素质技术技能人才”。这一时期高职教育由内涵式发展进入创新发展时期，将“技术”与“技能”相结合是高职教育人才培养目标创新的最大亮点。

（三）本科层次职业教育培养目标[①]

2014年，国务院出台了《关于加快发展现代职业教育的决定》，首次在国家文件中提出“探索发展本科层次职业教育”，并强调要“引导一批普通本科高等学校向应用技术类型高等学校转型，重点举办本科职业教育”。2019年，国务院颁布了《国家职业教育改革实施方案》，正式提出开展本科层次职业教育试点。2014年和2019年成为我国本科层次职业教育发展的两个关键时间节点。

人才培养定位的差异性是对不同教育类型判断的基本依据。本科层次职业教育的人才培养目标是其对受教育者的一种基本目标要求，也是区别于其他教育类型的决定性因素。但在已出台的相关政策文本中，对于本科层次职业教育定位的内涵边界并未明确，对其人才培养目标和规格、专业课程标准等内涵建设也未提出明确要求。

培养目标是人才培养单位依据教育目的和社会需要，对受教育者在培养方向、规格要求等方面做出的规定。本科层次职业教育要展示职教特色和育人优势，应遵循本科层次职业教育人才培养的内在逻辑，基于其“职业性”和“高等性”双重属性，从“层次”和“类型”两个维度科学定位其区别于专科层次职业教育和普通本科教育的特定人才培养目标。

本科层次职业教育的人才培养目标应定位于兼具学术性和职业性双重属性的高层次技术应用型人才。相比于普通本科教育和专科层次职业教育，本科层次职业教育应具有以下几个方面特

① 崔淑淇、姚聪莉：《本科层次职业教育人才培养的内在逻辑、目标定位与实现路径》，载《现代教育管理》，2023（4）：97-103。

征。一是学术性。在知识水平上达到本科层次教育的基本学业标准，突出技术与知识的高层次，掌握较为系统、完整的技术理论知识。二是实践性。掌握复杂工艺操作，能够创造性地灵活应用所掌握的技术理论知识和技术技能，解决生产现场复杂技术问题，并从事技术研发和技术难题攻关。三是高端性。主要面向高端产业和产业高端，及相对较为宽广的职业领域或专业领域，而非特定的技术岗位。四是专业性与复合性。掌握扎实的技术性与实用性知识，具有系统性技能以及综合跨学科、跨专业多种技术与技能的复合能力。五是创新性与创造性。具有更为突出的创新意识和开放性、批判性、创新性的思维。六是综合性。具有较强的综合素质与职业素养，沟通协调能力及团队协作精神。

二、培养目标发展的动因分析

（一）经济发展

市场经济的确立、经济规模的不断扩大、经济结构的调整对直接从事企业生产、服务的技术应用型、技能型人才产生更大的需求。在这种背景下，国家不断调整职业教育培养目标，以适应生产、建设、管理、服务第一线对人才的需求，“使我国经济建设切实转到依靠科技进步和提高劳动者素质的轨道上来”。

（二）社会变革

人才结构的变化促使职业教育培养目标的变化。人才结构的“反差”促使国家调整人才培养目标，把原来培养“工程师”类的人才向培养“高级技术应用型人才”转变，2003 年后又调整为培养“高技能人才”，真正落实为企业、农村一线培养实用人才。在培养人才类型变化的同时，对培养目标的其他内容也做了相应调整。

大学生就业压力也促使职业教育培养目标变化。把巨大的人口压力转化为强大的人才资源的出路在于把学生培养成适应生产、建设、管理、服务一线需要的技术型和技能型人才。为此，2000 年、2003 年国家对高职培养目标各方面进行了比较大的调整。

（三）高科技的兴起

随着第四次工业革命的到来，科技飞速发展，技术进步促使生产方式更趋柔性化、分散化、智能化，新的生产和服务岗位对人才提出了全新的要求——要具有扎实的理论知识、要受过系统技能训练、要具有创新精神、要具备广博与复合的知识、要有精益求精的工匠精神等。可以说，新科技革命与知识经济使得知识、技术、设备的更新速度加快，“学习能力、实践能力、创造能力、就业能力和创业能力”及“学会交流沟通和团队协作”等成为职业教育目标的重要内容。

（四）职业教育研究者的推动

职业教育的发展有其自身的规律。不同时期的教育研究者对于职业教育的性质、定位与经济社会发展之间的关系、人才培养等基本问题的持续研究，推进了人们对职业教育规律认识的不断深化，也促使职业教育培养目标的不断发展完善。如关于高职教育定位的研究，将高职教育定位于一种教育类型，促使高职教育建立了自身的培养目标体系。

第三节　贯通培养各层次人才培养目标定位

一、不同技术技能人才及其培养目标的区别

（一）技术技能人才

技术技能人才是在生产第一线或工作现场通过实际操作将工程型人才设计出来的图纸、计划、方案等转变成具体产品的人才。他们一部分是从事组织管理生产、建设、服务等实践活动中从事现场技术服务工作的人才，诸如工艺的设计、工艺流程的监控以及产品、服务的改进和更新等；另一部分则从事产品的制造，复杂设备的操作，生产工具、机器、设备的运行与维护等。在现实中，那些在生产现场从事技术服务工作和管理工作以及复杂设备（施工）的操作、维护工作的人才都属于技术技能人才。职业教育培养技术技能人才，一方面是因为社会劳动分工产生了对从业技术技能层次的要求，另一方面人的发展需求也产生对自身技术技能水平的要求。职业教育培养的技术技能人才有着水平高低的区别。各层次的差异体现在经验型和策略型技术技能上。

（二）经验型技术技能人才

经验泛指人们从“实践中得来的知识或技能”，是结果层面的习得，是对人们通过感知和学习所获得的或正在获得的知识及行为方式的一种普适性表述。另外，经验还是过程层面的习得，是保存在人们大脑里并将使大多数人的后续行为发生改变的一种经历。教育心理学认为经验是通过一系列记忆对信息进行加工的过程。在这里，事物、问题、情感和动作，强调的是直觉及其结

果的经验；相应地，操作、感知、体验、经历，强调的是反思及其过程的经验。经验是在感知和想象的平台上经由分析、诠释且与已有的经历连接而产生的新组分的“刺激”，它包含积极的个人兴趣和应对机遇的行动。经验描述的是实在个体或社会主体（如团队、阶层、阶级、国家等）获得认知的一个过程或者是这一过程的结果。这一认知获取方式的最大特点，在于强调认知是主体通过自身的物化的活动获得的，并且只涉及主体直接经历的事件。

因此，经验型技术技能，是指基于“操作”为特征而呈现出更加复杂的动作难度大的技能，是以解决“怎样做”为主的操作、服务等方面的技术技能。它是一种建立在这些经由主体的直接经历所形成的经验的基础之上并对其进行信息加工的技能。职业教育要使学生掌握经验层面的技术技能，就要开展经验学习，即通过经验的形成与积累来学习。在教学过程中，应关注与技术技能主题有关的经验世界，强调学生通过主动地与自身的感觉、情绪、氛围和身体的“对话”，获取基于动作记忆、形象记忆、情绪记忆和情境记忆的技能。职业教育经验学习的特点要求个体对职业世界和生活世界实施整体观察、发现结构关联、获得学习经验、形成经验技术技能。学习过程是实践与理论的组合和集成，要使获取认知能力的内容融于经验学习之中。

（三）策略型技术技能人才

策略既有宏观维度的策略，又有微观维度的策略，既有着眼于战略领域的策略，又有着眼于战术领域的策略。它描述的是完成工作的程序或操作序列，是对复杂情境中的思维过程与行动过程的规则和纲领的描述及解释。策略也是通过一系列组分而对具体情境予以谋略行动的决策处置。思维策略、认知策略和学习策略，强调的是宏观及其战略意义的策略；相应地，问题解决、认知调控、信息加工的决策规则，强调的是微观及其战术意义的策略。

因此，策略型技术技能，指基于认知思考增加而呈现出更加复杂的知识含量高的技能，是以解决“怎样做更好”的维修、管理等方面的技术技能。它是一种通过案例、项目和任务等的行动过程中所获的经验，发现和形成规则，并在新情境中运用的高技能。

二、各层次职业教育培养目标的区别

中等职业教育、专科层次职业教育、应用技术型本科教育在培养目标上的区别，既不是理论知识多少的区别，也非动作技能与心智技能的区别，而应该是经验型技术技能与策略型技术技能的区别。经验型技术技能是策略型技术技能的基础，策略型技术技能是经验型技术技能的升华，策略型技术技能的构建、迁移和内化是建立在经验型技术技能的获得、保持和使用的基础之上的，经验型技术技能是策略型技术技能的平台，策略型技术技能是经验型技术技能的延展，只有经由一个对经验多次加工的创造性和构造性的过程，才能使经验型技术技能逐步升华为策略型技术技能。也就是从中等职业教育、专科层次职业教育到应用技术型本科教育，需要从经验型技术技能学习走向策略型技术技能学习。

（一）中等职业教育培养的技术技能人才

更多地侧重于教授经验型技术技能，要求学生掌握“怎么做”。同时，适当培养一定的策略型技术技能，要求学生掌握适当知识和“如何做得更好”，促进其掌握经验型技术技能。培养学生在工作过程中与具体实践中的“量”的积累。学生主要学习“怎么做”的技能，要根据不同专业学习相应的生产技术技能，学生主要进行“功能性”的学习，遵循从新手到熟手的职业成长规律。

（二）专科层次职业教育培养的技术技能人才

经验型技术技能和策略型技术技能培养并重，既要学生掌握“怎么做”，又要掌握“如何做得更好”。经验和知识能够促进操作或服务有更高质量，操作或服务能够促进对经验和知识的理解。在经验型技术技能学习的基础之上，强调伴随着工作过程复杂程度增加策略型技术技能学习，要对已有经验进行“质”的总结。学生进行“方案性”的学习，对于工作的适应能力要有明显提升，遵循从熟手到高手的职业成长规律。定位表现出高层次性，强调培养应用型、管理型和高级技术技能人才。

（三）应用技术型本科教育培养的技术技能人才

以经验型技术技能学习为基础，以策略型技术技能学习为主，在掌握“怎么做”的同时，更要掌握“如何做得更好”。“怎么做”是基础，“如何做得更好”是目的。在经验型技术技能学习的基础之上，强调伴随着工作过程复杂程度大幅度增加情况下的策略型技术技能学习，对已有经验进行“质”的分析。学生进行“设计性”的学习，遵循从高手到专家的职业成长规律。

从发展规律讲，只有在“感知过的事物、思考过的问题、体验过的情感、操作过的动作”的基础上，解决了“怎样做”的技术技能，才有可能在“目标和条件与行动链接起来的规则”的基础上获得“怎样做得更好”的技术技能。中等职业教育、专科层次职业教育、应用技术型本科教育，从经验型技术技能到策略型技术技能，从执行方案到应用方案设计，这是职业资格对职业教育提出的要求，正是职业成长规律决定的。所以，职业教育技术技能人才培养要从整体来考虑，通过以工作过程导向构建课程体系，实现中等职业教育、专科层次职业教育、应用技术型本科教育人才培养的衔接，进而使学生完成从经验型技术技能到策略型技术技能的转变，实现自身的可持续发展。

三、贯通人才培养目标定位的基本特点

一是层次性。贯通培养从层次上划分为初、中、高三等。贯通培养的层次性不仅在于学历、学位的区别，其根本区别在于各层次职业教育培养人才所具备职业能力的内涵及程度高低不同。

二是复合型。从人才培养方面分析，随着科学原理进一步应用到技术领域，社会对复合型人才的需求日益增长。复合型人才主要为具有两个及以上专业知识和能力的人才类型。高等职业教育的目标定位尤其指向复合型人才培养。

三是动态性。贯通专业人才培养必须实现专业定位与职业发展对接、课程内容与职业标准对接、教学内容与生产要求对接、毕业证书与职业技能等级证书对接、职业教育与终身教育对接的“五对接”。随着技术更新，职业岗位工作任务及能力要求不断发生变化，显然职业教育人才培养必须随之变化，因此贯通培养目标定位是随时代需求动态调整的。

案例：贯通培养护理专业人才培养定位研究

一、研究背景

《国家中长期教育改革和发展规划纲要（2010—2020年）》提出：学历教育和非学历教育协调发展，职业教育和普通教育相互

沟通，职前教育和职后教育有效衔接，终身教育体系基本完成。2014年5月国务院印发的《关于加快发展现代职业教育规定》及2015年7月《教育部关于深化职业教育教学改革，全面提高人才培养质量的若干意见》中均指出：坚持系统培养，多样成才，加快现代职业教育体系建设。推进中等和高等职业教育紧密衔接，加强职业教育与普通教育沟通，拓宽技术技能人才成长通道，为学生多样化选择、多路径成才搭建“立交桥”。2015年12月的《北京市人民政府关于加快发展现代职业教育的实施意见》中指出：职业院校要向精品化方向发展，拓宽职业人才发展通道，开展中职、高职与本科教育贯通培养、联合培养改革试点，打通中职、高职教育与应用技术型本科教育的培养渠道。由此可见，国家和地方政策对职业教育体系的加快建设和不断完善提出了更高要求，中职教育和高职教育都不能成为断头教育，对于有需求及有能力的学生还要提供本科教育、研究生教育，打通学生纵向发展通道；同时职业教育和普通教育也要能横向沟通，要为学生终身学习及可持续发展建立“纵向衔接，横向沟通”的人才成长“立交桥”。“北京市高端技术技能人才贯通培养项目”是在此背景下产生的，是一种职业教育的新模式。

本研究将以调研现代护理岗位胜任力为切入点，在系统调研现代护理专业岗位需要的知识、能力、素质基础上，对贯通培养护理人才目标进行定位，在明确定位的基础上，探索课程建设、教学方法、评价方式如何促进培养目标的达成。

二、核心概念界定

（一）人才培养定位

指人才培养目标的定位，就是职业学校对人才培养规格、方向等方面的定位。一般而言，经济建设和社会发展对人才的需求可以简单地分为两种基本类型：一类是学术型人才，另一类是应用型人才。目前我国正处在经济快速发展、产业转型升级的重要时期，社会对人才的需求呈现出多元化的趋势，除了需要一定数量的高素质学术型（科研型）人才外，更迫切需要大批理论基础扎实，动手能力强，能够直接参与一线生产、技术创新，解决实际问题的高素质应用型人才。贯通培养项目就是在此背景下诞生的，目标定位于培养适应地方经济和社会发展的具有创新精神与实践能力的高素质应用型人才，这是贯通培养的主要任务。

（二）应用型人才

应用型人才指具有良好的人格、扎实的理论基础、较强的实践能力及组织管理能力和人际协调能力的人才。与学术型人才相比，应用型人才是具有创新精神和实践能力的高端技术技能型人才，更强调人才的应用性；与普通专科和高职教育的技术技能型人才相比，应用型人才理论基础更扎实，自主学习能力、知识更新能力和实践创新能力更强，发展潜力更足。

三、研究内容架构图

四、研究方法及结果分析

本研究主要采用问卷调查法，对临床护理专家就护士岗位胜任力进行调研。

（一）调研对象

此次调研对象是与本校合作多年的实习医院（均为三甲医院）的护理专家，共有92人，包括护理管理人员和5年以上临床经验的高年资护士，其中护理部主任、副主任10人，科护士长及临床带教老师23人，护士长35人，5年以上工作经历的高年资护士24人。共发放问卷92份，收回92份，有效问卷92份，有效率100%。

（二）问卷结构

制作护理岗位胜任力要素得分情况表。护理岗位胜任力要素得分情况表包括一级要素5项，即知识、专业技能、社会能力、个人特质、动机。二级要素28项，即护理专业知识、医学领域多学科知识、人文社会科学知识；临床护理专业技能、科研与创新能力、教学技能；独立能力、自主学习能力、人际理解与沟通能力、关系建立能力、团队合作能力、自我控制与管理能力、概念性思维能力、外语交流能力、评判性思维能力、弹性、管理能力、领导能力、自我评估能力、关注质量与安全、信息寻求能力；职业价值观与态度、主动性、乐观自信、身体素质；成就动机、利他动机、组织权限意识。

护理岗位胜任力要素得分情况表由被调查者根据标注的要素内涵，对护理岗位胜任力要素情况进行评分，分1～10个等级，分别对应1～10分，分值越高，表示越符合该条目描述的胜任力内涵，即认为该项胜任力水平越高。

护士岗位胜任力要素得分情况表采用SPSS 20.0软件建立数据库，并进行整理、统计分析。

（三）调查结果

1. 医院临床专家调研一级要素得分情况（见表1）

表1　护理岗位胜任力一级要素得分情况

一级要素	均值	标准差	T	P
A 知识（3 个指标）	4.47	1.526	8.494	.000
B 专业技能（3 个指标）	5.09	1.467	8.136	.000
C 社会能力（15 个指标）	6.03	1.480	5.866	.000
D 个人特质（4 个指标）	6.70	1.785	3.091	.002
E 动机（3 个指标）	6.72	1.849	3.759	.000

2. 医院临床专家调研二级要素得分情况（见表2）

表2　护士岗位胜任力二级要素得分情况

二级要素	均值	标准差	T	P
A1 护理专业知识	4.13	1.762	10.737	.000
A2 医学领域多学科知识	3.90	1.541	9.656	.000
A3 人文社会科学知识	5.39	1.684	2.956	.004
B1 临床护理专业技能	5.62	1.790	4.710	.000
B2 科研与创新能力	3.98	1.504	11.424	.000
B3 教学技能	5.37	1.714	5.113	.000
C1 独立能力	6.33	1.846	1.447	.148
C2 自主学习能力	5.87	1.990	5.446	.000
C3 人际理解与沟通能力	6.88	2.158	2.487	.013

续表

二级要素	均值	标准差	T	P
C4 关系建立能力	6.55	2.104	3.515	.000
C5 团队合作能力	5.78	1.766	8.06	.000
C6 自我控制与管理能力	6.20	1.900	5.649	.000
C7 概念性思维能力	5.60	1.697	5.628	.000
C8 外语交流能力	4.16	1.393	6.702	.000
C9 评判性思维能力	5.36	1.442	7.524	.000
C10 弹性	6.50	1.901	2.406	.017
C11 管理能力	6.33	2.049	2.054	.041
C12 领导能力	5.37	1.615	6.383	.000
C13 自我评估能力	6.36	1.884	4.756	.000
C14 关注质量与安全	7.02	2.005	1.993	.047
C15 信息寻求能力	6.33	1.846	1.447	.148
D1 职业价值观与态度	6.47	1.924	3.124	.002
D2 主动性	6.34	1.946	3.623	.000
D3 乐观自信	6.73	1.990	2.975	.003
D4 身体素质	7.26	2.158	1.267	.206
E1 成就动机	6.50	2.104	4.447	.000
E2 利他动机	6.80	1.957	2.842	.005
E3 组织权限意识	6.80	2.012	3.049	.002

$P < 0.05$ 为差异显著

（四）结果分析

1. 护理专业培养目标要瞄准护理岗位需求

调查结果显示，一级指标的全部5个维度（表1）和二级指标的25个条目（表2）的专家评分P值小于0.05。医院专家的评价代表着行业需求，代表着现代护理岗位所必须具备的素质和能力。所以护理专业贯通培养项目的培养目标要瞄准行业需求和未来护理专业的发展。培养人才的定位要能适应护理岗位对人才素质的内涵要求。培养的学生不仅要有扎实的理论基础和较高的技术技能，还要有较强的社会素养。

2. 要具备扎实的理论知识和技能

本次调查结果显示，护理岗位胜任力评价的5个维度得分从高到低依次为动机、个人特质、社会能力、专业技能、知识（表1）。这说明用人单位都认为实习护士学生的专业知识和技能掌握得不够扎实。一方面，知识和专业技能这两个维度相对于其他维度，在临床实践中比较外显；另一方面，提示学校要重新审视培养过程中存在的问题，力求在培养模式、教学手段、教学方法上有所创新和突破，提升育人质量。护理工作关系着患者的生命和健康，每一项精准的护理操作都与病人的安危紧密相连。护理工作风险高，责任重大，因此要求护理工作者要具备扎实的理论知识和熟练的专业技能。

3. 评判性思维能力需加强

在调查中，用人单位对于实习护士学生的评判性思维能力、概念性思维能力评价给分相对较低，提示学校在整个培养过程中要加强对学生评判性思维能力的培养和训练，提升学生评判性思维能力，适应未来岗位需求。

评判性思维是指护理工作者在各种临床情境和信息中，能够迅速分析并做出合理评价和科学判断，从而选择最佳护理方案的思维模式。2009年，《本科医学教育标准——护理学专业》首次将评判性思维能力、临床决策能力、信息利用能力等要素列入被称为“现代护理核心胜任力”的特征中。评判性思维能力是学生最重要的核心胜任力之一，是能否适应现代护理模式的关键所在。

4. 科研与创新能力培养要关注

在调查中，专家对实习护士学生的科研与创新能力的给分均值仅为3.98（表2），表明用人单位对护士的科研与创新能力方面的要求很高，现在在岗的护士大多没有达到要求，对学生科研能力和创新能力的培养也是护理贯通培养项目所要完成的任务。

科研与创新能力是指护理工作者运用已知的信息，不断突破常规，以科学的思维和适当的方法，对未知领域进行科学探索，发现或产生某种新颖独特的有价值的新事物、新思维的能力。科研与创新不仅是护理事业发展的原动力，更是学生自身发展的需要。现代护理模式要求学校必须注重学生科研精神与创新能力的培养。

五、研究成果

（一）培养目标定位

根据《北京市教育委员会关于开展高端技术技能人才贯通培养试验的通知》，分析临床护理专家问卷调研结果，结合学校多年办学经验，得出护理专业贯通培养项目培养目标应定位于培养适应北京经济和社会发展的具有创新精神与实践能力的高素质应用型人才，护理应用型人才培养目标主要体现为：具有良好的人格、扎实的理论基础、较强的实践能力、组织管理能力和人际协调能力。与传统的学术型人才相比，培养的人才应该是具有创新精神和实践能力的“宽口径、厚基础、强能力、高素质”的高级应用型人才，人才培养更强调应用性。与传统的护理专科和高职教育的技能型人才相比，高级应用型人才的理论基础更为系统扎实，自主学习能力、知识更新和实践创新的能力更强，发展后劲更足。这就是护理专业贯通培养项目人才定位。中职阶段的教育教学都要围绕人才定位进行，中职阶段要打好基础，培养学习习惯和能力，提升综合素质，激发潜能，为后续学习做好各种储备。

（二）围绕目标定位开展相关实践研究

1. 课程建设

按照首都医科大学与首都医科大学附属卫生学校联合培养方案，第一学段（中职阶段）主要以自然科学、基本医学基础课程和护理专业课程学习为主。培养过程中加强自然科学知识学习，强化基本素质教育及未来发展潜能的培养，达到胜任护理工作必备的知识要求。本着实用、够用的原则，在反复调研实践基础上，与北京教育学院丰台分院的教研员一起研究，优化了数学、物理、化学、语文、英语等课程内容，制定了核心课程的课程标准。为了训练学生评判性思维能力，学校增加了逻辑思维课程，针对中职没有这方面教材的实际情况，组织教师编写了校本教材。

为了培养学生的动手能力，在基础医学课程中增加了实验课的时数，在第一学段第五、六学期每学期增加了两周的临床见习，修订了见习手册，增加学生的临床认知和职业体验。为了加强对学生科研创新能力的培养，在课堂教学中注重将临床新理论、新技术、新方法、新研究融入教学实践当中；开设了以实训、案例为主的沟通技巧等护理人文课程，创设情境，引导学生将所学理论知识与临床护理实践相结合，促进自身素质与创新能力的提高，为后续发展积累能量。

依据人才培养目标，不仅要实现从中职到高职、本科学历上的衔接，更应该注重在教学内容上的衔接。学校组织医学基础课的骨干教师组成教学团队，深入研究第一阶段的教学内容，经过多次调研和论证，将医学基础所有实验课程进行了优化重组，编写了《医学基础学科创新性实验教材》，将解剖学、生理学、生物化学等医学基础学科的内容进行了横向的联系和纵向的延伸，初步构建了护理学相关知识架构，为学生第二学段的学习打下坚实的基础。

2. 教学方法的改革与创新

（1）多角度创新德育课堂以增强教育实效

德育课采用快乐学习“341”课堂教学模式，即从学情调查、教学设计、教师备课等3个方面入手进行课堂设计，从学生兴趣点切入，为学生营造乐学的课堂氛围。按照认知—体验—探究—实践的顺序把知识的传授分4步进行，首先从认知入手，引入案例，创设情境，引导学生思考和探究，让学生在探究体验过程中获得新知识，在体验的基础上进一步对知识进行整合，最后将所学知识用于解决实际问题（实践）。“1”指的是对学生的评价要以知识的增长和能力的提高为根本目标。

创新思政课教学，向着“三有”课堂改革目标努力，伴随着实践过程的不断推进，增加思政课教师的实践活动，老师们在专业课程教学过程中对研究涉及的内容和形式进行及时调整和完善，以便达到新的人才培养目标。紧跟时代，宣讲党的方针政策、习近平新时代中国特色社会主义思想等主要内容，使学生与时代同频共鸣。让学生在安全、友好、快乐中学会学习，发挥每个个体的才能，通过主题演讲、任务驱动、创设情境、小组活动等形式让学生体会到课堂价值，并创设模拟仿真场景体验式学习，提高学习兴趣，找到自信。学校还尝试把课堂搬到教室外，带领学生积极参加各种实践活动，如参观“伟大变革”庆祝改革开放40周年大型展览，五四运动100周年，新中国成立70周年等主题教育活动；带学生走进美术馆进行美育教育，走进博物馆、抗日战争纪念馆等进行爱国主义教育；通过综合实践活动，引导学生在学习中树立正确的世界观、人生观和价值观，促进学生综合素质的提升。

（2）多学科整合实现知识衔接

为了使各学科知识之间有更好的衔接，医学基础教研室主任牵头，申请了校内课题“医学基础课程在3+3+2贯通高职衔接中的改革探索”。课题的研究目的是在3+3+2贯通培养的课程建设过程中让医学基础知识间的衔接更顺畅，对课程设置和教学内容及形式进行初步探索。根据人才培养目标定位和学情的变化，开展了课题研究。课题研究方法的切入点是把不同学科基本知识和技能进行整合、优化，以医学基础综合实验整合项目体现，在课程实验内容的选取和编排上改变以往按照学科知识系统独立进行编排的做法，将医学基础涉及的全学科如微生物、免疫、生理解剖、病理和药理进行横向的整合和纵向的衔接，编写了以整合知识为基础，以综合实验为核心的校本实验教材。论文《医学基础课程在3+3+2贯通培养衔接中的改革探索》发表在《教学考试》杂志2017年第17期上。

（3）改进护理教学促进素质养成

护理学基础是护理专业的主干课程，承载着为后续所有临床护理学打好基础的任务，也是培养学生观察能力、动手能力和人文能力的重要载体。护理教研室积极探索，灵活运用项目教学法、角色扮演法，使课堂活起来，充分调动学生的学习热情，教学课堂不仅做到了知识和技能与岗位对接，与学生的职业发展对接，课堂中对学生的人文素质的培养也与未来的岗位有效地衔接。在这个课堂中，教师由“演说家”转变为“导航者”，学生由“听众”转变为“实践者”，师生共同参与其中，其乐无穷。以学生为主体，使课堂更有趣；以临床任务为核心，使课堂更有用；以教师为航标，使课堂更有效，真正做到了“三有”课堂。

（4）能力本位打造临床课程

健康评估是临床护理课的入门课程，也是护理专业主干课程。学校根据贯通培养学生的特点制定了能力本位的课程标准，组织任课老师走出校门，到三甲医院参观学习，了解临床学科发展现状，将新理论、新方法融入课堂教学，结合教材，找出与知识传授相适应的教学方法进行教学，取得了较好的效果。如在“健康史采集”一章的学习中，采用任务引领教学法，把学生分为“内、外、妇、儿”四个学习小组，布置任务，让学生通过老师引导、查资料、上网、看视频等方式，按照任务单每组自行准备健康史采集案例展示，使展示者和“听众”在积极的互动中掌握知识和技能，也提升了学生的能力和素质。不但能把理论知识运用于临床实践，而且通过角色扮演也让学生感受到患者病痛，培养护士职业道德。学校通过组织知识竞赛，增加健康评估实训内容等让学生更有兴趣参与学习，理解和掌握知识，提高能力。

3. 改革学业评价体系，提升教学效果

学校申请了北京职业教育技术学会立项课题“3+3+2 贯通培养中职阶段学生学业评价有关问题的研究”。课题研究的目的是针对贯通培养这一新的职教模式，学校的学业评价体系如何设计才能促进新模式下培养目标的达成，培养满足社会需求的高端护理人才。从学生学业评价入手，以评价类型、评价内容、评价方法为切入点进行研究，取得一些研究成果，并荣获北京职业教育技术学会 2018 年立项课题评比二等奖。

此课题推动了学校 3+3+2 贯通培养试验项目评价模式的建立，实现了评价的多元化，在改善学生学习，促进学生发展中起到重要作用。

4. 创新见习管理促进培养目标达成

学生见习是真实的工作情景展现在面前的时刻，是检验学校所学知识和技能的途径，是学生感悟生命、体验职业、培养职业认同感与职业使命感的重要环节。学校针对 3+3+2 贯通培养护理本科班的培养目标定位，集中优势教学资源，提高见习质量。首先优化了管理团队，通过“四会”“一课”“强化评价”等措施深化管理。“四会”即院校协调会、教学见习布置会、临床动员会、学生总结分享会；“一课”即学生进医院前的培训课；“强化评价”即在见习过程中及见习结束后要求学生收集典型护理病例、填写见习手册、书写反思总结、开展学生小讲堂。见习前教师安排见习任务，明确学习目标，展示评价标准，以任务为引领，以评价为驱动学习任务完成。

六、反思与启示

3+3+2 贯通培养试验项目经过几年实践，取得了较好的试验

效果，但试验过程中也发现了一些问题，值得反思。

（一）课程设置的科学性有待提升

由于护理专业的特殊性，培养方案是三段式，设置了转段考试和段口分流，考虑到分流学生未来的就业（必须考取护士执业资格证书），所以课程设置上存在公共基础课课时过少，临床护理课课程重复的情况。对公共基础课程，教委只规定了必开学科，没有统一的标准，目前尚无贯通培养专用教材，各学校对教学的要求也各有差异。

课程设置应该着眼于培养目标，要与时俱进地开发新课程，要建立适合贯通培养学生特点、有助于培养目标达成的科学的课程体系。贯通培养学制内的课程应通盘考虑，整体设计，避免课程重复，同时应加大校院合作力度，增加实践性教学环节，提高学生职业能力。

（二）生源质量参差不齐，影响目标达成

中考改革一定程度上影响了生源质量，学生水平参差不齐，偏科学生较多，给教学带来一定困难。目前中职毕业生就业前景不被看好，更多的学生和家长选择继续深造，提升学历，所以段口分流没有意义，且影响了课程的整体设置。

招生时，对特殊专业的相关科目设最低分数线，如报考护理专业时，化学和生物学中考必须达到一定的分数，确保生源的质量，利于今后的教学和培养目标的达成。同时建立淘汰机制，达不到标准的学生自然淘汰。对于被淘汰的学生进行技能培训，增加他们就业的可能性。

（三）贯通培养横向沟通不畅，阻碍了职教“立交桥”的建立

3+3+2 一体化贯通培养是构建职业教育人才成长“立交桥”的创新渠道，为职业教育“纵向衔接，横向沟通”的终身学习体

系建设提供制度层面的设计参照，目前纵向衔接已进入高职学段，发展态势良好，但横向的融通还不尽如人意，没有完全做到职普相通，希望将来在职普融通方面能够提供更多的政策支持，为学生提供更多的选择机会。

护士胜任力水平调查问卷（专家卷）

尊敬的专家：

您好，本次调查是为了了解当前护理人才岗位需求现状，为我们确定护理专业的培养目标定位提供一手资料，并对现有教育教学进行持续改进，请结合本人实际情况，客观填写以下问卷，谢谢您的配合。以下列出了临床护士胜任力的28项评价要素，请根据贵院实际情况，选择与下列各项的符合程度，并在相应的选项上打钩（“√”）。得分分为1～10个等级，分别对应1～10分。您选择得分越大，表明您的情况越符合这个说法，即您认为贵院护士该项胜任力水平越高。

个人基本情况：（这部分资料对我们的研究非常重要，请您务必填写！）

姓名		工作年限		职务		工作单位	

护士胜任力水平调查问卷

一级要素	二级要素	二级要素内涵	得分									
			1	2	3	4	5	6	7	8	9	10
A 知识（一定范围内相对稳定的系统化的知识）	A1 护理专业知识	基础护理、专科和急重症护理等护理专业知识										
	A2 医学领域多学科知识	与护理相关的生物医学、临床医学、流行病学等知识										
	A3 人文社会科学知识	护理专业知识以外的人文社会科学知识，如心理学、伦理学、法学等知识										
B 专业技能（通过学习和训练，形成一定的实践能力）	B1 临床护理专业技能	通过学习和训练，掌握规范的基础护理和专科护理基本技能，合理使用急救等护理技术；能通过知识和经验评估患者的健康状态，准确做出护理诊断、制定护理计划、实施护理措施和评估护理效果										
	B2 科研与创新能力	能运用已知的信息，不断突破常规，以科学的思维和适当的方法，对未知领域进行科学探索，发现或产生某种新颖、独特的有社会价值和个人价值的新事物、新思维的能力										

续表

一级要素	二级要素	二级要素内涵	得分									
			1	2	3	4	5	6	7	8	9	10
B 专业技能（通过学习和训练，形成一定的实践能力）	B3 教学技能	运用已有的理论知识，能为患者和家属提供健康促进和疾病预防的护理指导或咨询；能为实习生和同事提供临床指导和继续教育授课，并能评估成效										
C 社会能力（有效且恰当应对各类社会情境，并实现自身良好发展的能力）	C1 独立能力	具有一定的自我意识，思想上不盲从或依附于他人，并能对自己的决定承担责任										
	C2 自主学习能力	明确自己的学习需求，具有渴望了解和掌握知识及其他未知事物的欲望；了解本专业领域的新动态和信息，密切关注理论与实践前沿；能把握个人及专业发展的学习机会										
	C3 人际理解与沟通能力	能清楚地倾听及体会他人的想法和感觉；认可个人或群体信仰和文化习俗的差异；能通过恰当的方式和不同的人沟通，清楚地表达事实、思想观点和看法；以建设性的态度表达不同意见；与患者和家属或其他团队成员，建立有效的信息交流										

续表

一级要素	二级要素	二级要素内涵	得分									
			1	2	3	4	5	6	7	8	9	10
C社会能力（有效且恰当应对各类社会情境，并实现自身良好发展的能力）	C4 关系建立能力	能够与完成工作相关的人建立或维持友善、温暖的关系或联系网络。又被称作：建立网络 / 资源利用 / 开发人脉 / 建立融洽关系的能力										
	C5 团队合作能力	能够妥善处理与上级、同事、患者等人员的关系，促成相互理解，获得支持和配合，有效工作；乐意分担他人工作负担，推动团队工作目标的实现										
	C6 自我控制与管理能力	在面对诱惑、阻力、敌意、压力等情况时，能控制好自己的情绪，抑制负面情绪及行动，做出相应的对策，适时地解决护理工作中的问题										
	C7 概念性思维能力	归纳能力，能通过组合片断和着眼大局来了解一个状况或问题，在关联并不明显或复杂情况中找出首要、关键或根本问题，并试图寻找多种方法来解决问题										
	C8 外语交流能力	具备至少一门外语的听说读写能力										

续表

一级要素	二级要素	二级要素内涵	得分									
			1	2	3	4	5	6	7	8	9	10
C社会能力（有效且恰当应对各类社会情境，并实现自身良好发展的能力）	C9 评判性思维能力	对事物敢于提出疑问，并进行分析和判断，识别他人的谬误和误导。能够针对某一具体临床护理情境，有目的、有意义地自我调控，依据实际情况做出判断或护理决策										
	C10 弹性	一个人在不同的环境下，与不同的人或群体工作时表现的适应性，能通过自我调节使自己的心理承受能力或者行为方式更加符合环境变化和自身发展的要求										
	C11 管理能力	能全面而准确地制定工作标准；能敏锐洞察目前工作水平与标准之间的差距；能纠正偏差										
	C12 领导能力	有领导意识；对个人和组织有影响力；善于发现他人的长处，认同他人付出并引导他人积极采取措施；能根据他人能力分派相应的任务，并能监督追踪和承担责任；能以积极的方式解决矛盾冲突										

续表

一级要素	二级要素	二级要素内涵	得分									
			1	2	3	4	5	6	7	8	9	10
C社会能力（有效且恰当应对各类社会情境，并实现自身良好发展的能力）	C13 自我评估能力	正确对待自己的成绩、差错和医疗事故，正确认识和评价自己，知道自己的能力和缺点，能扬长避短										
	C14 关注质量与安全	严格执行操作规范，重视规则和秩序，确保工作有条不紊地进行，确保工作质量；能识别工作中危及患者、家属和自身的环境风险因素，并采取措施消除和预防可能的危害，营造一个安全、舒适、整洁的治疗环境										
	C15 信息寻求能力	了解一定的信息科学技术理论知识，具备信息系统的基本操作能力，主要包括运用信息工具、获取信息、处理信息、生成信息、创造信息、发挥信息的效益、信息协作、信息免疫的能力										

续表

一级要素	二级要素	二级要素内涵	得分									
			1	2	3	4	5	6	7	8	9	10
D个人特质（顺利从事护理活动所需的态度、价值观、性格、身体素质或其他身体条件特征）	D1 职业价值观与态度	对护士职业的认识态度以及对职业目标的追求和向往。具体体现在：对护理专业的目标和价值观有强烈的认同感和使命感，对从事护士执业感到自豪，愿意为护理事业付出努力，积极加入护理团队，参与促进护理专业发展的活动，建立维护和实施护理临床、行政和教育的实践标准，推动护理专业不断发展										
	D2 主动性	工作中相对于别人或工作要求的期望做更多的工作；能主动采取措施，提高工作成绩，发现或创造新的机会；在没人要求的情况下，做出超乎工作预期的努力										
	D3 乐观自信	能够在客观评估自我的基础上展示出乐观自信的精神面貌，有坚定的信念；面对挑战和各种挫折时，能够以乐观的心态面对，并且相信自己有能力通过有效的手段完成某项任务，解决某个问题										

续表

一级要素	二级要素	二级要素内涵	得分									
			1	2	3	4	5	6	7	8	9	10
D个人特质（顺利从事护理活动所需的态度、价值观、性格、身体素质或其他身体条件特征）	D4 身体素质	从事护理活动所需的身体素质：身体健康，精力充沛，思维敏捷，身体耐力较强，身体灵敏度与协调性较强等等										
E动机（引起、推动、维持与调节个人行为，使之趋向一定目标的心理过程或内在动力，是人的社会行为的直接原因和启动因素）	E1 成就动机	有事业心，希望在护理事业上取得一番成就，富有竞争意识，能够坚定不移的沿着既定目标前进										
	E2 利他动机	有使自己得到满足，同时益于他人、公众和社会，并且不期待回报的行为										
	E3 组织权限意识	在不同的组织里，能有意识地准确把握和理解各种关系，行为上表现为自觉与组织目标、需求保持一致，把组织的需要放在自己的前面，采用能够促进组织目标或适合组织需要的方式行动										

第三章　贯通人才培养方案制订与一体化课程体系构建

第一节　人才培养方案制订现状诊断调研

专业人才培养方案是职业院校落实党和国家关于技术技能人才培养总体要求，组织开展教学、实施人才培养和进行质量评价的基本依据，是国家专业教学标准在学校的主要落脚点。《国家职业教育改革实施方案》提出，职业院校要依据国家标准自主制订（修订）人才培养方案。为贯彻落实《教育部关于职业院校专业人才培养方案制订与实施工作的指导意见》（以下简称《指导意见》）和《教育部关于组织做好职业院校专业人才培养方案制订与实施工作的通知》（以下简称《通知》）要求，全面了解北京市职业院校人才培养方案制订情况，推进职业教育高质量发展，北京市教委启动了全市职业院校人才培养方案制订现状的诊断调研，组织专家对各校人才培养方案进行了诊断分析并提出改进建议。

一、人才培养方案诊断标准研制

职业教育作为一种类型教育，肩负着培养面向生产、建设、服务和管理第一线需要的技术技能人才的使命，这是职业教育人才培养的总体定位。实现这一目标的核心就是人才培养方案的制订。人才培养方案制订的优劣，关键看是否清楚地回答了新时期“培养什么人、怎样培养人、为谁培养人”这三个问题。

教育部《指导意见》中明确提出：专业人才培养方案包括专业名称及代码、入学要求、修业年限、职业面向、培养目标与培养规格、课程设置、学时安排、教学进程总体安排、实施保障、毕业要求等 10 大要素，这些要素不是随意的设置，而是有其内在逻辑关系的。前 3 个要素为专业的基本信息；职业面向是回答为谁培养人；培养目标与培养规格、毕业要求是回答培养什么人；课程设置、学时安排、教学进程总体安排 3 个要素是回答怎样培养人；实施保障是实现人才培养目标需要具备的条件（图 3–1）。

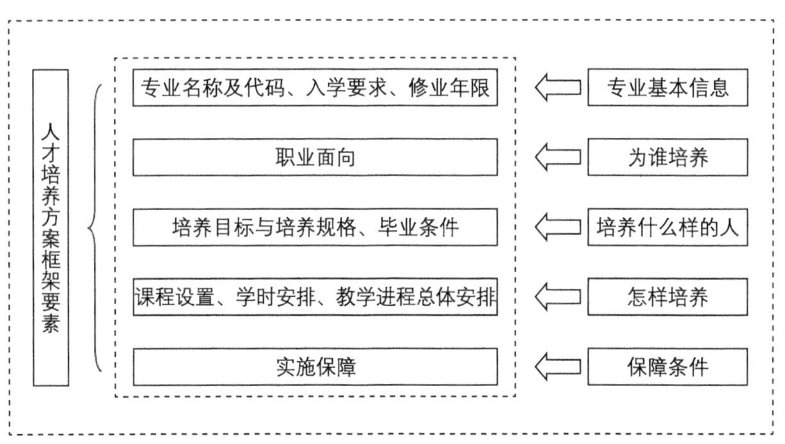

图 3–1　职业院校人才培养方案框架要素关系及功能

在分析国家人才培养方案框架要素逻辑关系和内涵的基础上，结合本次诊断的目标和北京市职业学校的办学实际，研制了由 8 个维度组成、总分为 100 分的人才培养方案制订诊断标准。标准内涵在强调落实国家专业教学标准的基础上，又增加了规范性、职业性和创新性的内涵要求（表 3–1）。

表 3–1　北京市职业院校人才培养方案诊断标准

质量指标	指标内涵	分值
培养目标与培养规格	1. 坚持立德树人，德智体美劳全面发展，落实党和国家对人才培养的有关要求； 2. 符合北京市城市功能定位和产业结构转型升级对技术技能人才的需求，培养目标定位准确，体现专业特色； 3. 专业基本要求适当，学生素质、知识、能力结构要求明确，符合国家专业教学标准	10
职业面向	面向的职业类别（或技术领域）、要求的职业技能证书或专业能力证书分类清晰，描述准确	10
课程体系及进程安排	1. 课程体系设计思路清晰，结构框架合理，与培养目标相适应，体现校企合作、工学结合、能力衔接、可持续发展； 2. 遵循人才培养规律，课程设置科学规范，课程模块搭建合理，课程类别及数量适当； 3. 公共基础课与专业课的比例恰当，实习、实训、毕业设计等课程设置符合国家相关文件要求，选修课程开设体现对学生人文素养、科学素养的培养； 4. 课程内容联系生产劳动实际和社会实践，突出应用性和实践性，注重引导和体现理实一体化教学，注重对学生工匠精神、创新精神的培养； 5. 教学进程编排科学，学期周数分配适当，课程安排次序优化，注重公共基础课程与专业课程的衔接，符合学生学习规律	40

续表

质量指标	指标内涵	分值
毕业条件	1. 毕业需要的总学时（学分）职业技能等级证书种类及等级要求明确； 2. 有对学生综合素质考核的要求，能促进培养目标的达成	5
实施保障	1. “双师型”教师一般不低于 60%，兼职教师应主要来自行业企业，各专业的生师比不高于 25 ∶ 1（不含公共课）； 2. 实训（实验）室面积、设施等应达到国家发布的有关专业实训教学条件建设标准要求，信息化条件保障应能满足专业建设、教学管理、信息化教学和学生自主学习需要； 3. 创新教学方法和策略，采用理实一体化教学、案例教学、项目教学等方法，体现“做中学、学中做”，改革教学评价的标准和方法，体现多元评价； 4. 教材选用符合国家及北京市等有关要求，并能根据学习需求，开发校本教材及相关教学资源； 5. 专业教学指导委员会定期对人才培养方案进行修订与更新	15
制度文件	1. 教学管理制度制定科学规范，种类齐全，内容可操作可落实，体现为教学工作服务； 2. 专业人才需求调研报告、课程标准、人才培养方案修订说明等文件，内容翔实，体现专业建设水平	10
文本质量	1. 编写格式规范，内容全面，表述清晰准确； 2. 无错别字、缺项漏项、学时学分及构成比例计算错误等情况，编写质量高	5
特色创新	结合学校办学实际，在课程体系及人才培养模式构建、校企合作、工学结合方面有特色	5

二、诊断调研数据分析

通过对 2019 年调研中 8 个诊断指标平均成绩的指标达成度进行计算，可以看出，指标达成度由高到低的指标点分别为培养目标、职业面向与培养规格、课程体系进程安排、毕业条件、制度文件、实施保障、文本质量、特色创新。从整体上看，各个人才培养方案的培养目标、职业面向与培养规格和课程体系进程安排更为接近诊断标准；特色创新、实施保障、文本质量等指标与诊断标准还有一定差距。

从诊断分数来看，全市职业院校人才培养方案制订情况整体良好，专业设置也与北京的产业结构高度契合，但是，透过方案文本及专业调研报告、方案修订说明等相关支撑材料，发现一些共性问题。

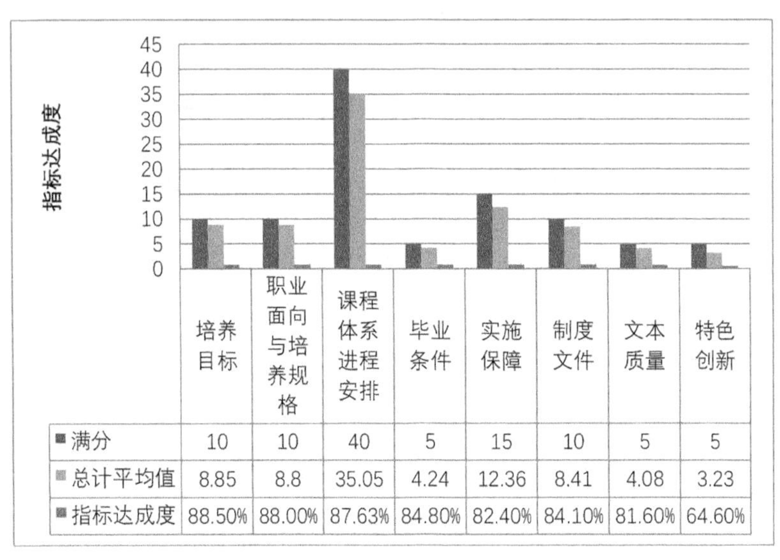

	培养目标	职业面向与培养规格	课程体系进程安排	毕业条件	实施保障	制度文件	文本质量	特色创新
■满分	10	10	40	5	15	10	5	5
■总计平均值	8.85	8.8	35.05	4.24	12.36	8.41	4.08	3.23
■指标达成度	88.50%	88.00%	87.63%	84.80%	82.40%	84.10%	81.60%	64.60%

图 3-2　职业院校人才培养方案各指标平均值及指标达成度

（一）人才培养方案制订的共性问题

1. 人才培养方案制订的规范性不够

从诊断的人才培养方案文本来看，分为两种情况，一种是比较新的专业，基本是一校一案，包含的核心要素各不相同，相关要素概念不够清晰，没有统一的表述规范，表达的深度、广度各不相同，随意性比较大；另外一种是比较成熟的专业，人才培养方案“同质化严重”，从人才培养目标到课程体系构建乃至保障措施的支撑都不能很好地反映专业教学的特色与创新。

此外，从中职校人才培养方案的制订日期统计来看，总计408份方案中，192份人才培养方案没有写明制订日期，占比达47.06%。此次诊断还发现对照教育部《指导意见》，方案文本中少量专业还存在要素不全、缺项漏项、学时学分及构成比例计算错误等情况。文本质量指标达成度为81.60%，也反映出北京市中职校的人才培养方案制订的规范性亟须加强。

2. 相关要素之间逻辑性不强

人才培养方案的构成要素中，职业面向、培养目标、培养规格、课程设置、毕业要求等各部分之间有一定的逻辑关系，是相互支撑的。职业面向是解决“为谁培养”，培养目标、培养规格、

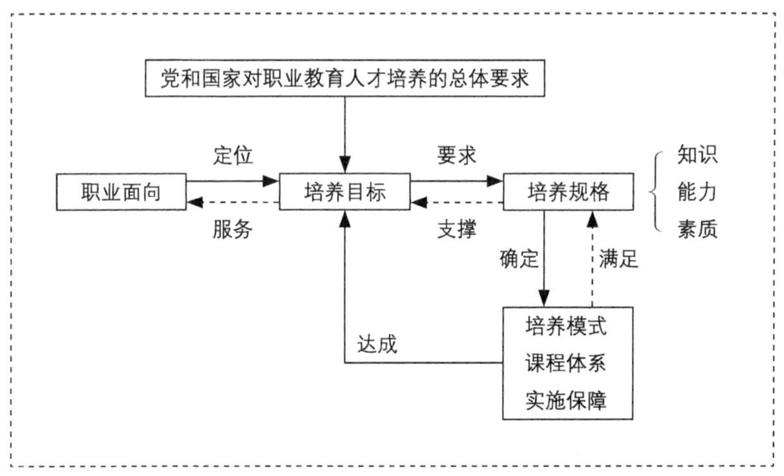

图 3-3 职业教育人才培养核心要素逻辑关系

毕业要求是解决“培养什么样的人”，课程设置是“怎样培养”（图 3–3）。此次诊断发现，各校的方案这些要素的衔接性不好，逻辑关系不清晰，相互印证与支撑的作用不强。

3. 人才培养方案开发过程不严谨，内容更新不及时

人才培养方案的开发，首先来自充分的专业调研。从学校提交的专业调研报告统计来看，没有写明调研时间的有 425 份，占比 38.50%，没有调研报告的有 116 份，占比 10.51%。数据反映出，部分学校的方案开发过程不严谨，存在“闭门造车”、脱离实际的情况。

此外，还存在内容更新不及时的现象。少量学校提交的还是 2013 版的人才培养方案，并且没有修订说明，课程更新的速度远远落后于首都经济发展对技术技能人才的需求，前沿技术应用课程体现不足，与时俱进和创新意识不足。从学校提交的人才培养方案的修订说明来看，修订工作简单化地停留在对某些课程和教学时数进行修补和增减，或者增加一些新的课程，删除一些陈旧的课程，调整实践教学的方式和时间安排，等等，修订工作更多地体现为一种主观判断，没有与产业结构转型升级对技术技能人才培养的新需求紧密结合起来。

4. 部分专业课程设置不科学

课程体系设计是人才培养方案的核心内容。本次诊断，从专业课设置来看，部分学校的专业课程体系没有按照职业能力的要求进行“模块化”设置，还是更多地体现出学科体系痕迹。缺少课程开发的理论依据，“国际化”和“多元化”的特征不明显。通过对课程标准诊断发现，部分学校公共基础课程的开设一方面是满足开齐国家规定的课程，另一方面是为学生升高职或者本科服务，而真正在为专业培养目标服务、与专业课间的相互融通和配合方面，做得还不够。

教育部《指导意见》明确提出：中职学校三年制总学时数不低于3000，公共基础课程学时一般占总学时的1/3，选修课教学时数占总学时的比例应当不少于10%。此次诊断，随机抽查了6个专业大类56份人才培养方案关于课程设置的情况，发现公共基础课低于1/3的方案占比达26.79%，选修课低于10%或未体现数量的占比达69.64%，总学时低于3000学时的方案占比达14.29%，反映出中职学校在课程设置方面落实国家标准做得还不够（表3–2）。

表3–2　2019年北京市中职人才培养方案课程设置抽样统计

序号	专业大类名称	人才培养方案数量	公共基础课低于1/3或未体现数量	选修课低于10%或未体现数量	总学时低于3000学时
1	农林牧渔类	3	–	2	–
2	能源与新能源类	1	–	1	–
3	土木水利类	3	–	2	–
4	轻纺食品类	2	–	1	–
5	电子信息大类	22	7	10	3
6	文化艺术类	25	8	23	5
合计		56	15	39	8
百分比（%）		100.00	26.79	69.64	14.29

5. 产教融合、校企深度合作体现不充分

国务院《关于加快发展现代职业教育的决定》中明确指出，

“产教融合，特色办学”是发展职业教育的基本原则。本次人才培养方案诊断发现企业参与中职学校人才培养方案制订、参与人才培养过程明显不足。面临北京生源减少的困境，很多专业学生人数少，难以开展广泛深入的校企合作，校外实训基地很少或者形同虚设，没有真正开展实训教学；有的“3+2”中高职衔接的专业，在中职阶段因为大多数学生都升学，专业没有实训基地。在教学管理制度文件诊断中，产教融合衔接的制度是学校提交制度数量最少的一项，反映出学校在开展产教融合、校企合作方面严重缺乏实施制度，缺少机制保障。

6. 监督机制不健全

本次诊断发现，各中职学校教学常规管理文件比较齐全，基本覆盖了常规教学管理的主要环节，使教学常规管理的基本职能和根本任务得以实现。但从建构协调、顺畅高效的学校教学管理工作格局的角度看，学校在专业动态调整、人才培养方案制订、课程标准研制、教材建设和产教融合等专业建设与改革方面的创新性文件或缺失或体现的力度不够。特别是人才培养方案制订与实施的管理环节，制度不健全，监控措施不得力，使得人才培养方案的制订与执行随意性比较大。

此次诊断出现的共性问题，原因归结为三个方面：一是在北京“疏解非首都核心功能，控制人口规模”政策下，职业院校不允许招外地生源及城区内限制招生，造成生源数量急剧下降，如2015年中专和职业高中（不含技校和成人中专）招生数为17160人，2018年招生数量为10317人，下降39.88%；2015年在校生为65865人，2018年降为43650人，下降33.73%，因此北京职业院校面临转型调整，学校内涵发展的动力不足，创新意识不强。二是部分学校对此次人才培养方案的诊断重视程度还不够，仅仅做些简单的文字修补，造成时间和内容前后矛盾；有的学校没有做修订直接提交了材料。三是少量学校多年来专业建设基础薄弱，观念落后，校企合作不深入，管理制度不健全，忽视对人才培养方案的制订和修订工作。

（二）贯通专业人才培养方案诊断调研情况

1. 基本情况

本次人才培养方案诊断中，10 所贯通培养试验学校（高职 7 所，中职 3 所）共提交 66 份有效的贯通专业人才培养方案（部分专业未提供方案或材料不全，未诊断），覆盖 13 个专业大类，以教育部专业目录分类为依据，按照贯通专业人才培养方案所属专业大类的数量，排名前六的分别是电子信息大类、财经商贸大类、教育大类、文化艺术大类、土木建筑大类、公安与司法大类，数量占比达 71.21%。从专业大类分布来看，与北京市产业结构和“四个中心”城市定位高度契合。

表 3–3　贯通专业人才培养方案所属专业大类统计表（部分）

序号	专业大类	数量	序号	专业大类	数量
1	电子信息大类	12	8	农林牧渔大类	3
2	财经商贸大类	8	9	生物与化工大类	3
3	教育大类	7	10	资源环境与安全大类	3
4	土木建筑大类	7	11	旅游大类	2
5	文化艺术大类	7	12	交通运输大类	1
6	公安与司法大类	6	13	食品药品与粮食大类	1
7	装备制造大类	6			

2. 诊断分析

66份贯通专业人才培养方案平均分为89.45分，全市诊断平均分为85.2，高于全市平均分4.25个分值，整体较好。通过对8个诊断指标达成度来看，由高到低的指标点分别为培养目标与培养规格、职业面向、课程体系进程安排、毕业条件、文本质量、制度文件、实施保障、特色创新。从整体上看，各个人才培养方案的培养目标与培养规格、职业面向和课程体系进程安排更为接近诊断标准；特色创新、实施保障等指标与诊断标准还有一定差距。

表3-4 贯通专业人才培养方案各指标平均值及指标达成度

指标 项目	培养目标与培养规格	职业面向	课程体系与进程安排	毕业条件	实施保障	制度文件	文本质量	特色创新	诊断得分
满分	10	10	40	5	15	10	5	5	100
平均得分	9.11	9.07	36.00	4.45	12.69	8.62	4.35	3.67	89.45
指标达成度	91.06%	90.68%	90.00%	89.09%	84.60%	86.21%	86.97%	73.33%	89.45%

存在的主要问题有：

培养目标与培养规格：只有总的描述，没有细分为中职、高职和本科三个阶段，不利于分阶段执行，而且高职学段部分专业缺少顶岗实习内容，有的方案培养目标描述得还不够清晰、不规范。

课程体系与进程安排：中、高、本阶段的课程衔接体现还不充分，贯通的特色不鲜明；有的方案没有一体化设计，只有中职或高职学段的方案，看不到本科学段的课程体系；劳动教育方面在一体化的课程体系中设置不充分。

毕业条件：过于简要，还应更清晰地描述 7 年一贯培养后在学业水平、综合素质、职业等级证书等方面应达到的标准。

实施保障：部分方案未阐明教师、实训基地等保障条件，反映出中职、高职、本科院校在贯通培养教学管理体制机制方面还需加强协同管理。

三、诊改建议

人才培养方案是职业院校专业人才培养过程中的顶层设计，是专业人才培养的总纲和蓝图。人才培养方案的制订修订，要坚持“面向产业开设专业”“面向企业设置课程”“面向学生实施教法”，融入“一带一路”、人工智能以及新科学技术发展对技术技能人才的新要求，适应首都产业结构转型升级需求，创新人才培养模式，重构培养路径，丰富培养内涵，优化培养条件，瞄准北京职业教育“高水平、有特色、国际化”的方向发展。

（一）院校高度重视，全面推进诊改

学校要高度重视人才培养方案的修订与实施工作，坚持以习近平新时代中国特色社会主义思想为指导，切实加强对此项工作的领导。职业院校党组织负责人、校长是专业人才培养方案制订与实施的第一责任人，要经常性地研究专业人才培养方案的制订与实施，要结合学校的办学定位，进一步更新观念，改革创新，全面修订每一个专业的人才培养方案，努力在培养模式、课程体系、实践教学、教学改革等方面有所创新，形成特色。

（二）深化产教融合，校企共同实施

学校校长要牵头，统筹规划，制订人才培养方案修订的具体工作方案。成立由行业企业专家、教科研人员、一线教师和学生

（毕业生）代表组成的专业建设委员会，共同做好人才培养方案的修订工作。修订工作要与特色高水平学校、特色骨干专业群和工程师学院、技术大师工作室的建设配套进行，要充分利用社会资源，制订与生产实践、社会发展需要紧密结合的专业人才培养方案，并与企业共同实施人才培养。

（三）坚持目标导向，贯彻国家标准

各学校要深入学习教育部文件精神和内涵要求。通过学习，厘清思路，贯彻标准，明确目标。按照专业办学定位，从立德树人、培养时代新人的高度，回答清楚培养学生德智体美劳全面发展的培养要求；从服务学生完成学业、毕业就业、具有创新创业精神的维度，回答清楚学生在知识、能力、素质等方面的毕业要求；从支撑学生职业发展、培养终身学习能力的角度，回答清楚课程体系和教学标准等方面的要求。

（四）坚持市场导向，广泛开展调研

各学校要充分重视本次诊断发现的共性问题，以市场需求为导向，通过深入开展行业企业调研、毕业生跟踪调研和在校生学情调研，分析产业发展趋势和行业企业人才需求，进一步明确本专业面向的职业岗位（群）所需要的知识、能力、素质，形成专业人才培养调研报告，进一步明确本专业的优势及特色，为深入开展专业建设和人才培养方案全面修订以及人才培养质量的提升提供支撑。

（五）坚持能力本位，重构课程模块

要以“能力为本位”，改变“以学科为中心”的传统课程模式，进行“模块化”课程结构设计。在了解专业就业岗位需求变化的基础上，结合专业人才培养模式，学习借鉴国际先进的课程模式，如“英国的单元课程”“澳大利亚的培训包课程”等，将课程设计成可灵活组合的小模块，不同模块之间可以自由组合。在课程结构设计时，要充分考虑学生的职业能力、课程内在功能、职业发展阶段和工作生产流程环节几个方面的因素。

此外，要统筹专业（群）资源，深入研究职业技能等级标准与有关专业教学标准，推进“1”和“X”的有机衔接，将证书培训内容及要求有机融入专业人才培养方案，优化课程设置和教学内容 。

（六）对接国际标准，持续改革创新

应进一步充分利用北京的国际化资源，主动扩大职业教育对外开放，服务“一带一路”倡议，建设与国家标准对接的、有“国际化”特色的专业人才培养方案；深入学习实践德国胡格教学模式、澳大利亚 TAFE 课程的先进理念，并进行“本土化”的改革实践；引进北京高精尖产业急需、先进的境外优质课程与教材资源，并与国外一流职业教育机构合作开发符合北京经济发展定位的课程标准与教材资源，深入开展“教师、教材、教法”改革，并在人才培养方案中进行落地。通过与境外教师互派、学生互换、学分互认等合作项目，开阔学生国际视野，培养具有创新能力、国际交往能力、终身学习能力的高端技术技能人才。

（七）健全配套制度，完善实施保障

要切实落实主体责任，依据相关国家文件精神，进行新一轮制度修订，特别是完善关于人才培养方案的制订、实施及过程监控的配套制度，加强教学管理制度的顶层设计，建立“标准引领、管理规范、内涵发展、特色鲜明”的较为完备的教学管理制度体系和质量保障体系，贯彻“以学生为中心”“三全育人”的发展理念，提高制度建设的科学性、规范性、可操作性，为学校高质量发展提供强有力的保障。

第二节　贯通专业人才培养方案制订

2019年，教育部发布了《关于职业院校专业人才培养方案制订与实施工作的指导意见》（教职成〔2019〕13号）和《关于组织做好职业院校专业人才培养方案制订与实施工作的通知》（教职成司函〔2019〕61号），对人才培养方案的制订提出了一系列新要求。贯通培养作为职业院校培养高端技术技能人才的一条路径，要遵循国家专业教学标准和人才培养方案制订标准，同时在方案的编制和管理上也要体现其自身的特殊性。

一、指导思想

其一，以立德树人为根本任务，立足学生全面发展，突破应试教育束缚，实施素质教育，促进学生作为现代公民、高技能技术人才和国际化人才的核心素养的形成与发展。

其二，整合融通示范高中、高职和国内外本科院校的优质教育资源，遵循教育规律和人才成长规律，为学生发展提供适宜的和个性化的路径与环境，满足学生职业生涯的可持续发展，促进学生人人成才。

其三，适应首都经济社会发展和产业转型升级需要，深入推进校企合作和国际对接，优化课程体系，强调各类应用创新型人才的特色定位，体现育人为本、德育为先、能力为重、全面发展，培养高端技术技能人才。

二、基本原则

按照七年贯通式培养的基本思路设计人才培养方案，整体优化、系统设计课程体系，突出职业性、培养国际化、体现现代化、注重应用创新、服务可持续发展。

（一）坚持贯通培养，实现一体化育人

整合优质教育资源，构建基础教育、职业教育和本科教育“融通贯通”的人才培养体系，发挥三个阶段的各自优势，按照学生的成长成才规律和需要，实施分段培养、相互衔接、阶梯递进的贯通教育培养模式，实现一体化培养高素质技术技能人才。

（二）依据教育标准，整体化设计课程

搭建基础教育、职业教育和本科教育逐层递进的课程体系，突出核心技术技能和综合素质培养。基础教育阶段，课程设计依据高中学业水平考试标准；职业教育阶段，数学、英语等基础课程设计依据对接本科高校相关课程教学大纲基本要求；本科教育阶段，工科类专业课程参考中国工程教育专业认证协会工程教育认证标准，艺术类和经管类专业课程参考同类专业的相关标准。

（三）发挥职业教育优势，注重实践技能培养

在人才培养过程中要发挥职业教育的自身优势，以提高动手能力和实践创新能力为核心，以技术技能训练为重点，强化职业素养，培育工匠精神。要与国内外知名企业合作，共同开展现代学徒制培养，实施“双重身份，双主体育人”的工学交替教学方式。改革教学组织形式，施行学分制管理，探索“多学期、分段制”等灵活多样的教学组织形式。

（四）加强双创教育，培养学生创新能力

依托不同形式的创新实践类课程和项目来强化创新创业意识与创新创业能力的培养，把创新创业教育融入人才培养的全过程。加强创新创业教育课程体系和内容的规划与建设，丰富与专业相关的创新创业实践活动。在专业教育过程中启发学生创新意

识，训练学生创新思维，培养学生创新能力。

（五）引进国际标准，提高人才培养国际化水平

服务北京市建设国际交流中心的功能定位，开放式办学，借鉴国外先进的课程理念、教学模式与教学方法，引进外籍师资队伍，贯通对接国外合作院校进行本科阶段学习或开展阶段性研修，培养具有深厚文化积淀、宽广的国际视野、通晓国际规则，能够从事国际业务工作的国际化人才。

三、基本框架及要素内涵

2019 年 6 月教育部在下发的《指导意见》中明确提出“专业人才培养方案应当体现专业教学标准规定的各要素”，包括专业名称及代码、入学要求、修业年限、职业面向、培养目标与培养规格、课程设置及要求、学时安排、教学进程总体安排、实施保障、毕业要求等 10 个要素，贯通培养试验学校可根据自己的办学定位和发展规划，参照《指导意见》制订本校贯通专业的人才培养方案。

贯通培养项目人才培养方案的制订既要遵循国家文件要求，同时又要体现自身的特色。不同专业以及不同学校的办学特点决定了人才培养模式的特色不同，也决定了人才培养方案编写的内容和侧重点不同。但要素齐全和格式规范是编写人才培养方案的基本要求。

（一）专业基本信息

专业的基本信息一般包括三个要素：专业名称及代码、入学要求、修业年限。这部分内容要求全面而简洁地阐述专业的基本情况即可。

（二）专业目标

此部分主要包含培养目标、培养规格及职业面向 3 个要素，要回答清楚“培养什么样的人，为谁培养”的问题。

1. 培养目标与培养规格要界定贯通专业人才培养的具体要求

培养目标与培养规格应贯彻党的教育方针，落实党和国家对人才培养的有关总体要求，对接行业需求，体现贯通培养特色，主要说清楚以下几个问题：具备什么素质，掌握什么知识和技能，主要面向什么行业企业，培养从事什么岗位工作的高素质技术技能人才。

培养目标应包括总体培养目标和阶段培养目标。其中，总体培养目标要围绕首都“四个中心”的战略定位和北京市产业结构转型升级需要，坚持立德树人、全面发展，培养学生具有国家富强、民族振兴的社会责任感，掌握本专业的基础知识、技术理论和核心技能，具备较强的动手实践能力、创新精神和国际竞争力，各专业应结合本专业特色进行总体目标的撰写。

阶段培养目标，应根据培养模式的不同进行区分，如“3+2+2”培养模式和“2+3+2”培养模式。各贯通专业需要将总体培养目标和各阶段培养目标进行细化，明确本专业在各教育阶段的具体培养目标。

培养规格，阐述本专业毕业生应具备的素质、知识和能力。建议从整体上逐条列举学生应该具备的素质、知识和能力。

在素质要素方面，首先要求：坚决拥护中国共产党领导和我国社会主义制度；遵崇宪法、遵法守纪、崇德向善、诚实守信、尊重生命、热爱劳动。

在知识要素方面，首先要求：掌握必备的思想政治理论、科学文化基础知识和中华优秀传统文化知识；熟悉与本专业相关的法律法规以及环境保护、安全消防等相关知识。

在能力要素方面，首先要求：具有探究学习、终身学习、分析问题和解决问题的能力；具有良好的语言、文字表达能力和沟通能力。

2.“职业面向”要衔接专业与职业的发展

职业面向，包括本专业所属专业大类、专业类以及本专业所对应的行业、主要职业类别、主要岗位类别或技术领域、职业技能等级证书等 6 个栏目。一般以表格形式列举。

这一要素将我国职业教育的专业分类与我国国民经济行业分类（《国民经济行业分类》2022 版）、我国主要职业分类（《中华人民共和国职业分类大典》2022 版）和广泛调研取得的主要岗位类别或技术领域进行了对接，贯通培养各试验院校要根据专业培养目标进行系统设计，使学生在入学初就知晓毕业后的行业所属与职业发展去向，便于实施基于人生规划和职业生涯发展的学习。①

（三）专业培养内容及标准

此部分内容是人才培养方案制订的核心和关键，一般包括课程体系（课程结构）、课程设置及要求、教学活动安排、教学进程总体安排等要素。

1. 课程体系

整体描述专业课程结构，即通过文字和图示，系统阐述课程的类型划分、结构规划以及课程安排。要翔实说明课程结构的作用意义和课程衔接的递进关系，整体规划 7 年的课程安排以及学

① 江小明、王国川、李志宏：《优化高职专业目录服务现代职教体系建设》，载《中国职业技术教育》，2016（4）：24-28。

生知识与技能学习的培养流程，要体现出中、高、本课程体系的衔接。如“三线四能”课程体系、“项目主体、双系交融、能力递进”课程体系、“三线互长，能力递进”课程体系等。

2. 课程设置及要求

整体规划各门课程的主要教学内容和要求、参考学时以及需要强调的教学设计或说明。一般以表格的形式列出。其中，“主要教学内容和要求”是主体内容。建议以序号的形式列出该课程的所有教学模块，每一个模块后面以“通过……使学生了解（掌握）……”的格式标注教学要求。课程设置一般按照公共基础课、专业核心课、专业方向课、综合实训、专业选修课、其他等几类分别描述。

“课程设置及要求”要支撑人才培养目标与规格的实现。课程设置要强调理实一体化设计，以项目带动模块化设计。模块化教学将真实的项目与任务融入教学内容与过程，根据任务需要将相关素质、知识与能力要求进行重新构建，形成项目与任务导向的学习。要根据产业、行业与社会经济发展的新业态、新技术、新方法、新管理模式、新服务方式等需要开设专业拓展课程，做好选修课程管理，并可跨学科、跨专业学习认定，促进专业交叉和复合型技术技能人才的培养，同时展现出不同学校相同专业的不同特色。

3. 教学活动安排

应根据学生的认知特点和成长规律，注重各类课程学时的科学合理分配；可根据专业特点与相关行业生产特点灵活设置大小学期。

4. 教学进程安排

教学进程安排是对本专业技术技能人才培养、教育教学实施进程的总体安排，是专业人才培养模式的具体体现，学校应尊重学生的学习规律，科学构建课程体系，注重公共基础课程与专业课程的衔接，优化课程安排次序，明确学期周数分配，科学编制教学进程安排表。专业教学进程总体安排表的相关信息一般有：课程类别及性质、课程代码、课程名称、学分、学时、教学进程、考核方式、备注等。

（四）实施保障

实施保障包括师资队伍保障、教学设施保障、教学资源保障和质量保障等四大保障措施与机制。

师资队伍保障要对专业队伍结构及师生比、双师素质教师占比、专业带头人影响力、专任教师企业实践经历和兼职教师教学指导能力等方面提出基本要求。

教学设施保障要提出满足正常课程教学和信息化教学、专业实习实训所需的条件与设施。

教学资源保障要提出教材选用、图书文献和数字教学资源配备等要求。

质量保障要提出教学过程质量监控机制、教学管理机制、毕业生跟踪反馈及社会评价机制、教育教学评价及持续改进等要求。

（五）毕业要求

毕业要求是对专业学生毕业时所应具有的素质、知识、能力达成度检验的标准。各专业都应有明确的毕业要求。毕业要求应依照教育部颁布的《专业教学标准》，根据学校、专业自身特点制定，并能够支撑该专业培养目标的达成。各专业毕业要求既是实现培养目标的保证，又是专业构建素质、知识、能力结构，形成课程体系和开展教学活动的基本依据，需要在人才培养全过程中分解落实。

四、制订基本流程

（一）规划与设计

学校应当根据《指导意见》要求，统筹规划，制订专业人才培养方案制（修）订的具体工作方案。成立由行业企业专家、教科研人员、一线教师和学生（毕业生）代表组成的专业建设委员会，共同做好专业人才培养方案制（修）订工作。

（二）调研与分析

各专业建设委员会要做好行业企业调研、毕业生跟踪调研和在校生学情调研，分析产业发展趋势和行业企业人才需求，明确本专业面向的职业岗位（群）所需要的知识、能力、素质，形成专业人才培养调研报告。

（三）起草与审定

结合实际落实专业教学标准，准确定位专业人才培养目标与培养规格，合理构建课程体系、安排教学进程，明确教学内容、教学方法、教学资源、教学条件保障等要求。学校组织由行业企业、教研机构、校内外一线教师和学生代表等参加的论证会，对专业人才培养方案进行论证后，提交校级党组织会议审定。

（四）发布与更新

审定通过的专业人才培养方案，学校按程序发布执行，报上级教育行政部门备案，并通过学校网站等主动向社会公开，接受全社会监督。学校应建立健全专业人才培养方案实施情况的评价、反馈与改进机制，根据经济社会发展需求、技术发展趋势和教育教学改革实际，及时优化调整。

第三节　贯通培养一体化课程体系构建

一、课程体系

课程体系是为完成职业技术教育人才培养目标所提供的全部课程的集合，它在体系形式上可分为课程结构体系和课程内容体系。课程结构体系是指所有课程（不同类型、不同阶段的课程）及组合方式，是一种宏观与中观的课程构造，或称课程结构。课程内容体系主要是每一门课程中所有知识内容及教与学的活动组合方式，是课程的微观构造，课程教学内容和课程教与学活动方式决定着课程的功能和教学目标。

二、课程体系设计的基本范式

课程体系设计主要解决课程（体系）目标、课程（体系）功能、课程体系的结构和课程内容问题。采用什么样的职业课程体系设计范式，对最终建构的课程体系是否能够真正有效和可持续发展是至关重要的。对于课程体系设计的范式，在许多课程论学者的论述中并不都是以“范式”的概念提出的。例如，季诚钧教授称作课程设计模式，并将课程设计模式分为功效模式、目标模式、过程模式和情境模式。[①] 廖哲勋等称作课程设计思路，提出了目标中心思路、过程中心思路和整体设计思路。[②] 石伟平等将职业教育课程结构设计分为两大类，即应用模式和建构模

① 季诚钧：《大学课程概论》，33—39 页，上海，上海教育出版社，2007。

② 廖哲勋、田慧生：《课程新论》，276—281 页，北京，教育科学出版社，2003。

式。[①] John D. McNeil 提出课程决策模式，分为需要评价模式、未来模式、理性模式和职业培训模式。[②]

上述各种课程设计分类的提法，在本质上都属于范式概念。这些课程设计范式在基础教育、高等教育和职业教育领域都有着广泛的应用。为了更加具有职业教育的针对性，将职业教育课程体系设计范式分为目标范式、学科范式、工学范式和完整范式。[③]

（一）目标范式

以泰勒（Tyle）和布鲁姆的（Blom）为代表的目标范式是基于科学方法论的课程设计范式，也称理性范式，理论上适用于任何教育的课程设计。该范式是影响教育课程设计最为重要的设计范式，它强调目标是课程设置、课程编制、课程内容选择和课程学习评价的基本指引。

在目标范式的框架下，教育目标的价值取向确定是在学生、社会和学校学科专家三方中做出选择（或兼顾），并推导课程的目标和标准。教育目标的指向被确定为认知领域（理性与智力思维）、情感领域（态度与行为倾向性）和技能活动领域。在课程目标的结构设计上应符合课程目标三个标准：一是知识技能的持续性训练；二是知识与能力发展的顺序性课程结构；三是多领域知识的整合性编制。目标范式的课程设计强调行为目标的作用，因此也被称作“工学模式”。

① 石伟平、徐国庆：《职业教育课程开发技术》，119-135 页，上海，上海教育出版社，2006。

② ［美］John D.McNeil 著，谢登斌、陈授中译：《课程导论》，121-133 页，北京，中国轻工业出版社，2007。

③ 程宜康：《高等职业技术教育课程新论》，42-43 页，北京，清华大学出版社，2010。

（二）学科范式

课程体系设计的学科范式在本质上是过程范式，在哲学上是结构主义，在心理学上是认知主义，以布鲁纳（Jerome Seymour Bruner）、斯坦豪斯（Lawrence Stenhouse）等为代表。学科范式强调学科知识的系统性，认为知识的系统性有助于发展认知能力与创造力，相应的课程结构应该按照包括学科概念、原理与法则的学科知识结构展开。学科范式的问题是，知识形式与学科结构是否能成为有利于学生学习的有效课程形式。对于职业教育来说，学科范式忽视了职业领域的工作需要和学生职业生涯发展的个体需要。学科范式在其他课程论中被称为过程范式，将过程范式称作学科范式，是为了区别于职业教育课程开发的工作过程导向，也是因为过程范式是基于对基础教育的学科课程和大学学科课程的研究而提出的。

（三）工学范式

美国学者查特斯（W.W. Charters）的“工作分析法”是较早期的具有职业教育特点的课程体系设计方法，这一方法是在美国 20 世纪 20 年代的“教育功效运动”中提出的。该方法要求课程设计者通过对职业活动进行观察分析，确定个体在职业活动中所需的能力、知识和态度。他提出工作分析的八个步骤：决定教育目标、职业工作分析、分析岗位工作程序、职业活动重要性排序、依据学习价值调整工作程序、选择和安排学习内容（校内或校外）、方法与策略、安排教学顺序。查特斯方法的意义是深远的，即使今天的许多职业教育课程设计理论和方法都可以看到查特斯的“工作分析法”的影子。同一时期的另一位著名美国教育家杜威从实用主义出发，认为“真理即效用”，主张真正有效用的学习应该是“做中学”，即学习者的学习必须将学习与行动结合起来，他的主张成为世界职业教育理论与实践发展的最重要的推动力，也成为今天正在全球兴起的高等工程教育改革的重要主张之一。

（四）完整范式

德国教育家克拉夫基（Klafki）主张教育应该是客观世界和主观世界的完整的双重开发——“物质实在与精神实在的开发”，因此课程体系的构建也应该遵循这一原则。完整范式也被称作教育范畴结构化。在教育范畴内，职业教育（尤其是职前教育）必须将学生作为一个完整的人来培养，并且是要在未来职业生涯中能够持续发展的人。因此，为了培养学生的关键能力、职业与技术行动能力、技术领域的迁移能力等，就必须将职业教育课程设计放入经济社会发展的客观背景和个体发展的主观要求之中考量。

克拉夫基的“物质实在与精神实在的开发”真正地体现了一种职业教育的理念和思想，体现了职业教育课程体系设计范式的核心价值取向，是一种人本位的职业教育。完整范式课程体系设计在具体课程子体系设计和具体课程的结构与内容设计时，可以采用工学范式和学科范式的方法和策略。

在职业教育课程体系设计中，上述的各种设计范式都有其特定的应用，并不能说一定只能采用某一种范式。在通常情况下，有的范式适合于课程体系的整体结构设计，有的范式适合于课程子体系的结构设计，有的范式适合于具体课程的内容设计。

三、国内外职业教育中、高、本课程体系衔接研究

（一）国外职业教育课程体系的衔接

世界职业教育发达国家人才培养课程体系衔接问题研究历史久远，已付诸具体实践。20 世纪 30 年代，美国试图改革传统

教育，使其更好地适应社会发展需要，开展了世界著名的“八年（1933—1940）研究（eight-year study）”，也称三十校实验（thirty schools experiment），在对进步主义学校毕业生和传统学校毕业生在大学的学习情况进行比较分析的同时，探究了不同类型课程、教法的优劣以及普通高中课程设置与高等院校课程设置知识体系衔接的问题。“八年研究”成果表明，推进中学课程改革，必须改变学院和大学的招生要求。[①] 在其他发达国家，有关不同层次学校专业课程体系衔接问题也受到学术界和相关院校的高度重视，并形成多种课程体系衔接模式，概括起来主要有核心阶梯法、单元衔接法、分类衔接法、直接衔接法以及学校衔接法五种类型。

1. 核心阶梯法[②]

“核心阶梯法”以德国为代表。德国是世界职业教育发展的典范，在其“双元制”教育体系中采用的就是“核心阶梯法”课程衔接体系。在中职教育与高职教育课程体系衔接方面，德国“双元制”课程体系的“核心”是专业实践活动，并建立在宽厚的综合性课程基础之上。综合性课程既包括学生学习某一专业所需的理论课程，也包括通识教育课程中的数学、物理、化学课程等，主要在中职教育阶段实施。高职教育既突出了学生核心能力的培养，又避免了教学内容与中职教育的简单重复。所谓“阶梯式”，指三年制职业院校依据国家《职业教育培训条例》，将教

① 杨光富：《“八年研究”的贡献及其对我国教育改革的启示》，载《外国教育研究》，2003，30（2）：17-20。

② 杨晓荣：《“中—高—本”院校学前教育专业课程体系衔接策略研究》，石家庄，河北科技师范学院硕士学位论文，2017。

育活动分为由低到高的三个阶梯。第一年为基础教育年，主要传授与专业技术相关的基础知识；第二年为专业教育年，要求学生通过一门职业知识与技能考试，而后才能进入更高一级的学习；第三年为技术教育年，主要培养学生的专业技术能力。教育内容随阶梯增加，由浅入深。教育目标逐渐提高，最终使学生掌握一门专业技术（或直接称为职业技术），保障中高等职业教育的完整性和衔接性。①

在中职学校、高职院校与应用本科院校专业课程体系的衔接方面，德国应用科技大学（Fachhochschule，FH）将人才培养目标确定为以学生未来就业的岗位需要为导向，强调“希望自己的毕业生能够更加接近顾客”。按人才工作任务及人才培养目标对课程目标实施分类（BLOOM），分为知识（K1）、理解（K2）、应用（K3）、分析（K4）、综合（K5）、评价（K6）六个级别，不同课程要求掌握的程度不同。应用科技大学仅负责 K3 知识以上层次，其余则由中高职学校承担，使同一门课程目标按由低到高的顺序实现了衔接。

2. 单元衔接法

与德国相似，英国也将各类知识与技能分成了若干等级。与德国不同的是，英国将课程内容分级细化到了知识单元。具体操作方法是：将中职教育和高职教育共同开设的课程作为一个整体，而后再分解为数以千计的教学单元，按难易程度分成五个层次。中职学校教学单元为第 1 ~ 3 层次，高职院校教学单元为第 3 ~ 5 层次。其中，中职学校课程单元的第一层次要与初中学校课程衔

① 张翠琴：《德国应用科技大学研究》，重庆，西南大学硕士学位论文，2008。

接，相邻层次单元之间也强调相互衔接。各层次学校可依据学生所学课程单元总数的最低值颁发相应的教育层次。由于各门课程所含单元之间的逻辑顺序清晰、相互衔接紧凑，具有不断档、不重复等特征，可有效提高教师“教”和学生“学”的积极性。

进一步分析各单元划分的规则发现，英国各层次教育之间课程衔接的原则也是以职业能力需求为基点，以核心技能课程为主要内容。在外部衔接方面，由于英国的职业资格证书制度明确了职业教育的各层次以及各职业（对应于职业院校的专业）在知识、技能和能力方面应该达到的标准和程度，职业教育人才培养层次标准实现了与职业技术层次标准的对接，职业资格考试实行学业认可、累计学分制度。由于英国所有职业院校课程标准均以职业标准为基础，有效地避免了各层次学校学生的重复学习，有效地避免了某一门课程内容衔接断档的现象。[①]在应用型本科院校也推行了专业课程单元分级的办法，并与国家职业资格证书相联系。学生取得技术员资格，需要在校学习 1.36 年的技术课程。学生取得技术工程师资格，则需要在获得技术员资格的基础上，再学习 1.75 年（共 3.11 年）的专业技术课程。[②]

3. 分类衔接法

法国中高职课程衔接实施分类衔接法。教育机构将行业视为专业，国家制定了全国统一的专业课程标准。首先，无论是中职学校还是高职院校，均需按国家相关规定设置专业（大类），按专业（大类）实施对口招生。其次，学生入学后按专业课程标准

① 黄芬：《国外中高职课程衔接对我国中高职课程衔接的启示》，载《亚太教育》，2015（20）：6-57。

② 赵志群：《境外中高职课程衔接给我们的启示》，载《职教论坛》，2002（22）：62-64。

学习。在纵向维度方面，中职学校与高职院校课程标准相互衔接。在横向维度方面，所有专业的课程标准与职业资格的要求标准相互对应，使毕业生能够符合行业要求。在具体实施过程中，政府教育行政部门按行业要求标准和人才培养标准将职业教育所有专业划分为 17 个大类，并设置了全国统一的课程标准。高职院校按专业大类招收中职毕业生，学生进入高职院校后继续按原来课程学习，但内容会进一步深化，不会发生重复的现象。如果对口招生数量不足，也可以招收普通高中毕业生，但入学后必须补习缺失的专业课程。[①] 这样，既保证了高职教育具有较高的专业起点，实现中高职专业课程的有机衔接，也保证了高职教育人才培养的规格和标准。

4. 直接衔接法

直接衔接法指教育行政部门委托相关机构制定某一专业统一的教学大纲或一体化的课程体系，将不同层次职业院校专业课程直接衔接在一起的课程体系衔接方式，在美国和俄罗斯教育系统中广泛存在。

美国实行中等教育与高中后技术教育一体的教育体制，以应用为导向，统一制定了中等与高等教育衔接的教学大纲，通过设置相应的综合课程实现了中职教育与高职教育的衔接。20 世纪 60 年代后，由于美国高中后教育发展迅速，高中和高中后教育课程的衔接成为社会关注的重点。人们希望通过接受高中阶段的职业教育达到职业入门水平，同时也希望获得继续接受高层次教育的机会，即在职业生涯中通过持续学习、终身学习，不断获得在

① 教育部职业教育与成人教育司、教育部职业技术教育中心研究所：《职业教育综合改革研究分卷（1）》，北京，高等教育出版社，2002。

本职业领域或相近职业领域的职业发展能力。通过直接衔接法，可让学生逐渐获取本职业领域的高水准（副学士学位以上）学历。在具体实施过程中，美国高中综合课程将学科知识与职业知识有机结合起来，作为高中后技术教育的准备课程，采用“2+2”（综合高中 2 年，高中后技术教育 2 年）的衔接方式。高中综合课程体系由高中职业科类教师与社区学院教师共同开发，保证了高中阶段技术准备课程与社区学院实用技术课程的紧密衔接。另外，美国社区学院也开设了一定数量的技术准备课程供高中毕业生选学，使其搭上了进入高职教育的“直通车”。

俄罗斯将整个高等教育视为职业教育，狭义的高职教育被直接划入了中职教育范畴，并以法律法规的形式规定了各层次教育的人才培养标准，保证了各层次教育课程内容的连贯性。提供中职教育的高等专科学校与提供普通高等教育的研究型大学、普通综合大学及专业学院的课程沟通极为顺畅。①

5. 学校衔接法

学校衔接法指不同层次学校之间直接实施的课程衔接，或是不同层次学校与学校之间的课程衔接，或是同一所学校兴办的两个不同层次教育实现的衔接。究其实质而言，学校衔接法属于某一学校自身业务的拓展。但是，在具体运作过程中，低层次学校兴办高层次教育，需要得到政府行政部门的许可或更高层次院校的授权。

美国是学校衔接法实施最为普遍的国家，中职教育和高职教育可在同一所学校完成。社区学院不仅提供高等职业教育课程，

① 姚加惠：《略论俄罗斯各级各类高等教育的衔接与沟通——基于课程与制度的视角》，载《西南交通大学学报》（社会科学版），2012，13（1）：71–75。

且毕业生可将学分直接转移至高层次院校。[①]同时，也面向民众提供中职教育课程，学生毕业后既可直接就业，也可以继续学习高职教育课程，考取相应的职业资格证书。

法国学校衔接法的应用也较为普遍，职业高中既开设中职教育课程，也开设短期高职教育课程，招收通过会考的职业高中毕业生开展高级技术员证书教育，毕业证书与其他两年制高等职业院校颁发的文凭具有同等法律地位。在高等教育方面，法国既有综合性大学，也有各种高等专业学院，还有介于工程师与技术员之间的高级技术员短期技术大学和高等技术学院。但是，各类高校均没有明确设置具体的“专业”，而是开设了若干“课程群”。同时，还针对学生多样化需求和发展目标，设立了短期课程、应用与研究课程等，在课程类型、选课方式以及教师授课形式等方面均为学生创造了选择空间。[②]学生获得的学分可在不同专业领域、不同类型高校之间转移。

澳大利亚中职学校和高级职业学校、大学之间的课程也具有灵活的沟通渠道，国家资格认证框架（Australian Qualifications Framework，AQF）和先前学历认证（Accreditation of Prior Learning，APL）共同保证了澳大利亚职业教育课程体系的高效衔接。能力本位的课程设计消除了课程内容的重叠现象，也表达了职业资格的难度差异。普通高中、TAFE 学院和大学之间均可以学分转移的形式实现课程衔接。开发了全国统一的职业教育“培

① 刘明生:《美国社区学院学分转换制度的经验与启示》，载《职业技术教育》，2015，36（24）：51–56。

② 杭勇敏:《法国高校课程体系借鉴》，载《教育与职业》，2014（31）：100–101。

训包”，使各职业院校课程体系的衔接更为规范和灵活。①

日本高等职业教育主要由专门学校、短期大学或高等专门学校承担。高等专门学校主要开设工科类专业，招收初中毕业生并实行“五年一贯制”，培养具有较高专业知识和技能水平的人才，适应了企业发展需求。②“五年一贯制”的人才培养方式，使各类专业课程体系实现了自然衔接。

（二）国内理论研究现状

近年来，我国职业教育课程体系的衔接问题也引起学术界的广泛重视。一方面，众多学者针对中职学校、高职院校和应用本科院校一些学生厌学、教师厌教问题开展了研究，强调提升教师职业道德、改进教学方法、增强学生学习兴趣等，但未能触及其本源——课程体系建设问题。另一方面，随着我国中高职衔接、搭建人才培养“立交桥”战略的实施，学术界对中高职课程衔接问题进行了广泛研究，但忽视了对中高职教育与应用本科教育课程体系的衔接问题。同时，相关研究仅关注纵向体系方面，对横向联系关注不够。

1. 衔接方式

汤炜光研究认为，目前我国学校衔接包括“一贯制衔接”和“分段式衔接”两种方式。“一贯制衔接”有四年一贯制、五年一贯制（可分为“3+2”和“2+3”两种形式）和六年一贯制等多种形式，分为前后两个教学阶段，分别对应中高职层次。前一阶段

---

① 郭锡泉、余明辉：《借鉴澳大利亚能力本位思想的中高职课程衔接设计》，载《广州职业教育论坛》，2013，15（5）：19–23。

② 张茂刚、陈炜：《日本建工类高职教育专业课程体系研究》，载《无锡商业职业技术学院学报》，2014，14（5）：90–92。

侧重于一般能力培养，主要学习文化基础课程和专业基础课程；后一阶段侧重于专业能力培养，主要实施专业技术理论和专业能力学习。[①]“分段式衔接”指学生完成中职学校（或普通高中）学习后，通过参加对口升学或单独招生的途径进入高职院校或应用本科院校深造。这样，就分成了高中和大学两个阶段。在具体实施过程中，衔接学校不再是彼此独立的职业院校，而是以合作方式存在。[②]前者以课程形式衔接，后者以考试形式衔接。[③]有学者研究认为，无论哪一种方式，衔接的目的不应是中职与高职的分离，而应打破原来中职与高职两个阶段各自的教育形式，建立不同层次的人才培养目标，按职业能力的具体要求进行课程重组，实现整体设计与统筹安排。发挥中职学校的基础作用，培养实用型人才；发挥高职学校的引领作用，培养高端技能型人才，实现中高职一体化教学。

2. 衔接问题

刘军等研究认为，目前我国中高职衔接工作进展迟缓，院校之间无法进行有效的沟通。中高职学校各自制定人才培养目标及课程标准，忽略了本层次教育纵横向双重性，使中、高职课程衔接不畅。[④]徐国庆研究认为，中高职课程衔接存在大量的

① 汤炜光:《我国中高职教育衔接模式路径构建与创新》，载《教育与职业》，2016（15）：31-33。

② 刘育锋:《论我国中高职衔接的模式》，载《职业技术教育》，2002，23（10）：5-7。

③ 王春春:《浅谈园林技术专业中高职贯通培养特色与优势》，载《理论学刊》，2012（S1）：115-116。

④ 刘军、陈建超:《我国中高职课程体系建设现状及解决措施》，载《中国校外教育》，2016（6）：12-15。

裂痕现象，缺乏可依据的统一的课程体系。[①]黄彬等研究认为，当前中高职院校存在课程设置重复、课程体系脱节、知识技能倒挂、自我话语特色缺失等问题。[②]周大农研究认为，中高职课题衔接问题的关键在于高职院校的专业设置，高职专业应该是中职专业设置的纵向延伸和横向拓展。只有专业衔接问题解决之后，才有可能考虑课程衔接问题。目前，我国职业教育课程体系建设始终是学校的单一行为，没有上升到行业、地区或国家等层面。[③]陆晓东研究认为，中高职教育衔接存在的问题主要是国人存在的"大学情结"和职业教育的"高校情结"。[④]史婷调查结果显示，中高职课程衔接存在着课程重复设置现象。中职实训课程、职业基础课程（专业理论课程）开设较少，高职职业技能课程拔高性不强。[⑤]

3. 衔接对策

黄彬等研究认为，实现中高职课程体系衔接，可从制订专业目录、专业标准开始，建立多元参与的课程衔接组织机构，实施模块化课程设置与系统化的课程开发。[⑥]周大农提出，中高职应实施以需求为导向的"多元整合"课程衔接方式，"分层化、分

---

① 徐国庆：《课程衔接体系：现代职业教育体系构建的基石》，载《中国职业技术教育》，2014（21）：187–191。

② 黄彬、焦小英、林世俊：《中高职课程衔接存在的问题及其解决路径》，载《职业技术教育》，2012，33（35）：20–24。

③ 周大农：《中高职教育课程衔接的设计与思考》，载《职教论坛》，2013（3）：12–15。

④ 陆晓东：《江苏省中高职教育衔接现状分析与思考》，载《职教论坛》，2014（17）：89–92。

⑤ 史婷：《基于"平台＋模块"课程模式的中高衔接课程体系构建——以汽车技术服务与营销专业为例》，载《武汉交通职业学院学报》，2016（3）：58。

⑥ 黄彬、焦小英、林世俊：《中高职课程衔接存在的问题及其解决路径》，载《职业技术教育》，2012（35）：21–22。

类型、分级别、模块化、学分制”的课程衔接路径，倒金字塔形的课程实施方法。应集中社会职业教育资源进行课程开发，教育行政部门应以行业或区域为基准制定最低课程标准；或者采取目前高职院校教学资源库建设的模式，一方面拨付专项资金，用于中高职课程衔接研发、教材建设等；另一方面建立一批熟悉技术应用型人才培养的中职学校、高职院校和应用型本科院校以及社会现代产业、行业专家团队，将中高职改革层次从单个学校提升到行业、区域的水平。① 陆晓东研究提出，中高职衔接的关键问题是理念，应超越“学历衔接”视角，促进中高职衔接的内涵发展；要加强政府统筹力度，促进中高职衔接科学发展。要优化职业教育发展环境，打通普职壁垒；加强基于标准的质量管理，促进中高职衔接优质发展。②

（三）对我们的启示

由以上可见，世界发达国家有关“中—高—本”课程体系的衔接已经历了多年的探索，逐步形成了较为成熟的实践模式。但总体看，各国实践模式多基于本国实际实施。到目前为止，尚未形成一种具有普适性的“中—高—本”课程体系衔接模式，有关各种模式的优缺点以及完善措施等均在探索之中。其共同经验是，注重基础教育与职业教育结合，理论与实践结合。人才培养目标衔接是不同层次学校课程体系衔接的核心，多通过编制教学大纲、合理布局知识和能力结构等措施完成。部分国家将每门课程分解为既相互独立又彼此关联的知识模块、能力模块等，有效

① 周大农：《中高职教育课程衔接的设计与思考》，载《职教论坛》，2013（3）：13-15。

② 陆晓东：《江苏省中高职教育衔接现状分析与思考》，载《职教论坛》，2014（17）：91-92。

增强了专业课程设置的灵活性、适用性和实践性，避免了教学目标及教育内容的重复。

当前，我国有关“中—高—本”课程体系衔接的研究尚处于起步阶段。虽取得了一定的研究成果，但由于历史传统与现实条件等原因，课程体系衔接目标尚未明确，衔接途径尚未畅通，也没有形成完整的衔接框架。目前，我国推行的“五年一贯制”等学校课程衔接模式取得了较大进步和良好效果，但“中—高—本”课程体系衔接工作尚未展开，各层次学校在课程体系建设方面各自为战，存在大量的课程重复现象，既浪费了有限的教育资源，也影响了教师和学生的积极性。

四、贯通培养专业课一体化课程体系构建

高端技术技能人才贯通培养要充分重视“贯通”二字。高端技术技能人才贯通培养衔接的关键是把握职业成长规律，要按照职业成长规律构建中职、高职、本科三个培养阶段贯通的课程体系，才能实现无缝衔接。

（一）基本原则

设计中高本贯通培养的课程体系，除了要遵循科学性、实效性、开放性等一般原则外，还应重点体现以下原则。

1. 整体设计，相互衔接

为保证中、高等职业教育接续专业人才培养的有效衔接，要整体设计人才培养方案，要在中高本阶段各自培养目标和人才规格确定的基础上，按照“3+4”培养模式和“2+3+2”培养模式，将七年的课程设置、课程内容、教学时数、课程学分、实践教学及其他活动等统一安排，既要能保证三个阶段各自培养目标的实现，又能体现相互衔接和相互分工，避免重复、交叉和脱节。

2. 以完成中高本职业教育各层次的培养目标为基本要求

各层次职业教育的课程设置要充分体现“双目标性”，即一方面要为学生的就业打下扎实的职业能力基础，另一方面应该为学生奠定继续学习的基础，为升学做好准备。

高一层次职业教育的课程设置应该坚持以低一层次职业教育为基础，依据低一层次职业教育学生的文化、专业能力功底，切实可行地在原有基础上提高学生的专业理论、专业技术和实践技能水平，实现高一层次职业教育阶段的培养目标。

3. 课程设置和课程内容必须与企业岗位能力要求相结合

中职、高职、本科层次职业教育虽然学历层次不同，但都为同一类型教育。在研究课程设置和课程内容时都应在充分的市场调研基础上，根据中等职业教育和高等职业教育、本科职业教育学生未来工作岗位的典型职业活动，以工作过程为导向，以综合职业能力为核心，与职业技能等级标准相融合，构建中高本贯通培养一体化的课程体系。

（二）技术路线

中高本贯通培养接续专业课程体系的设计，要充分体现其基本原则，必须进行中高本阶段教育课程结构及课程内容的重组。要满足行业企业用人需求和学生发展需求，就要根据不同阶段各自人才培养目标的要求，界定好哪些内容应由中等职业教育完成，哪些内容应由高等和本科职业教育完成，以保证课程内容不重复、不交叉、不断档、不遗漏，又保证前后续接。设计中高本一体化的课程体系需要采用相同的理念、思路和方法，其四环节设计技术路线如下。

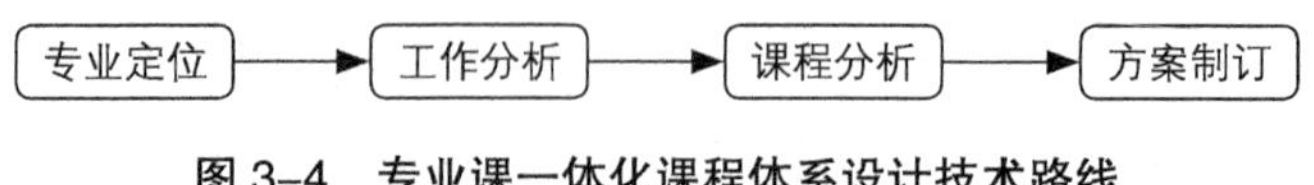

图 3-4 专业课一体化课程体系设计技术路线

1. 专业定位

专业定位重在通过行业企业调研明确中高本职业教育各阶段人才培养目标、基本规格和职业岗位群，以及毕业生应考取的职业技能等级证书，重在分清层次。这是一体化课程体系设计的基础性工作。

2. 工作分析

工作分析是在专业定位的基础上，确定各阶段人才所对应的职业岗位群中对于完成产品或服务项目起重要作用、具有代表性和完整性的典型职业活动，并对典型职业活动的职业特征进行系统分析，从而了解各阶段毕业生从业岗位的工作要求。这是一体化课程体系设计的重要性工作，也是进入课程分析环节的主要依据。

3. 课程分析

由于教育部对中等职业教育、高等职业教育和本科层次职业教育人才培养的文化基础课有明确要求，所以，本书所说的课程分析主要是指专业核心课程，即对学生综合职业能力形成起关键性、支撑性作用的必修专业课程。

中高本贯通培养接续专业三阶段的专业核心课程分析，都要以三阶段所对应典型职业活动的工作过程为导向，按照职业人才成长规律，理论实践一体化，以培养学生综合职业能力为目标设计专业核心课程。专业核心课程可以由典型职业活动直接转化，也可以是由对典型职业活动进行综合分析整合而成具有认识性、基础性或强化性的课程。这是衔接课程体系设计的关键性工作，也是技术难点。此环节工作把握不好，很容易又回到传统的、没有衔接的学科课程体系上来。

4. 方案制订

中高本贯通培养接续专业相互衔接的人才培养方案是实施教学的纲领性文件，是组织教学和教学管理的重要依据，是保证教学质量和人才培养规格的重要文件。此环节重在落实国家和地方教育行政部门对课程的宏观管理要求，以规范形式将前面三个环节的分析和成果固化下来，对专业人才培养目标及规格、毕业生应具备的职业能力、课程设置及主要内容、教学进程、教学实施基本要求等方面做出明确规定。同时，分别制定三个阶段专业核心课程标准，对课程性质与任务、学时、课程目标、课程内容、考核标准、教学实施建议等方面加以说明，以确保人才培养目标分解落实到每一门专业核心课程上。其中具有纵向延伸或横向拓展内容的衔接性课程标准制定是此环节的核心和难点。

（三）“能力递进，阶梯式”课程体系构建

构建中高本贯通培养一体化的课程体系是遵循工作体系，以工作过程为导向作为课程开发的理念和方法，相当于前述的工学范式。

中高本贯通培养各层次人才培养所对应的职业范围不同，重在分清层次，这是衔接课程体系设计的基础性工作。明确各阶段毕业生职业岗位的工作，提炼出典型职业活动并按照由易到难、由简单到复杂的顺序梳理，将典型职业活动中的每一行动阶段按照工作过程分析工作任务，再对每项工作任务的职业能力进行分析，随着从中等职业教育阶段到专科层次职业教育阶段到本科层次职业教育（技术应用型本科）阶段，对职业能力的要求由低到高，由单一到综合地上升递进，高一层次职业教育获得的职业能

力是在低一层次职业教育获得职业能力基础上的递进，其水平应明显地高于低一层次职业教育。

依据每项工作任务提炼出对应的知识、技能与素养，对应从中等职业教育、专科层次职业教育、本科层次职业教育对专业人才培养规格的要求内容是逐级递进和逐渐丰富的，高一层次职业教育的要比低一层次职业教育有更深更广的知识，更高更新的技能，更好的素养，以及广泛的适应性。高一层次职业教育的人才规格应该以低一层次职业教育人才规格为基础，依据低层次职业教育学生的知识、技能、素养功底，切实可行地在原有基础上提高，真正实现各层次职业教育在培养目标上的衔接，在中高本贯通课程体系中专业课程是对学生综合职业能力形成起支撑作用的课程，是各层次职业教育课程衔接的重点和关键，也是技术难点，因此，贯通培养课程体系的衔接，主要解决中高本专业课程的衔接。

贯通培养不同层级决定了课程目标、课程内容、教学方法等都存在层次和范围的区别。笔者认为，贯通中高本接续专业课程衔接的基本模式是“能力递进、阶梯式”。

1. “能力递进”的课程目标

（1）“能力递进”的内涵

中高本贯通培养接续专业在培养目标、培养模式上既有一致性，又有着层次上的差别。然而现实问题是，课程目标的衔接缺乏明确性。课程目标在范围和层次上有效合理的衔接，是贯通培养接续专业有效衔接的基础。

中高本贯通培养接续专业的课程目标应该呈现“能力递进”的状态。能力递进指的是，学生在中高本阶段都能获得相同或相近的工作范围的职业能力，但高等职业教育获得的职业能力是在中等职业教育获得职业能力基础上的递进，其水平应明显地高于中等职业教育。如图 3–5 中的职业能力部分所示，高等职业教育毕业生在中等职业教育阶段获得 1 ~ 4 项职业能力的基础上，继续获得 5 ~ 8 项以至于拓展到更多的职业能力，通过中高本课程的有效衔接，使中等职业教育专业人才经过高等职业教育培养，实现技能与素质的全面提升、发展和深化。

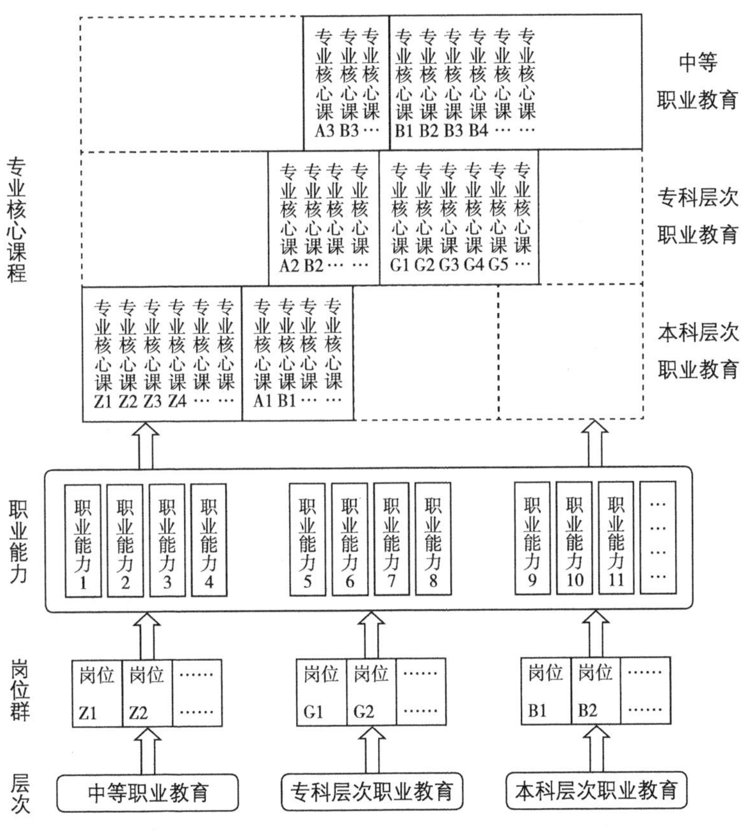

图 3–5 “能力递进、阶梯式”课程衔接模式示意图

（2）课程目标的衔接要求

笔者认为，应该针对课程目标的衔接提出以下要求。

第一，中高本贯通培养接续专业的课程目标应各有侧重。中等职业教育阶段专业核心课程目标突出中等职业教育培养目标所对应的职业岗位群要求的职业能力形成，注重专业知识学习和技能操作训练，特别重视职业规范和职业意识的养成，在完成典型职业活动的过程中，培养学生的综合素质和职业能力。高职和本科职业教育阶段专业核心课程以高等职业教育培养目标所对应的职业岗位群要求的职业能力形成为基础，适当考虑职业岗位拓展与跨专业学习的需求，在立足“点”的同时兼顾到“面”。在专业能力方面要侧重岗位技术领域发现问题与解决问题能力的培养，注意方法能力和社会能力的培养。

第二，中高本贯通培养接续专业核心课程目标的纵向衔接标准参照国家职业标准和职业技能鉴定规范考核要求中相应的要求确定，例如初、中级要求对应基础层次，高级要求对应提高层次等。

2.“阶梯式”的课程内容

为实现“能力递进”的课程目标，中高本接续专业的衔接课程要充分考虑不同阶段学生的身心发展特点、职业人才成长规律，即从“初学者”到“熟手”再到“专家”的职业发展过程，在学习者不同的职业成长阶段为其提供符合其职业发展特征的课程内容。中等职业教育强调简单技能，高等职业教育强调复杂技能；中等职业教育强调单一技能，高等职业教育重视综合技能。各个层次之间要相互沟通，科学地划分各自课程设置和课程内容，尽量避免两者的重复，整体考虑中高本接续专业课程的衔接，在课程内容上体现纵向和横向两个维度的深化与拓展。

（1）“阶梯式”的内涵

① 横向拓展。由于中高本贯通培养目标的差异，使得高本职业教育阶段较中等职业教育阶段的横向课程体系有所拓展。接续专业衔接课程的横向拓展，指学生在高等职业教育阶段（高职和高职本科）获得与中等职业教育阶段工作范围相近但又不同的职业技能等级。通过高等职业教育层次的学习，不仅可以提升就业层次，也可扩展就业范围。如数控技术应用专业的学生，中等职业教育阶段设置数控机床操作课程，毕业生取得数控机床操作工的职业资格，但通过在高等职业教育阶段学习数控维修技能，可以获得数控维修方面的职业能力，最终也可取得数控维修工的职业资格。

② 纵向延伸。纵向是指中高本贯通培养的课程，既是相对独立且自我完整的课程组合，又是上下分层、相互衔接的课程体系。中等职业教育的课程是基础，高职和本科职业教育的课程是延续和提高。

中等职业教育的课程体系在确保中等职业人才素质结构的要求和自身培养目标达成的同时，又要满足与高等职业教育课程衔接的需要。高等职业教育课程体系以中等职业教育课程体系为基础，以对应的人才培养目标为依据，实现课程的纵向提高，以保证学生职业能力的递进。如数控技术应用专业的学生，中等职业教育和高等职业教育两个阶段都设置数控机床操作课程，中等职业教育阶段设置普通数控车床、数控铣床加工课程，高等职业教育阶段设置多轴数控加工技术和复杂零件的加工课程。中等职业教育设置的课程是高等职业教育设置课程的基础，高等职业教育设置的课程是中等职业教育设置课程的延伸，本科职业教育又是高职课程设置的延伸，体现出层级上的差别。本科职业教育毕业生可以较中等和高等职业教育毕业生在更高端的岗位上就业。

如图 3–5 中的职业岗位群部分，中等职业教育毕业生在 Z1~Z3 等中低端岗位就业，高等职业教育毕业生可以在 G1~G3 等高端岗位上就业，不仅就业层次高，而且就业范围更加宽泛。

（2）课程内容的衔接要求

关于课程内容的衔接，应做到以下三点。

第一，要彻底打破学科本位的课程内容体系，构建以工作过程为导向的课程内容体系。学科本位的内容体系强调知识的系统性、完整性，很难避免同一层次相关课程或不同层次同类课程内容的相互重叠，造成课程的有效值降低。因此，构建中高本贯通培养的课程体系应彻底打破学科本位的课程内容体系，针对经济社会发展需要，瞄准职业岗位（群）或者技术领域的实际需要，构建以工作过程为导向的课程体系。据此，不仅能够克服各层次课程内容的重叠，减少课时数量和课程门数，提高教学效果和质量，而且能够凸显职业教育的特色。

第二，课程设置和课程内容充分体现企业岗位能力要求。各专业在研究课程设置和课程内容时，要在充分的市场调研分析基础上，根据中高本职业教育学生未来工作岗位的典型职业活动和核心能力，以工作过程为导向，以综合职业能力培养为目标，与职业技能等级标准相融合，理论实践一体化，构建中高本贯通培养接续专业衔接的课程内容体系。

第三，高等职业教育专业课程内容以中等职业教育专业课程内容为基础，本科职业教育专业课程内容以高等职业教育专业课程内容为基础，特别是具有纵向衔接要求的课程要明确中等职业教育课程的培养目标和高等职业教育课程的起点，避免不必要的重复和资源浪费。

第四章　贯通培养教学模式研究

课堂教学是人才培养的主战场，是学校育人最有效的方式和手段，也是实现教育目的、提高学生素质的最基本途径。课堂教学质量决定了人才培养质量，是职业院校生存和发展的前提条件。

《北京市教育委员会关于开展高端技术技能人才贯通培养试验的通知》（京教职成〔2015〕5号）文件中提出在北京市部分中职、高职、本科院校开展七年贯通培养试验，人才培养过程中要全方位推动教学组织、教学方法、教学评价、教学资源开发利用创新，推行小班化教学、选课制、走班制，实施启发式、讨论式、探究式等教学改革。改变原有的传统“灌输”式的教学方式，以学生为中心，探索开放互动、探究体验、合作共生的现代教学模式，是贯通人才培养教学改革创新的必然要求和选择，也是高精尖人才培养质量的重要保证。

第一节　教学模式内涵及其理论依据

一、关于教学模式内涵的研究

“模式”一词来源于拉丁文“modulus”，本来的意思是指定型化的操作样式，也即“尺度”“标准”，英语是“model”或者“mode”，意为“模型”“范式”“样式”“范例”“典型”等。

在《现代汉语词典》中，“模式”的含义是：“某种事物的标准形式或使人可以照着做的标准样式。”① 我国学术界认为：“所谓模式是依据一定的理论基础表征活动和过程的一种模型或形式。”②

古代教育家孔子在其长期教学实践中，把学、思、习、行视为教学活动的四大要领，这基本上是我国最早的教学模式思想。《中庸》里将教学活动归结为“博学之、审问之、慎思之、明辨之、笃行之”五个步骤。我国古代的教学模式从某种程度上来说，主要是开展德行修身教育。

“教学模式”一词最初是由美国学者乔伊斯和韦尔在1972年出版的《教学模式》一书中提出来的。在《教学模式》中，他们系统介绍了十几种教学模式，并将教学模式分为信息加工类、社会类、个体类、行为系统类。③ 这标志着教学模式研究已经发展成为一种系统的教学理论，并开始真正走入人们的视野。

目前，学术界对教学模式概念的界定并没有达成一致。综观国内外学者对教学模式的界定，主要有以下几种观点。

（1）方法论。将教学模式等同于教学方法，或者把教学模式归属为教学方法的范畴。

① 中国社会科学院语言研究所词典编辑室：《现代汉语词典：第六版》，913页，北京，商务印书馆，2012。

② 钟志贤：《大学教学模式革新：教学设计视域》，89-90页，北京，教育科学出版社，2008。

③ 乔莉莉：《高职院校教学模式改革同质化的成因与突破路径》，载《山东高等教育》，2018（3）：85。

（2）过程论。将教学模式等同于教学过程，或者说将教学模式归属于教学程序的范畴。

（3）结构论。认为教学模式属于结构论的范畴。

上述定义尽管对教学模式的表述存在着差异，而且侧重点各不相同，但都普遍认为，教学模式是以一定的理论为基础，对教学进行有效指导形成的正确反映教学客观规律的稳定的范式。但是它不是一成不变的，应随着教学情况的变化而不断地进行创新、完善。

本书对“教学模式”的界定为：根据教学的规律和学生的学习认知特点，为完成特定的教学目标和教学任务，依靠一定的教学方法和教学平台（系统），按照教学活动的顺序在教学实践中形成的比较稳定的、系统的教学行为范式。一般来讲，完整的教学模式包括五个基本组成部分：理论基础、教学目标、实施条件、操作流程和效果评价。

二、关于教学模式的理论基础

从某种程度上说，任何一种教学模式的建立与发展都需要以一定的教学思想或教学理论作为其理论基础和理论核心。它是教学模式的灵魂和精髓，没有了教学理论或者教学思想作为基础，教学模式就失去了根基。教学模式是否科学、成熟，教学效果如何，首先就取决于该教学模式建立的理论基础。

教学模式所依据的理论基础主要包括哲学、心理学、教育学、管理学、社会学等方面的相关理论和思想。而且，不同的教学思想或者教学理论，往往形成不同的教学模式。

1. 建构主义理论

建构主义是学习理论中行为主义发展到认知主义以后的进

一步发展。建构主义教学观认为，学习是通过与外部世界的相互作用，在主体已有的经验基础上建构新的知识经验的过程，强调知识是主体与客体在相互作用过程中主动建构和内部生成的。建构主义学习理论认为，知识和经验不是教师传授的，而是学习主体在一定情境下，在已有知识和经验的基础上进行的有意义的建构，从而生成新的知识和经验。建构主义的核心理论包括四个方面：一是知识不是被动积累的，而是个体积极组织的结果；二是认知是一个适应过程，它使个体能在特定环境中更好地生存，认识的目的在于更好地适应环境；三是认知对个体的经验起组织作用，并使之具有意义，而不是一个精确地表征现实的过程；四是认知既有生物的、神经的结构基础，又有来源于社会的、文化的和实践为手段的相互作用。[①] 建构主义强调学生是学习的中心，处于主体的地位，同时又肯定教师的主导地位，认为教师是组织者和协调者。行动导向教学模式主张学生通过“独立地获取信息、独立地制订计划、独立地实施计划、独立地评估计划”，在自己“动手”的实践中，掌握职业技能，习得专业知识，从而构建属于自己的经验和知识体系。强调学生是学习过程的中心，教师是学习过程的组织者与协调人。由此可见，行动导向教学模式充分体现了建构主义的学习观与教学观。

2. 多元智力理论[②]

多元智能理论是加德纳于 1983 年提出的，并在以后的时间

① PE Doolittle, WG Camp Constructivism: The Career and Technical Education Perspective. Journal of Vocational and Technical Educational, 1999（1）：22.

② ［美］霍华德·加德纳（Howard Gardner）：《多元智能》，14 页，北京，新华出版社，1999。

多次加以发展。该理论认为，智能是解决某一问题或创造某种产品的能力，而这一问题或这种产品在某一特定文化或特定环境中是被认为有价值的。就其基本结构来说，智能是多元的，每个人身上至少存在七项智能，即语言智能、数理逻辑智能、音乐智能、空间智能、身体运动智能、人际交往智能、自我认识智能。智能的分类也不仅仅局限于这七项，随着研究的深入，会鉴别出更多的智能类型或者对原有智能分类加以修改，如加德纳于 1996 年就提出了第八种智能——认识自然的智能。

从总体上看，我们可以将智能类型大致分为两类，一类是抽象思维，另一类是形象思维。教育的根本任务在于根据人的智能结构和智能类型，采取适合的培养模式，发展人的人性。

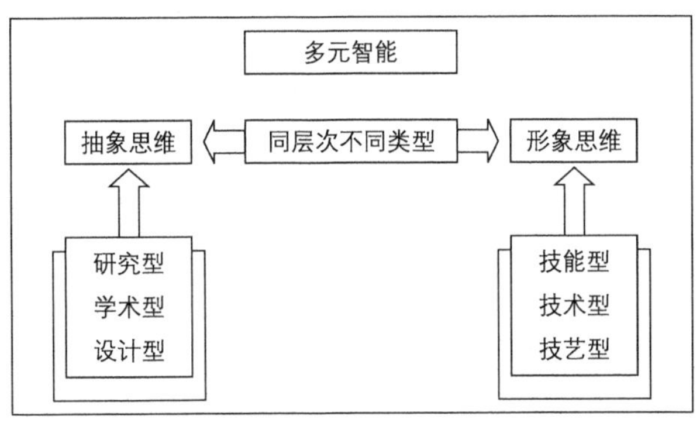

图 4-1　智力类型与人才类型[①]

贯通培养的是技术技能型人才，生源也多是形象思维为主的

① 姜大源:《职业教育研究新论》，北京，教育科学出版社，2007。

学生。在这样的培养目标和生源的情况下，应寻求适合贯通专业学生的培养模式，而行动导向教学模式的研究，无疑是基于多元智能理论对贯通专业培养模式的一种探索。

3. 人本主义学习理论

人本主义的思想源远流长，早在古希腊和古罗马时期，苏格拉底、柏拉图等思想家就体现出了人本主义思想。现代人本主义教育思想是20世纪五六十年代在美国兴起的人本主义心理学思潮，代表人物是马斯洛和罗杰斯。人本主义的学习理论从“全人教育”的视角阐释了学习者整个人的成长历程，以发展人性，注重启发学习者的创造潜能，引导其结合认知和经验，肯定自我，进而自我实现。人本主义学习理论重点研究如何为学习者创造一个良好的环境，让其从自己的角度感知世界，发展出对世界的理解，达到自我实现的最高境界。人本主义强调以学生为中心的教育理念。教师的角色已经从传统的知识权威转移到了将知识转移给学生学习的导师位置，教师是知识建构的帮助者、促进者，而不是知识的提供者和培育者。学生是学习信息处理的主体，是知识建构的主动者，而不是被动接受知识和被灌输对象。

行动导向教学模式既重视教学目标的实现情况，又注重学生社会能力和自我发展能力的培养，旨在培养具备关键能力的高素质人才，充分体现了人本主义的教育思想。

4. 情境认知理论

情境认知理论强调，知识和行为是交互的。知识的情境化通过活动不断向前发展，参与实践可以促进学习和理解。概念只能通过应用来完全理解，意义和身份是通过交互来构建的。情境认知理论认为，学习设计应以学生为主体来组织学习内容。学习内容和学习活动的安排要与实践情境相结合，结合真实的情境，最后通过现场练习来组织课堂教学。同时，将知识获取与学生发展、身份建构等结合起来。职业教育领域尤其强调让学习者体验真实的实践情境。简而言之，情境认知理论的观点在教学系统设计和学习环境发展等很多方面起着主导作用。情境教学理念的提出，为信息技术与课程的进一步整合指出了方向，为计算机仿真与虚拟仿真学习等教育技术领域的研究提供了理论依据。

5. 终身教育、终身学习理念

一般认为，终身教育的理论始于20世纪60年代。1965年，法国著名教育学家保罗·郎格朗提出了终身教育思想。1972年5月，联合国教科文组织的报告《学会生存——教育世界的今天和明天》对“终身教育”做了精辟论述。[①] 终身教育否定了传统教育将人一生划分为“学习期”和“劳动期”两个阶段，主张教育应贯穿于人的一生，强调人接受教育的主动性和持续性。终身教育的提出与现代化工业大生产的发展有关。科学技术的日新月异，现代社会的信息爆炸，对劳动都提出了越来越高的要求，传统教育中从学校所学的知识受用一生的模式早已不适应现代化工业的发展。在这样的大背景下，终身教育思潮应运而生。它强调教育应贯穿于人的一生，所以对于学习者来说具备一种自我学习的能力是非常重要的。职业教育的学生理论性知识较为欠缺，所以培养学生具备这种自我学习的能力更是重要。行动导向教学模式正是基于终身教育理论培养学生的综合职业能力，不仅包括其专业胜任能力，还包括社会能力和自我发展的能力，使贯通培养专业的学生能够提高其自身的竞争力。

① 教科文组织国际教育发展委员会著，华东师范大学比较教育研究所译：《学会生存——教育世界的今天和明天》，北京，教育科学出版社，1996。

三、行动导向教学模式

所谓行动导向教学，实质上是在学校整个教学过程中，创造一种教与学、学生与教师互动的职业交往情境，强调学生作为学习的行动主体，通过学习活动构建知识，形成职业能力，使学生既能适应未来职业岗位的要求，又能将这种构建知识的能力运用于其他职业，进而达到学以致用的效果。行动导向教学一般采用跨学科的综合课程模式，不强调知识的学科系统性，重视案例和解决实际问题以及学生的自我管理式学习。教师的任务是为学习者提供咨询帮助，并与其一道对学习过程和结果进行评估。

行动导向教学不是一种具体的教学方法，而是一个创新的职业教学过程，是行动导向教学理念下的多种方法策略体系。[①]它能够启发学生的学习兴趣，引导学生自主地进行学习。

行动导向虽然是一种教学思想，但其教学活动实施过程也有其稳定的基本结构和活动程序及其实施方法策略体系。因此，本书将行动导向教学界定为一种教学模式。

行动导向教学模式是以就业为导向，以能力为本位，以国家职业资格鉴定标准为依据，以工作领域的职业活动为内容，运用行动导向的教学方法组织教学，让学生在职业性的教学过程中参与学习，体验学习，最终学会学习，培养具有综合职业能力的技术技能型人才的教学形式。此种教学模式包含了多种具体的教学方法。根据行动导向教学模式的特点，人们常常采用案例教学法、角色扮演法、模拟教学法、项目教学法、引导文教学法以及

① 李秉德:《教学论》，北京，人民教育出版社，1991。

任务驱动教学法等。

四、行动导向教学与传统教学的区别

行动导向教学与传统教学存在着诸多区别。首先应该说明的是传统的教学方法并非一无是处，因为传统教育历经许多年的发展与磨炼，具备了优秀的教育思想和教育模式。传统教育的计划性、目的性、组织性较强，学生通过学校学习，可以较完整地掌握各门学科的系统知识，不容易出现知识的断层与真空，可以为今后的学习打下坚实的基础。在人才培养的最初阶段，这样的教育显得尤为重要。

但是基于职业教育与普通教育的培养目标不同，职业教育的培养目标是高素质的技术技能人才，是直接创造社会价值的一线劳动者。因此职业教育是以获得职业能力和经验为目的，不强调知识的理论性、系统性、完整性，而是强调按照职业活动体系来组织教学，强调知识的实践性、需求性、应用性，强调知识和技能的建构、整合和应用的过程，并重视通过这一过程培养学生的能力，所以，强调以职业活动体系来组织教学的行动导向教学模式更加适合于职业教育教学。行动导向教学与传统教学的差别见表 4–1。

表 4–1　行动导向教学与传统教学的区别

区别点	行动导向教学	传统教学
教学方式	以学生为中心，以学生活动为主	以教师为中心，以教师讲授为主
组织形式	多以小组合作形式进行，学生有尝试新行为方式的空间	多以班级授课形式进行，学生更多的是理解和记忆

续表

区别点	行动导向教学	传统教学
学习内容	多为结构复杂的综合性问题，与职业实践或日常生活有关，具有工作过程系统性的特征，可促进综合性的学习	以理论知识为主，学生也通过某些活动获取能力，但其目的是为了验证或加深对理论知识的理解
教学目标	知识目标、能力目标和素养目标兼顾，既综合职业能力目标的实现	注重知识目标的实现
教师作用	不仅是知识的传授者，更是学生行为的指导者和咨询者	知识的传授者
传递方式	双向传递，教师通过学生活动的成功与否了解其接受信息的多少和深浅状况，便于指导和交流	单向传递，教师示范，学生模仿
参与程度	学生参与程度较深，其结果往往表现为学生主动学习	学生参与程度较弱，其结果往往表现为学生被动学习
激励手段	激励是内在的，主要是从不会到会，在完成一项任务后通过获得喜悦满意的心理感受来实现	激励是外在的，主要是以分数为激励手段
质量控制	是综合的，通过形成性评价对学生进行全方位的综合性评价	是单一的，以笔试为主的终结性评价

第二节　行动导向教学模式下的几种基本教学方法

目前，随着职业教育改革的不断深入，行动导向教学实践中运用的教学方法不胜枚举。被广为使用的基本教学方法有项目教学法、引导文教学法、案例教学法、角色扮演教学法、任务驱动教学法等。

一、项目教学法

项目教学法是以学生为主体、教师为主导，通过师生共同实施一个完整的“项目”工作而进行的教学活动。它以项目带动教学，完成一个项目的全过程，实际上就是学生掌握知识、形成技能的过程。

（一）教学过程

如图 4–2 所示，项目教学法一般可按照下面五个教学阶段进行。

第一，确定项目任务。通常由教师提出一个或几个项目任务设想，然后由同学一起讨论，最终确定项目的目标和任务。

第二，制订计划。由学生制订项目工作计划，确定工作步骤和程序，并最终得到教师的认可。

第三，实施计划。学生确定各自在小组的分工以及小组成员合作的形式，然后按照已确立的工作步骤和程序工作。

第四，检查评估。先由学生进行自我评估，再由教师对项目工作成绩进行检查评分。然后，师生共同讨论，评判在项目工作中出现的问题，学生总结处理问题的方法以及学生的学习行为特征。通过对比师生的评价结果，找出造成评价结果差异的原因。

第五，归档或结果应用。作为项目的实践教学产品，应尽可能具有实际应用价值。因此，项目工作的结果应该归档或应用到企业生产和学校教学实践中。比如，项目的维修工作应记入维修保养记录，软件开发可应用到生产部门或日常生活和学习中。

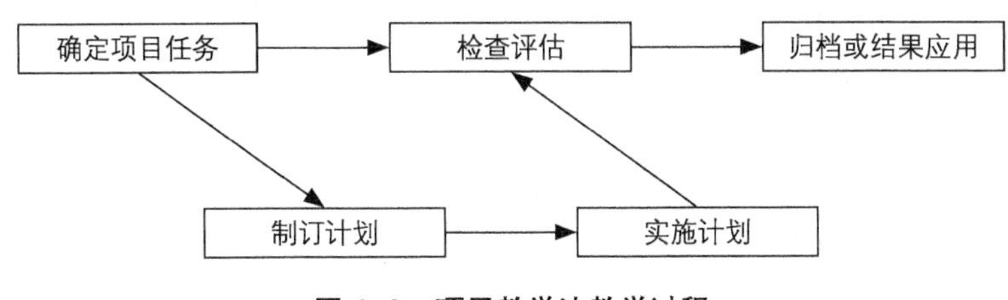

图 4–2　项目教学法教学过程

项目教学法作为一种职业教育的教学方法，对于培养和提高学生分析问题和解决问题的能力具有重要作用。在项目中，理论与实践紧密相连，学生自身的专业知识和专业实践联系起来，所有的项目参与者确定项目的工作步骤和目标，每个成员的兴趣能得到考虑，满足了学生自我实现的需要。项目教学法是目标导向的“做”，而不是无计划的尝试。

（二）项目的选择条件

在职业教育中，项目是指以生产一件具体的、具有实际应用价值的产品为目的任务，它应该满足下面的条件。

一是该工作过程可用于学习一定的教学内容，具有一定的应用价值；

二是能将某一教学内容的理论知识和实际技能结合在一起；

三是与企业实际生产过程或现实的商业经营活动有直接的关系；

四是学生有独立进行计划工作的机会，在一定的时间范围内可以自行组织、安排自己的学习行为；

五是有明确而具体的成果展示；

六是学生独立解决在项目工作中出现的问题；

七是具有一定的难度，不仅是已有知识、技能的应用，而且还要求学生运用新学习的知识技能，解决过去从未遇到过的实际问题；

八是学习结束时，师生共同评价项目工作成果和工作学习方法。

二、任务驱动教学法

任务驱动教学法是指教师将教学内容设计成一个或多个具体的任务，力求以任务驱动，进而提出问题引导学生思考，让学生通过“学”和“做”掌握教学内容，实现教学目标，培养学生分析问题和解决问题的能力。它可以让学生在完成“任务”的过程中，形成分析问题、解决问题的能力以及独立探索的学习精神和与人合作的精神。

任务驱动教学法一般可按照图 4–3 所示的五个教学阶段进行。

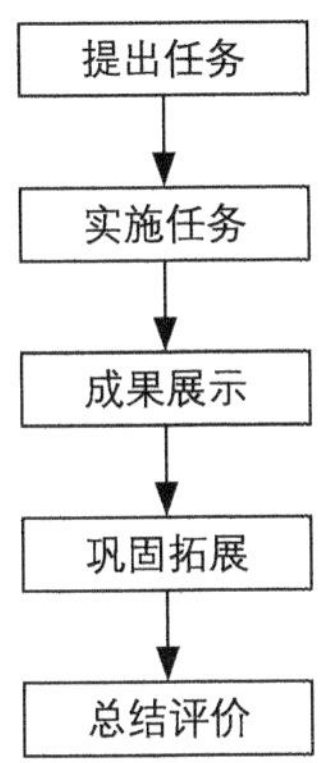

图 4–3　任务驱动教学法的五个教学阶段

第一阶段，提出任务。教师首先给学生讲述清楚要完成的工作任务，并通过工作任务的提示，激发学生的学习动机。

第二阶段，实施任务。学生分析完成任务的方法和步骤，并尝试协作学习，分组完成任务。

第三阶段，成果展示。各小组派代表汇报、展示、交流本组任务完成情况。

第四阶段，巩固拓展。教师点拨，巩固拓展知识与技能。

第五阶段，总结评价。学生反思问题解决的过程，学生自我点评和小组相互点评，最后教师点评完成的工作任务成果以及完成工作任务的整个过程。

任务驱动教学法中的“任务”，可以是来源于岗位职业活动的实际工作任务，也可以是教师根据教学内容自行设计的教学任务。一般来说，任务的工作量和技术难度相对较小。

三、案例教学法

案例教学法是指以案例为教材，运用多种方式启发学生独立思考，通过对一系列具体案例的讨论和思考，诱发学生的创造潜能，从而形成学生自主学习、合作学习、研究性学习和探究性学习的开放式的学习氛围的教学方法。它是一种相对复杂的教学方法，其首要任务是发展学生解决问题的能力以及做出决策的能力。

学生必须独立地分析问题所处的环境，并且通过小组和大班讨论，学习在团队工作中寻找解决方案。它以解决问题为前提。问题情境来源于实践，学生独立分析问题情境，在小组作业中找出解决方案，在公平对待每个解决方案的前提下相互比较各个方案，并对不同的方案进行严格的比较和选择。案例教学法被认为是有助于提高学生决策能力的教学方法。

案例教学法包括三个阶段。

第一个阶段，介绍案例，提出问题。在此阶段，学生识别“什么是案例”“什么是问题”，学生获取必要信息，包括可利用的具体资源条件，并且推测应该“怎么解决问题”。

第二个阶段，分析案例，通过小组提出问题解决方案，并经过大班辩论做出决策。在大班辩论中，学生应该根据具体的资源条件提出多个不同的解决方案，然后比较不同方案的优劣，尤其是对相似的解决方案做出比较，并就哪种方案和途径最为合适做出分析，从而择优决策。这种比较决策过程有助于学生了解企业实际，也有助于实施真实的评估，以便在未来的实际计划中加以运用。

第三个阶段，围绕选定的解决方案交换意见，根据具体的资源条件制订行动计划，并对实施过程和结果进行预测和评判，为实施行动可能出现的问题提出应对预案。

这种教学法要求学生必须面对问题，全身心地投入分析问题和解决问题的过程之中，以便为未来的工作打好基础。

凯撒（F.–J.Kaiser）提出了一个案例学习模型，见图 4–4 所示。

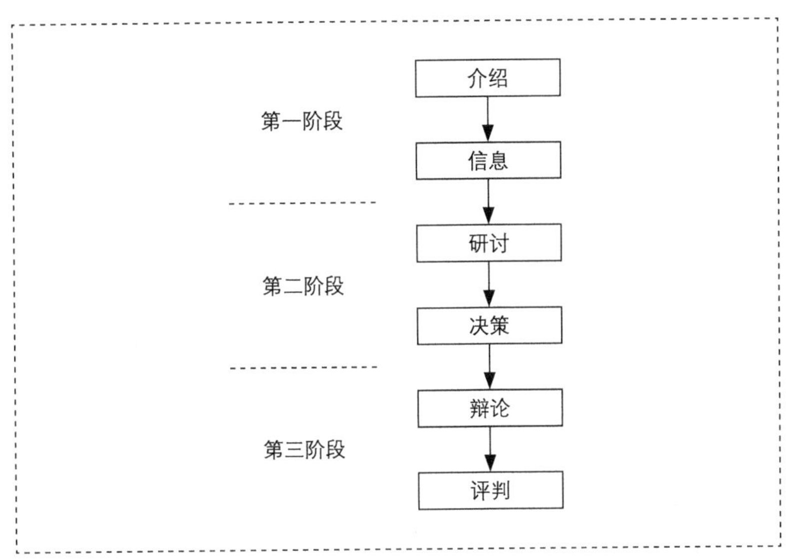

图 4–4 案例学习模型

凯撒案例学习模型虽然对案例分析的过程进行了细分，但是原则上这个模型还是基于三大阶段。

案例教学法不是向学生单向地灌输知识，而是启发引导学生自己去探索。它甚至不在乎能不能得出正确答案，真正重视的是寻找答案即择优决策的思考过程，目的是提高学生分析问题和判断决策的能力。案例教学法应建立在充分的时间保证和学生广泛参与的基础上，适宜中、小班教学。否则，教学实效会因为时间紧张和学生参与面窄而难以取得理想效果。

四、角色扮演教学法

角色扮演教学法是行动导向教学模式的另一种常用方法，特别适合于对行动过程的体验。此法广泛应用在服务类专业的教学中，其最大优点是可以帮助学生在限定的时间内，在扮演角色的同时，感悟职业角色内涵、体验职业岗位的模拟情境，讨论和解决某一个问题，从而建立一定的职业认同感。在角色扮演教学中，学生作为演员或观察者，一起投身到一个真实的问题情境之中，通过行动学习和体会处理实际问题的方式方法及其造成的不同后果，教师在此承担“导演”的任务。

角色扮演教学法一般的实施过程为。

第一，明确任务。教师介绍学习任务，学生明确解决问题的目标。

第二，制订计划。进行角色分析，说明角色，挑选演员，确定演员的行动过程。行动小组以外的学生则扮演监督者的角色，指定监督任务，决定要注意观察哪些方面，做好分工，制定监督记录表。监督者应在之后的评判过程中持有客观的态度。

第三，角色扮演。演员开始真正的角色扮演，在行动和交流中，挖掘各种可能的方案，并找出最佳解决方案。观察者做好记录。

第四，反思评价。共同回顾表演过程，针对角色扮演开展小组讨论和评价，讨论为什么 X 是这样表演的。针对焦点问题，展开讨论，并最终达成共识。师生也可以根据效果调整角色，或者引入其他的情境，再次扮演，并进行反思评价。

第五，经验总结。把问题情境和当前的问题与现实以及演练的经验联系起来，探索解决问题的一般原则，总结出该类问题的解决方案。这个总结旨在让所有学生对所经历的行动有个全面的了解。

角色扮演教学过程也可以用下面阶段模型图来描述：

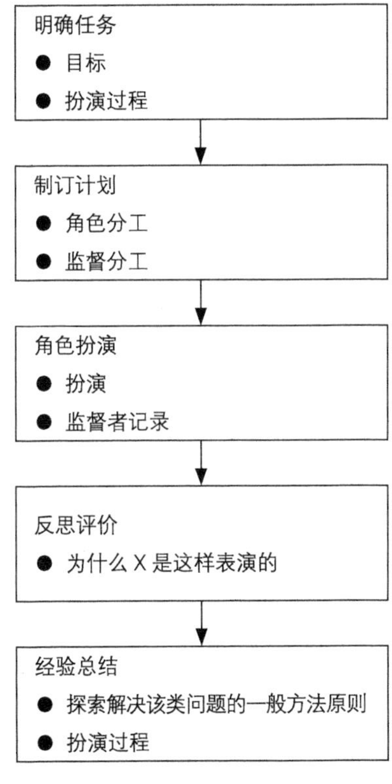

图 4–5　角色扮演法的实施过程

在角色扮演中，角色扮演教学法促成学习过程中知识向能力的转化，把“用”作为根本的立足点。这种教学法比较容易掌握，并不需要特别的安排和设备，不需要大量的财力、物力的投入，一般只需要简单的道具即可，因而具有易于推广、便于操作、灵活掌控、效果较好的优点。

五、引导文教学法

早在20世纪70年代初，德国奔驰公司为了提高学生独立工作的能力，开发出了引导文教学法（leittext-methode）。由于它能培养和发展学生的关键能力，提高大家学习活动的效率和教学质量，受到了学生和教师的普遍欢迎。此后，德国职业教育界一直致力于推广这种教学方法。

引导文教学法是一种使用由教师精心设计的引导文字来引导学生独立学习的教学方法，是行动导向教学法的一种。根据这种方法，学生成为教学活动的中心，教师在教学过程中主要担当顾问的角色，为学生通过独立学习而达到预定的教学目标创造条件。引导文教学法的目标是培养学生的关键能力和职业行动能力。

（一）教学过程

在应用过程中，引导文教学法分为六个步骤，每一个步骤既是一个独立的行为或活动，又是一个互为连接的完整的行为单元，任何一个中间环节都不能缺少。图4-6为引导文教学法的实施过程。

1. 资讯：学生阅读引导，并根据教师给出的引导问题收集与任务有关的信息，并在教师的组织下积极地进行讨论，有目的地探索，决定应该做什么。

2. 计划：学生根据学习要求安排计划，确定应该采取什么样的行动，并写出书面工作计划。

3. 决策：学生上交工作计划，师生进行专业谈话，找出设计方案的缺陷，最终确定工作步骤、方法和工具。

4. 实施：学生按预定计划独立开展工作活动，教师只是在发现错误时才提供适当的指导和帮助。

5. 检查：学生依据拟定的评价标准，自行检查工作成果是否合格并逐项填写检查单。

6. 评价：教师评估学生工作成果，师生进行专业谈话，讨论评价结果并提出不足及改进建议。

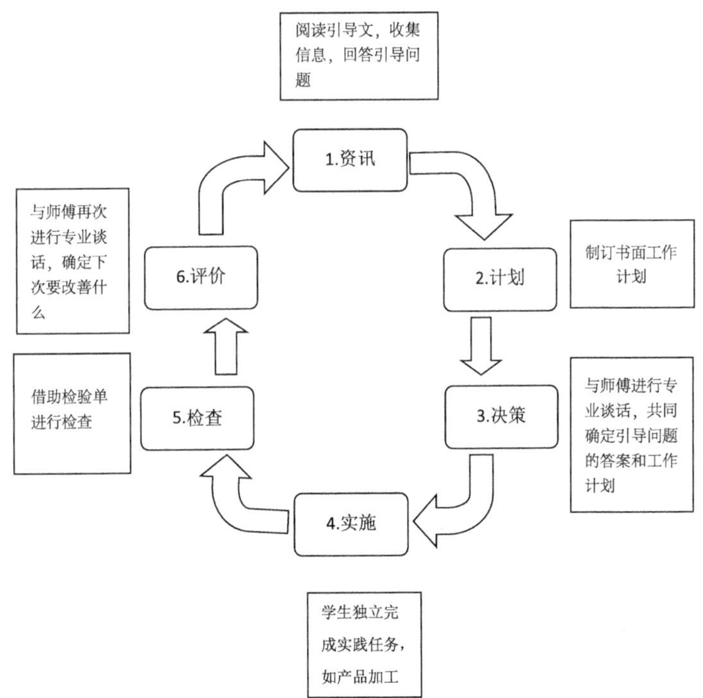

图 4–6 引导文教学法的实施过程

（二）引导文类型及主要内容

引导文教学法以引导文为基础和中心。学生通过阅读引导文，可以明确学习目标，清楚地了解应该完成哪些工作，掌握哪些知识和技能。因此，引导文的编写是该教学法实施的关键，也是该教学法实施所必需的教学文件。教师的工作重点集中在引导文的开发和教学的准备上。

1. 引导文主要类型

一是专题研讨型引导文。专题是指具体的、专门的、相对独立的实践性课题。进行专题研讨是研究解决专门问题的一种基本策略。

二是序列式引导文。序列式引导文围绕一个总的教学目标，在教学安排上由总而分地分解实施，最终达到由分而总的结构体系的建立和完成。

三是岗位描述型引导文。岗位描述型引导文帮助学生学习某个特定岗位所需的知识、技能以及有关劳动作业组织方面的知识，比如与该岗位有关的工作环境状况、工作任务来源、前后工序情况、安全规章、质量规范和质量检验等。

四是项目工作式引导文。项目工作式引导文与前几类引导文的差别在于，这里的“项目”技术含量更大，涉及的问题更多，牵扯的方面更广。“项目”一般来自工程实践的真实课题，富有实践性、综合性和创新性。

2. 引导文主要内容

无论是哪种类型的引导文，其主要内容包括以下几条。

一是学习目标。通过该教学项目，学生应完成什么工作，应掌握哪些知识和技能。

二是引导问题。学生在引导问题的指引下主动、独立地学习，制定出可行的工作计划，并对工作计划进行实施和评估，即怎么做。

三是信息来源。为学生指出获取有关信息的渠道，培养学生获取、加工、处理信息的能力。

四是必要的资料。根据具体教学内容，引导文可以附带技术说明书、工作计划表、材料明细表、工具需求单、考核评价表、技术图纸等必要的资料。

在引导文教学法中，教师的角色很重要。这种方法能否产生良好的效果，主要取决于引导文的质量、工作任务难度的大小以及在项目进行期间能否有行之有效的指导建议等。由于教师具有选择与指导的功能，他们对此种教学法的实施起着重要的作用。否则，这种方法只是一种自学法，而非一种教学法。

第三节　贯通培养专业课“情境引领，学做评一体化”教学模式

高端贯通培养项目在北京自2015年开始实施，教学工作已日趋成熟和平稳。教学模式的探索和实施是整个项目教学实施的核心，但任何一种教学模式都不是僵死的教条和不符合实际的生搬硬套，而是连接教学实践和教育理论的中介与桥梁。充分考虑教学实际，动态把握教学规律，有效融合教学模式是教学有效进行的关键，需要在实践中不断探索、创造出更多适合高端贯通项目教育主体的教育理念和具体实施方案，以提高贯通人才培养质量。

通过贯通培养课堂教学实践研究，在专业核心课程的课堂教学层面，逐渐形成了典型的“情境引领，学做评一体化”教

学模式。

一、基本理念

在“情境引领，学做评一体化”教学模式下，学生在实际的工作情境和工作任务引领下，学习工作中必备的理论知识、基本技能；在仿真的工作情境下，完成实际的工作任务中，体会工作经验的形成。工作与学习相互结合，相互转换，理论实践一体化地完成学习。

二、模式的内涵与特征

（一）教学思想特征——理念先进性

任何教学模式的构建都受一定教学思想的支配，教学思想是教学模式的灵魂、精髓和核心，因此，任何好的教学模式都必须以先进的教学思想为指导，体现先进的教学理念。现代教育理论中，许多先进理念已受到我国教育界的广泛关注，并付诸教学实践，如建构主义、情境主义、多元智能等理论，这些理论也是本节中教学模式的主要理论基础。

（二）教学目标特征——技术技能应用性

应用型人才就是将科学原理和技术应用于实践，从而转化为工程、产品等物质或非物质形态的人才，是为社会牟取直接利益的人才。在当今高新技术条件下，高等技术应用型应该能够将技术直接应用到工作岗位上，实践教学的主要目的就是培养学生具备这样的应用能力，而不是简单地对理论的验证或对技术的认识性了解。

（三）教学内容特征——职业适应性

职业技术教育的人才培养是以某一技术领域或职业岗位（岗

位群）的能力培养为核心的，其课程体系和教学内容的确定，一是要满足就业导向的岗位技术或技术领域需要；二是要有助于学生在整个职业生涯中谋求个性发展所需的态度、能力和知识；三是要符合人的认识规律和教学规律的课程教学内容（环节）的衔接与配合。因此，专业课教学的课程内容必须满足就业时职业适应性的能力培养，同时还要提供适应职业生涯可持续发展的关键能力培养和素质教育。从内容体系的组织上，实践教学与理论教学必须相互渗透，理论知识需要通过实践再认识，理论知识也可以用实践课程的载体进行展现和学习。

（四）教学形式特征——情境真实性

建构、情境主义学习理论认为，能力训练与学习情境有着极为密切的关系，无论是专业技术能力还是职业关键能力的形成，都需要学习者置身于知识产生和能力显现的特定真实物理和文化情境之中。因此，教学情境创设是本教学模式中教学解决方案的最重要的内容，为了达到教学目的，教学情境必须是真实的（至少是仿真的）。

（五）教学技术特征——手段先进性

当代科学技术的快速发展使得教育技术得到了极大的提高，先进的教学技术对教学模式的改革起到了直接的推动作用。交互式网络系统为学生提供了更多的学习资源和学习途径；多媒体技术的普及，使虚拟仪器、仿真训练等更多地应用与实践教学；更先进的教学仪器设备使学生技能、技术训练更接近生产实际。总之，现代教学技术为理论实践一体化教学的情境创设提供了物质保证。

三、项目教学在“情境引领，学做评一体化”教学模式中的应用

项目教学是指师生通过共同实施一个完整的项目工作而进行的教学活动。在贯通培养专业课教学中，项目是指以生产一件具体的、具有实际应用价值的产品为目的的任务，它要求学生自己计划运用已有的知识和经验，通过自己亲手操作，在具体的情境中解决实际问题。

项目教学作为让学生在教师指导下通过完成一个完整的“工作项目”而进行学习的教学方法，它将传统的学科体系中的知识内容转化为若干个“教学项目”，围绕着项目组织和开展教学，使学生直接全程参与，体验、感悟、论证、探究。具体包括：师生通过共同实施一个完整的“项目”工作来进行教学活动。学生在教师的主持下以小组合作工作形式，自行组织完成项目。工作要主动，注重的不是最终结果，而是完成项目的过程。主要适用于工科、管理、经济类专业的以技术技能应用与实践为目的的课程。

（一）教学目标

根据专业人才培养方案中专业能力目标要求，确定项目的基本教学目标，同时将职业能力和技术素养要求渗透到项目实施的过程与细节中。

（二）项目选择

根据专业人才培养方案的教学目标，合理选择具有真实工程技术、应用背景的模拟（或真实的）项目，项目可以是生产性的、设计性的，也可以是解析性的或综合性的。项目的大小和教

学要求可以根据实际条件（时间、硬件等）确定。

（三）项目组织

教师在确定好项目后，建立相应的项目小组，具体可实行一个项目多个小组，或一个项目一个小组。要预设可能出现的问题，提供参考资料和信息的获取渠道，准备必要的技术实施的硬件和软件。

（四）项目情境创设

项目情境的创设要根据创设的内容分别在项目实施前、项目实施中进行。情境包括静态的和动态的，对于技术素养养成来说，动态的技术情境更为重要。静态的项目情境创设包括企业现场或者校内实训基地（工程中心）的选择、项目工程（经济或管理活动）背景的确定。动态的项目情境创设包括模拟或真实的信息(数据)创建、流动、记录与展示，角色与责任的实现，角色之间的相互支持与赞扬等。

（五）项目实施

一般让学生自己查阅资料获取信息、准备材料工具、制订工作实施计划、评价工作结果等，让学生自始至终积极地参与教学。教师要把工作重点集中在项目教学的开发和教学的准备、收尾上。在基于项目教学的教学过程中，教师只起激励、鞭策、组织、协调、引导的作用。

1. 教师布置一个项目。需要学生自主查找相关材料和信息，小组学生根据教师给出的项目教学和信息来源，独立查找专业书籍，浏览专业网站，收集与任务有关的信息，并在教师的指导和组长的组织下积极进行讨论，有目的地整理信息。

2. 各小组在组长的组织下，进行任务细化和分工。各自列出自己的工作内容，确定时间安排，制订工作计划。组长最后汇总各成员的工作计划，制订小组工作计划，并邀请教师共同参与交流，明确工作流程。教师在各组制订计划的过程中对学生进行辅导、回答学生的问题，避免走弯路。

3. 教师参与学生的讨论并加以辅导。各小组可能制订出来几个候选计划方案或者组内未达成共识，教师要与学生共同对工作计划进行可行性分析，确定最终的方案。

4. 教师对学生的工作过程进行观察指导，及时指出学生操作中存在的问题，进行产品测试与改进。

5. 学生对照项目教学中的检查表独立评价自己的工作成果。学生通过检查表可以了解到为了实现学习目标要付出什么努力，达到什么标准，边实施边检查，及时纠正错误和改善质量。在学生自我检查的基础上，由教师或其他学生检查，相互之间交换检查工作成果。

6. 学生对自己完成任务的情况进行评估，总结更合理的方法。教师参与点评，要对学生完成情况给予充分的肯定。项目完成后请企业专家进行最终评价。主要的评价形式包括学生自评、小组互评、教师对小组的评价、教师对整个教学活动的评价以及企业专家对项目完成质量的评价。评价内容可以包括参与态度，收集信息是否具有真实性、全面性和可行性，提出的建议是否具有新意等。

一般情况下，在第 2、3 环节，及各节点之间需要设置反馈和循环，有时需要多次循环；在每一个环节（子过程、循环）中都要进行必要的讨论、回顾、评价、报告、知识与经验的梳理。

（六）学习中的讨论

小组讨论在项目教学中必不可少，其形式是多样性的，讨论本身成为项目教学要求的一部分。

讨论的目的：培养学生评论性的思考技能，综合各方面的信息，利用他人的智慧来增进学习，拓宽思维，而不局限于个人的经历，对于目标的完成情况能够得到及时的反馈。讨论的内容主要是项目中的技术细节、技术解决方案及其优化、项目的社会责任（如环保等）等。

（七）项目中的合作

目的：变竞争转向合作，从个人的期望变为集体的期望，从独立转向相互依赖，从个人的权限转向扩展的权限，信息的畅通。观测：问题的反馈，建议的改进，执行的有效，任务的协调。

（八）实现条件

1. 教师要有研究的思想

要实施项目教学，教师要首先学习、研究“双元制”，明确什么是项目教学，如何实施项目教学。同时，教师还要了解、熟悉企业的生产、工作流程，做到熟悉整个工作过程，然后才能依据工作过程的需要将工程项目转化为教学项目，引导学生思考、学习。此外，社会是变革的，社会的需求也是随时变化的，这就要求教师随时根据社会需求的变化来修订项目，要求教师有研究的思想、敏锐的触角紧跟社会需求的变化。

2. 学生要有学习的欲望

传统教学过程中，学生的学习是被动的。项目教学要求学生自行决定学习、工作的内容，其整个学习过程也主要是由学生自主决定、自我管理，这就要求学生要有主动学习的欲望。学生的学习欲望对于学生的学习效果起着至关重要的作用。

3. 教学要有合理的场所

项目教学主要培养学生独立、自主的学习能力。除独立思考外，还可以通过同学之间相互的观察和交流来学习。因此，教学环境应有利于互相交流和学习。同时，由于项目教学中学生的学习方式是不固定的，知识来源是多方面的，因而教学环境要能够适应这样的需要。

4. 学校要有一批深度合作的企业

项目教学的实施和评价都离不开校企合作，离不开企业专家。项目依据是企业的项目书或者是合同文本。这一项目书或合同文本的真实性对教学的实施效果将有着不可估量的影响力，同时它的来源将会对学生的学习信心有一定的影响。同时，项目教学的实施在一定程度上对于工作的真实性也有相应的要求，有些部分不是在实训室能够完成的。因而，学校要有一批专业对口、深度合作的企业帮助完成部分实践。评价时也要请企业专家更多地参与。企业侧重于完成项目的过程评价以及对完成项目质量的评价。

5. 教学活动要有充足的资金支持

采用项目教学的成本比传统教学的成本要高。在实施教学的过程中，教材的调整，项目教学的选取、调研、转换，学生操作中的原材料消耗等都要求有较多的教学资金投入。另外，在操作过程中对设备种类、数量的要求也使得实施该教学法要有充足的资金。

（九）使用项目教学的注意事项

1. 项目教学要根据企业项目转化

项目教学更多的是强调学生要独立完成项目。在项目教学中，给出了学习的指导和资源的提示，实际上是起到了引导和帮助学生自主学习的作用。项目教学要以专业的社会需求为依据，结合教学目标和学生的实际情况确定学习、工作任务，这样才能有针对性，也才能使学生有能力通过项目教学的引导来独立思考或相互协作完成工作任务，达到培养目标。

2. 项目的选取是关键

项目教学使教学与企业实际生产过程的结合更加紧密，因而要选取具有典型性和代表性的工作项目。选取项目要以课程的目标和教学的内容为依据，以现实的对象为材料，既要包含基本的教学知识点，又能调动学生解决问题的积极性。教师和学生共同参与项目的选取。教师要注意启发学生去主动发现身边的素材，选择难度适合的项目。项目要具有实用性、可操作性、趣味性、活动性。

一是项目要包含全部教学内容并尽可能自然、有机地结合多项知识点、技能点，渗透情感、态度、价值观；二是项目的难易度要针对学生的实际水平来确定；三是项目要被大多数学生喜爱，并可以用企业标准公平、准确地给予评价。当然，不是每个项目都能做到面面俱到，教师要根据具体的培养方向（掌握新知识、新技能还是培养其他能力）来确立最合适的项目。

四、任务驱动教学在“情境引领，学做评一体化”教学模式中的应用

任务是指各个工作岗位所承担的工作和担负的责任。基于任务的教学是以学生为主体，以行动为导向，在完成任务的过程中，师生角色双重、学习与工作同时起步，交互进行，协调一致，实现“做中学、学中做”，理论实践一体化的完整的学习过程，促进学生综合职业能力的发展。

（一）教学目标

以任务为载体，在学生完成任务涉及的基础知识与技能学习后，注重培养完成类似任务的方法能力培养，注重完成任务时的计划制订、实施、评估。任务可以是多人完成，也可以是一人完成。

（二）任务实施

1. 职业情境、明确任务

教师提出任务，任务是岗位工作中的具体任务。课堂中的任务来自于真实的工作任务，是真实且可操作的完整的任务，并且转化成学习任务，工作任务与学习任务合一，便于学生学习掌握专业知识和操作技能。

任务要放置在一种真实且符合职业工作的情境中，创设情境激发学生的职业情感，有助于学生感悟职业内涵、体验职业岗位需要，建立一定的职业认同感。引导学生在模拟或仿真的学习与工作环境中学习，激发学生学习动机，工作环境与学习环境合一，使任务的解决与学生情感活动结合起来，为任务的解决和学习做好铺垫和引领。

2. 角色转换、解析任务

学生接受任务进入职业情境后，引导转换角色，明确双重身份，引导学生认识各个岗位不同角色，根据角色思考自己和别人的行为，学习角色和工作角色合一，使学生学会学习、学会工作、学会生活。

在进入角色的基础上对任务深入理解和分析，发挥学生的主体作用，教师根据任务进行引导，帮助学生对任务进行分解，使学生知道从哪里入手做，并分析完成任务的要求、任务的目标以及评价的标准等，明确完成任务的思路，指引完成任务的途径。

3. 自主学习、探究任务

通过对任务的分析，学生需要进行专业理论、操作技能的学习。这一阶段是学生消化吸收知识、掌握技能的阶段，是由初认到熟练掌握的阶段。

以任务为引领，展开自主学习，学习与任务相关的陈述性和过程性知识、技能，发挥学生的主体作用，引导学生在做中学、学中做。对于标准的操作技能可以由教师统一示范，集体解决；对于基本的理论知识，学生可以结合工作页、讲义等学习资料，自主探究进行学习；对于关键技能，教师可以出示录像等帮助学生掌握；也可以由工作中出现的问题或事件开始，从错误中感知对的知识和技能，体验正确的态度和规范。

这一环节，教师为学生提供必要的条件，起到督导、示范、协助、检查的作用，根据学生学习情况进行重点内容的辅导、难点内容的引导，帮助学生掌握完成任务必备的知识、技能、经验等方面的学习。

4. 分工协作、实践任务

在学生做好了知识和技能的准备后，教师要引导学生围绕任务的实施，合作制订完成任务计划，确定完成任务过程中的步骤、流程以及相应的角色等，明确任务的目标和要求，同时各小组交流完成任务的计划，教师给予点评，帮助学生修正。

各组按照任务实施的计划，合作完成任务。在完成任务的过程中，学生要体验岗位的角色的规范和要求、操作技能等，使专业理论与实践结合，通过完成任务获取知识、习得技能，学会解决问题的方法。教师要根据学生小组的实践情况进行观察、指导，帮助学生纠正完成任务过程中的问题，使学生真正成为学习的主体。以上两个环节，学习过程与工作过程合一。

5. 展示交流、评价任务

这一环节是要检测学习任务与工作任务的成效。教师组织学生进行任务的展示，引导展示小组按照职业角色的要求完成任务；引导观察的学生按照学习评价，与企业岗位所要求的职业标准、工作态度与职业能力等相结合，与国家职业资格考核相融合，进行多元评价，注重任务的完成方法、技能操作和职业规范、职业能力的评价，不在表演上过分挑剔。

任务完成不等于学习结束。在这个环节，教师引导学生对任务进行评价，对任务完成的过程和成果进行评价，引导学生对学习的态度、方法，团队学习等进行反思；还要把企业人员引进课堂评价，也可以把学生带入企业进行实践教学，企业员工参与评价，引导学生把完成的任务与真实的工作任务进行比较，对任务进一步拓展延伸，使学生从具体的任务学习，上升为服务能力和综合职业能力的获取。

（三）模式特色

1. 任务具有双重性

以专业工作任务为载体设计教学活动，学习任务与工作任务统一，学生在完成任务的实践过程中学习专业知识，形成职业能力。

2. 情境具有一致性

教学的情境来自典型职业活动，因此课堂学习的模拟情境与真实工作情境是一致的。学生在一致的情境中自主学习，习得知识和技能，感受职业规范和要求。

3. 角色具有多重性

在完成任务过程中，学生既是学习的主动者，又是企业的员工；教师不仅是教学的引导者，又是的企业管理者；多重角色在教学中不断转换，使学生在角色转换中理解、体验、完成任务，做中学、学中做，提升学生的就业能力和可持续发展能力。

4. 过程具有交互性

教学过程具有交互性，是指学生学习的过程与完成工作任务的过程相互交替、双向互动，同时展开学习与工作的过程。

5. 评价具有统一性

教学中学习考核评价的标准与企业考核评价的标准要求、国家职业技能等级证书考核标准相统一。教学过程中把学习评价与企业岗位所要求的职业标准、工作态度与职业能力等相结合，与国家职业技能等级考核相融合，进行多元评价。

五、情境教学在“情境引领，学做评一体化”教学模式中的应用

情境教学是依据专业学习要求，模拟一个工作情境，在这种情境中完成具有与实际相同功能的工作过程，只是活动是模拟的。通过这种教学让学生在一个真实的环境氛围中对自己未来的职业岗位有一个比较具体的、综合的全面理解，特别是属于一些行业特有的规范，可以得到深化和强化，有利于学生职业素质的全面提高。

（一）教学目标

以情境为载体，在学生完成在该情境下进行工作所涉及的基础知识与技能学习后，注重培养学生从情境下提取信息的能力，在相关情境下进行工作的能力，以及人与人沟通的能力。

（二）教学实施

1. 运用多种手段创设情境

利用学生已有的认知水平和生活经验，教师通过向学生介绍工作标准、角色分工、工作流程、评价方式以及训练的目标来设置情境，让学生在课堂活动中带着兴趣去获取知识。学习情境由简单到复杂、由单一到综合、由低级到高级递进关系排列，并考虑工作任务的相互关联性、过程性和类别性。

2. 提供机会让学生角色扮演，体验成功

学生参与学习的过程，也是解决问题的过程。这个过程必然带有较强的探索性、创建性，也就是学生在探索过程中不断创新，从而培养学生的创造能力。

学生针对教师布置的学习任务，分组完成任务的方案策划，学生以组为单位根据方案进行角色扮演，调动学生的学习积极性，使他们乐于参与。学生按照与当前学习主题密切相关的情境分别扮演其中不同的角色，在表演中加深对专业知识的理解以及专业技能的学习。教学需要提供体验式情境化的教学资料，有利于学生打开思维去思考相关问题。

3. 教师指导学生角色的扮演活动

角色扮演活动从表面上看教师好像很轻松，整个活动都是学生在操作，与传统的教学方式相比教师起的作用不大。其实这是一种误解，在角色扮演活动中教师的指导作用不是削弱了，而是加强了，只不过其表现的形式与传统教学方式相比较为隐形而已。成功的角色扮演学习方式需要教师的精心策划与组织。教师的重要作用就在于如何促使学生自己把握课堂学习与讨论的尺度。

4. 以企业标准进行评价

学生在完成模拟训练后针对模拟训练进行生生、师生评价。教师可以根据训练的结果帮助学生注意相关问题，描述训练中出现的问题，进行分析，把情境下的模拟活动和课程内容有机联系，在此环节中将职业资格标准运用到教学与评价中，更多地注重学生的成就动机，注重对核心技能有关的技能评价，考虑自我发展的个体需要，重视问题解决、人际交往等技能的发展。

评价过程包括教师评价、表演者自己评价和观众对扮演者表演情况的评价。这一环节是情境下角色扮演活动的关键环节，能够使知识和能力得到升华。评价时主要是对表演者的角色认知与角色实践做出评价，最后教师要做总结性评价。这阶段的主要任务包括对学生表演情况的评价、对学生参与活动情况的评价、对学生角色认知状况的评价以及指导学生找出角色差距、调适角色矛盾、掌握角色实践方法等。

5. 角色扮演

基于情境的教学必然包含在情境中的角色扮演，让学生体验真实情境，经历真实工作过程，并通过小组之间的合作和协调来完成整个教学过程。在整个学习过程中，通过角色扮演者之间的互动和反应以及教师的评价，学习和获得知识。在相关的情境中通过角色扮演完成学习某职业所需的知识、技能和能力，给人一种身临其境的感觉，更重要的是提供了许多重复的机会和随时进行过程评价的可能性，能够使学生进行自我建构，是一种基于行动导向教学观的教学模式。

案例：北京农业职业学院贯通培养“理科”教学模式

理科是对逻辑思维能力要求较高的学科，对理解的要求大于记忆，需要学生灵活应用知识点。贯通培养基础文化课的学习是学生后期专业学习的基础，也是学生思维习惯养成及学习能力培养的关键。基于此，研究根据理科学科内容特点把教学内容分为规律探索类、习题训练类和开放性知识类（含巩固复习）三类，并针对性地提出如下三种教学模式。

一、“五环”探索教学模式

“五环”探索教学模式是合作探究式学习与启发式教学法的融合，是将教学内容活动化、活动内容探究化的教学模式，主要适用于规律探索类的教学内容。其设计与实施方法如下。

（一）自主探究环节

自主探究环节是五环探索教学模式能否顺利进行的关键环节。时间设置为 10 分钟，分为两个阶段：一是设置问题情境阶段。时间设置为 1 ～ 2 分钟。为了充分调动学生学习积极性，问题情境的设计要有效体现趣味性、生活性与实用性，以实现学以致用的教学宗旨。另外，问题情境的设计要充分考虑高端贯通项目学生的理科基础，避免超过学生最近发展区，出现问题情境过难而使情境失去意义的局面。二是学生独立思考阶段。设置 8 ～ 9 分钟让学生独立思考。学生是教学活动的主体，教师要避免急于干预学生的思考过程，给学生充分自主思考的空间。

（二）合作交流环节

合作交流环节是学生转化思想、形成和完善知识体系、提高学生综合素质的关键环节。时间设置为10分钟，以小组讨论的形式进行，每组5～6名学生，实行组长负责制。学生组内交流讨论、取长补短，最终形成一致看法，实现小组范围内思想的融合。本环节一方面可以通过组内合作提高学生的沟通交流及团队合作能力，另一方面可以通过组间竞争激励学生努力学习，有效防止学习惰性的出现。

（三）课堂展示环节

课堂展示环节时间设置为10分钟，每个小组展示时其他小组理性思考，下一小组汇报前先对上一组简单评价，以充分培养学生理性思考、多维辨析和客观评价的能力，提高学生的逻辑思维水平。为了提升每个学生的语言表达能力和临场应变能力，小组发言人要随机。学生不同观点间的有效融合和相互交锋，是对合作交流成果的升华，也是后续教师讲评环节的基本素材。另外，成果展示的形式可以多样化，诸如海报法、卡片法等。

（四）教师讲评环节

教师讲评充分体现了教师在课堂教学中的主导作用，在各环节中起着画龙点睛的作用。时间设置为2～3分钟。基于学生概括提炼能力的有限性，教师要汇聚学生思想，将课堂需要掌握的知识内容和需要具备的能力素质加以总结呈现给学生，以明确教学重点，达到深化概念、规律，有效反馈教学信息的效果。与此同时，本环节也包括教师对各小组课堂表现的综合点评。

（五）达标检测环节

教师针对重难点内容设置典型题目，让学生在规定时间内独立完成，以检验学生学习效果。时间设置为7～8分钟。达标检测可采用多种形式呈现，但在实际教学中最常见、效果最明显的还是习题检测。检测题目的设置要有针对性，一是题量设置要适当，以精练、典型、突破难点为原则；二是题目难度要适当，充分考虑学生的最近发展区。

以上五个环节环环相扣、相辅相成，共同构成完整的课堂教学体系。整个教学过程是学生主动参与、积极探索的过程。学生是在主动发现知识，学生自己就是新知识的建构者和组织者。这样的教学增强了课堂动态性和学习体验性，也提升了学生的自我效能感。

二、师生双主体互动教学模式

师生双主体互动教学模式是指在教学过程中，教师与学生“你中有我，我中有你”，互为主客体。教师是教的主体，学生则是学的主体。双主体教学模式包括两层含义，一方面，教师和学生是相对独立、地位平等的双方，教学过程需要给予双方自主权，充分尊重彼此意愿；另一方面，“教”和“学”是互为前提、缺一不可的，在教学中需要“教”与“学”的相互配合与协作。这一教学模式主要适用于习题训练课。

（一）知识梳理环节

习题训练课是巩固所学知识，将知识内容转化为解题能力的过程。基本概念和基本规律是学生思考、解答习题的基础，因此习题训练课应首先呈现基本概念和基本规律，时间设置为5分钟，形式以教师提问、随机挑选学生回答为主。学生回答的方式则依据知识内容的特点做出不同的选择，例如定理类内容可让学生将关键词陈述出来，公式则可以让学生书写（部分同学在黑板上书写）。针对贯通学生自控力较差、缺乏主动性的特点，教师提问环节要建立奖惩机制，最终计入综合考评。

（二）自主练习环节

自主练习环节是核心环节，是教师充分了解学生学习状况的过程。习题编制要综合考量教学重难点及学生认知水平，在题型多样化、内容层次性、难度适宜性等方面都要有全面设计。学生在规定时间内完成习题的效果反映了学生对所学内容的掌握程度。基于贯通学生缺少学习方法的现实，教师要提醒学生在做题过程中将自己不能解决的问题做上标记，以便在后续小组讨论时有的放矢地解决问题。自主练习环节的时间设置为15分钟。这一环节实施的质量直接关乎整堂课的课堂效果。

（三）小组讨论环节

这一环节承前启后，时间设置为5分钟。由会的同学向不会的同学讲解，保证达到组内“一人会，人人会”的效果。整个环节需要教师对学生行为给予及时的反馈和引导，对于组内都不会或不能达成共识的问题由组长记录并反馈给教师，由教师后续集中讲解。小组讨论环节是学生互为“教师”的过程，每个学生都可成为“教师”，从而获得成就感，每个学生也都可以从其他成员的讲解中收获新知。

（四）方法指导环节

这一环节是习题训练课的升华环节，主要是教师对方法及规律的总结和提炼，以完善学生认知结构，规范学生解题思路，实现学生知识体系和内容结构的系统化。时间设置为10分钟。教师深度挖掘学生共同存在的问题和错因，找准切入点，通过不断质疑、解疑的过程，给予学生及时而有效的方法指导，充分发挥教师的启发作用。

（五）变式训练环节

变式训练一是检验学生对同类题型解题方法的掌握情况，二是巩固与提升学生所学解题策略。通过变式训练，实现以练促学、以学促改，练中有法、法中有悟的教学效果。时间设置为5分钟。一般每个代表性题型设置2道变式，教师对做得又快又对的学生给予加平时分的鼓励，以提高学生学习积极性。教师要随时关注学生在解题过程中的生成情况，并对题目设计做及时而有效的调整。由于课堂时间有限，变式训练的少许题目可作为课后作业，习题、变式、课后作业三重巩固，有效实现习题训练课作用效果的衍生和延续。

三、学生为中心的分享学习教学模式

学生为中心的分享学习教学模式是指教师根据教学内容特点提前布置教学任务，学生利用课余时间自主或合作解决问题，最终在全班或更广范围内展示成果。展示形式不做具体要求，学生可根据展示内容的需要选择不同的形式，如文章、实验操作、表演等均可，最终按既定规则评选出优秀作品。这一教学模式主要适用于理科复习类、史实类及一些没有绝对性对错的开放性问题的教学。

（一）布置任务环节

教师利用课下时间分配任务，并根据任务内容特点规定学生完成任务的期限。由教师指定每个小组准备的主题，其他小组查阅相关资料，了解对应的主题内容，以便成果展示时，其他小组有一定的知识储备量给予正确的分析与评价。这里教师布置的任务有其独特的特点：一是无标准答案，具有开放性，学生可根据教师要求整合个人经验，查阅相关资料无限延伸，其特点是更加强调经验、资料等的全面整合；二是有吸引力和趣味性，能调动学生的学习积极性；三是有挑战性，既要有适当难度，又要让学生完成任务后有成就感。

（二）执行任务环节

学生课下收集资料，每个小组围绕本组主题进行任务分配。为了保证完成任务的效果，教师需对学生合理分组，保证每个小组都要有“领头羊”，带领其他学生循序渐进地完成任务。当小组合作遇到瓶颈期时，教师可以考虑调配小组成员，或让自己短暂参与到某小组给予提示，以起到抛砖引玉的作用。本环节的实施在课下进行，教师要随时监督每个小组的进展，并对每个小组的作品予以审核，以便为下一环节的课堂分享提供素材。另外，为了避免部分学生偷懒，要求小组每个成员都要参与整个分享内容的准备工作，课堂分享者由教师随机指定。

（三）分享任务环节

本环节是整个教学模式的核心环节，也是检验前期准备工作效果的具体路径。分享将学生的学习成果直观化，是学生学习的内驱力。小组发言人由教师挑选，全班同学均可就其分享内容提出质疑，并允许学生争论。首先，为了保证全员参与，减少个别学生旁观和等待，教师要关注学生动态并为不同程度的学生提供与其能力相匹配的分享内容或辩论机会。其次，为了激励学生不断进步，引入组间竞争方案，将组内成员参与度、任务完成效果及课堂分享形式多样化与新颖性作为任务综合评分的三大维度。分享任务结束后，各小组给除本组外的其他小组评定打分，学生评分统计完成后由教师评价，肯定优点、引导不足，并让学生依据课堂建议完善成果。

第五章　贯通培养教材开发研究

职业教育教材的质量和水平代表一个国家职业教育的发展质量和水平。《国务院关于大力推进职业教育改革与发展的决定》中指出："积极推进课程和教材改革，开发和编写反映新知识、新技术、新工艺和新方法，具有职教特色的课程和教材"，要"积极引进国（境）外优质职业教育资源"。教材作为一种重要的教育资源，是培养学生职业能力的最重要工具，是课程最具体的表现形式，大力推行职业教材改革是职业教育发展的必然。

第一节　我国职业教育教材发展现状

教材建设是高端技术技能人才培养工作的重要载体，也是课程建设、专业建设和人才培养模式创新的重要支撑。党的十八大以来，党和国家对于教材建设给予了前所未有的重视，一系列全方位加强和改进教材建设的指导意见和具体措施陆续出台，为新时代教材建设提出了要求、指明了方向。

一、开展职业教育教材研究与开发的必要性

（一）职业教育教材建设是国家层面关注的重点问题

职业教育教材，是一门课程的核心资源，是职业教育教师教学的重要工具和载体，它在职业教育教学中发挥着十分重要的作用。在快速变化的时代背景下，职业教育教材的建设也要紧跟时代的发展。改革开放以来，随着我国职业教育的发展，我国的职业教育教材历经了从零开始到爆发式发展、再到质量提升的发展阶段。现阶段我国职业教育教材建设整体水平依然不高，已一定程度影响了职业教育的持续健康发展。职业教育教材建设已成为国家层面关注的重点问题。2017 年我国成立了国家教材委员会，2019 年成立了国家教材建设重点研究基地。改革开放 40 多年来首次把职业教育研究单独列为一个独立的基地，可见国家高度重视职业教育教材质量。实际上，我国政策变迁轨迹表明，职业教育教材逐步受到重视并走向规范化、科学化。职业教育教材研究对职业教育质量提升及职业教育现代化影响重大。①

职业教育教材是近十年来教育政策关注的关键内容。如《国务院关于印发国家职业教育改革实施方案的通知》（国发〔2019〕4 号）强调以“建设一大批校企‘双元’合作开发的国家规划教材”，并首次从国家层面倡导使用新型活页式、工作手册式教材；《教育部关于“十二五”职业教育教材建设的若干意见》（教职成〔2012〕9 号）指出要推动科学化建设职业教育教材。

① 夏英：《改革开放以来中等职业教育教材发展历程、关键问题及政策建议》，载《职业技术教育》，2011，32（4）：32-36。李术蕊：《教材建设：服务职业教育内涵提升》，载《中国职业技术教育》，2014（19）：19-25。

为深入贯彻全国职业教育大会和全国教材工作会议精神，加强“十四五”职业教育规划教材建设，在国家教材委员会统筹领导下，教育部又制定了《“十四五”职业教育规划教材建设实施方案》，就“十四五”职业教育规划教材建设做出具体部署。政策频繁出台也说明职业教育教材设计与开发问题极其复杂，一直未得到充分解决。

（二）职业教育专业课教材直接影响技术技能人才培养质量

具备优质教材是关注应用型人才培养的职业教育的必要条件。职业教育有效教学直接发生在“课程—媒介（以教材为主）—教学”这一行动结构中，教材质量直接影响人才培养质量。以往的职业教育质量管理通常停留在课程和教学层面，如专业教学标准对课程和教学的规范，通常难以拓展到具体的课堂实践，难以实际改变教学质量；停留在课程标准层面的宏观质量控制，难以满足目前职业教育课堂的实际要求。即使课程规划再完美，缺乏优质教材，职业院校学生难以锻炼真实的职业能力。

（三）教材建设是职业教育“三教改革”的重要内容

在“三教改革”（即教师、教材、教法的改革）政策背景的引领下，职业教育教学改革、校企合作和产教融合不断深化，统筹推进的“三教”改革也给职业教育课程教材建设带来了新任务和新挑战。教育部在2019年颁布的《关于组织开展“十三五”职业教育国家规划教材建设工作的通知》中提出，要密切关注产业转型升级的新趋势和对人才的新要求，将产业发展中催生出的新技术、新工艺、新规范及时纳入教材，建设一大批校企“双元”合作开发的优质教材，倡导使用新型“活页式”、工作手册式教材并配套开发信息化资源。职业教育教材作为培养国家高素质劳动者、技术技能型人才的重要载体，对提升职业教育人才培育的质量，促进职业教育又好又快发展具有重要的指导意义。因此，要重视和完善职业教育教材建设现状，以推进培养高质量技能型人才目标的实现。

二、当前我国职业教育教材建设的特点与面临的挑战

（一）当前我国职业教育教材建设的特点

1. 从内容上看，职教类型特色进一步凸显

（1）教材编写基本对接职业标准和岗位实际

围绕国家现代产业体系，对接教学标准、行业标准、职业岗位职责，组织开发了覆盖现代农业、先进制造业、现代服务业、战略性新兴产业和地方特色产业，以及民族传统技艺等相关专业领域的职业教育教材，提高了教材与行业标准、职业岗位职责的对接度，充分体现了产教融合的职教特色。教材知识体系很好或较好地体现了时代性，能体现行业发展的新知识、新技术、新工艺、新方法。

（2）教材编写理念体现了职业教育的教改理念

遵循职业院校学生认知特点和能力发展规律，按照“做学教合一”的职业教育人才培养模式，开发了适应项目学习、任务学习、案例学习等多种学习方式的教材，并采取问题导向、任务驱动、情境创设等呈现方式，引导、促进学生自主学习、合作学习和探究学习。

2. 从形式上看，教材不断推陈出新

职业教育教材的呈现形式始终伴随职业教育教学改革与发展在不断推陈出新。特别是近年来，职业教育教学改革与现代信息技术日益深度融合，促使教材形态及其配套资源更加多元、丰富、生动、立体，实现了从单一纸质教材向“纸质教材 + 光盘 +

线下资源 + 在线资源 + 在线课程”的转型升级，更有利地服务并促进了职业教育教学方式的转变、教学手段的更新、教学空间的拓展。

（1）教材内容呈现生动直观，易学易教

越来越多的职业教育教材的内容体系、版式风格设计，更加贴近学生的学习认知特点、关注学生的阅读体验，并通过教师用书等教辅资料的补充性配备，为教师教学提供更为便捷的支持与服务。图表化、情景化、漫画化、项目化、任务化等设计理念的融入与运用，让职业教育教材的自身形态更加丰富多彩，让学生感到更加易学乐学。

（2）教材配套资源介质丰富，多元纷呈

丰富的配套资源逐渐成为职业教育部分教材的常规配备，成为拓展与延伸主教材内容的有效手段。既可以看到教材配套资源建设的普遍性、实用性，也可以看到其呈现方式的多元性、灵活性。文本、图片、音频、视频、flash、虚拟仿真软件等多种媒体技术与形式都有运用，既可集成为课件、题库、训练工具、微课，也可以碎片化素材的形式直接应用。

（3）信息技术催生新形态教材，引领创新

新形态一体化教材是近年来职业教育部分教材建设发展的新形式、新成果。借助二维码技术、增强现实技术等手段，创设了“纸质教材 + 移动互联”“纸质教材 +PC 互联”“纸质教材 + 数字课程”等立体化教材形态，打破了传统教学内容的时间与空间限制，改变了知识呈现和学习的方法，将教材原有的支持课堂教学功能拓展到支持线上线下混合式学习、移动学习。新形态一体化教材将成为“十四五”期间职业教育教材建设的主流方向。

（二）我国职业教育教材建设面临的挑战

虽然我国职业教育一部分教材建设目前已经取得了一定的成绩，但多数教材依然存在不少问题，如：在设计理念上，教材的职教特色不显著，缺乏职业性、实践性；在内容安排上，教材内容与学生的认知水平不相适应；在教材开发中，企业的参与度很低，教材开发相关专项培训不足；教材的编写、使用、管理制度尚不完善；在教材配套资源开发上有待进一步加强。随着经济社会的迅速发展，教材建设还面临一些挑战。

1. 产业结构转型升级，需更新教材内容

伴随着制造强国战略的实施，新一代信息技术、生物技术、空间信息技术、高端材料、新能源汽车等新兴产业的培育壮大及优质高效的现代农业、现代服务业、文化产业快速发展，产业结构深度调整和供给侧改革持续推进、现代产业新体系加快形成给职业教育及其教材建设带来新形势和新挑战。产业结构的转型升级要求职业教育教材建设必须进入快车道，加快更新教材内容的速度，加快对接新的职业标准、岗位生产标准，及时淘汰不合规范、不适用、不实用的教材知识；加快规划教材种类建设，及时覆盖适应新产业的新专业、交叉专业，增加教材的专业适用性，促进产教深度融合。

2. 信息化、数字化发展，需变革教材呈现形式

伴随着新一代信息技术的快速发展，知识量急剧膨胀，“互联网+”成为知识社会创新发展的新业态，也改变了传统社会的知识呈现方式和呈现手段，网络课程、手机媒体等新的数字媒体形式成为新知识、新技能传播的有效途径之一。信息化和数字化时代的到来，要求职业教育教材改变现有的主流呈现面孔，由传统纸媒为主导向“纸媒+电子网媒”双主导转变，变平面二维样式为立体三维样式；要求主动开发形式多样、动态共享的数字化、虚拟化课程教材资源库，变平面化为立体化、变静态化为动态化、变抽象化为情景化；要求开展对教材建设大数据的宏观管理，强化对前期国家投资建设的数字化教学资源库的监管与推广工作，强化对教材知识内容选择的管理，主动应对职业教育教材建设的全面信息化与数字化时代的到来。

3. 以学生为中心的教育理念的转变，需进一步增强教材的趣味性

我国传统的职业教育教材的编写基本遵循“老师讲、学生听”的教学方式的要求，不利于学生自主学习、合作学习和师生互动。以学生为中心的教育理念的转变势必带来教材编写方式方法的变更。国外教材普遍比较重视栏目设计、版式设计、语言表达、插图编排以及内容组织的多样性，同时注重趣味性，有利于激发学生学习兴趣，易于教师把握和处理教材。建议职业教育教材编写中，进一步增加实物图、示意图、模型图、表格等形象、直观、生动的素材，运用类比、模拟等方法，增强教材的吸引力。

第二节　国内外职业教育教材编写观察

一、国外职业教育教材建设现状

在职业教育教材建设方面，德国、日本、英国、澳大利亚、美国、加拿大等发达国家有着较为成熟的经验，通过对国外职业教育教材编写特点的观察，可以为我国职业教育教材建设的相关工作提供重要的借鉴。

（一）重视选题及编写人员组成

国外职业教育教材对于选题的论证十分严谨，其选题通常是以课程标准作为依据，同时结合企业与用人单位对人才的要求和标准以及学生、教师的需求等。而在教材编写人员的选择与组成上，各国则有不同的标准。日本职业教育教材一般聘请能力开发机构确定教材编写委员会的成员，并且通常是由知识渊博、经验丰富的职业培训讲师组成教材编写委员会，承担编写任务。①德国选用的职业教育教材的编写人员多数为职业学校中具有较高专业水平和丰富实践经验的教师，但课程大纲的制定者不能参与教材的编写。②

英国职业教育培训用书的编写人员的构成结构比较复杂，人员的选择是由出版社依据国家职业资格标准挑选的，包括教师、应用部门人员、行业培训人员等，教材在编写过程中，应用部门人员负责选取教材的案例素材，教师根据行业的职业资格标准将案例融入教材编写中，最后再由培训人员整理统稿。③

（二）注重教学理念，内容通俗易学

国外职业教育教材在编写上有以下几个特点。第一，善于设置情境，运用紧密联系生活实际的情境描述将学生引入知识学习中。第二，在教材中以大量的图片、照片代替连篇累牍的文字，便于学生更直观地理解知识。第三，在教材内容的组织方面，将知识与技能有机融合，且理论知识梯度小，难点分散。第四，在

① 蓝欣、张楠：《日本职教类教材建设研究及启示》，载《天津市教科院学报》，2005（2）：60–62。

② 张志军：《德国双元制职业教育的教材》，载《中国职业技术教育》，1995（8）：42。

③ 傅松涛、蒋洪甫：《英国 BTEC 课程模式的内容及其实施效果》，载《中国职业技术教育》，2007（3）：26–27 页，38 页。

教材中设计典型的案例和配套的问题及拓展练习，通过实践操练培养学生对知识和技能的实际运用能力。例如德国的职业教育教材，在教材版面设计上，将文字与图表左右分栏排列，文字在左，图表在右，清晰直观。同时多采用彩色印刷，这会产生良好的视觉效果，为教材增添趣味性。以实物为主的图片，也帮助学生减少了从书本到实物的转换。①

（三）重视编排质量，及时做好评价

美国职业教育教材在教材校对阶段，通常由出版商会选择和组织人员统一对教材内容进行审阅，教材中涉及的项目活动和实验，则会再次进行试验验证，确保其准确性和真实性。日本对于教材的校对做法是，由教材编委会推荐选择出一名教材校对人员，承担全书的校对工作，主要任务是审阅初稿的内容、结构、语言表述是否有误，并对不恰当之处进行调整。同时核对初稿的编撰方针、要点与原来的是否一致。在完成校对后，将初稿交至厚生劳动大臣进行认定，获得认定后即成为劳动大臣认定教科书。行业协会在教材评价中代替重要的作用。其设置的评价的标准主要是针对教材内容的，检查教材内容是否能够体现职业教育理念、是否满足各方面要求，对于教材的编排形式的考察则是次要的。

二、国内职业教育教材相关文献回顾

（一）关于职业教育教材的内涵研究

学术界对于职业教育教材内涵的研究集中从教材类型、内容

① 胡迪君：《德国化工技术教材〈Chemietechnik〉的编写特色》，载《科教文汇（中旬刊）》，2014（4）：31–32。

与特点三个角度界定其本质与功能边界。就职业教育教材与普通教育教材类型比较而言，徐国庆教授认为传统意义上对普通教材“学科知识形态”的刻板印象长期影响着人们对职业教育教材的认识，而任务引领、项目驱动职业教育课程改革则解构了这一认识，因为项目化教材“打破了以往按照知识逻辑呈现课程内容的形式”。①

从职业教育教材内容与教学标准等其他（诸如教师、学习者、课程）教育要素之间关系的视角出发，赵志群等认为，基于工作过程的职业教育课程改革，学习领域的课程内容迫切需要从教材向学材转化。相比于教材而言，学材是指能够帮助学生获取知识技能的一切教学材料，不限制于固定内容，有助于引导学生用理论知识对接行业发展动态，并通过设想最终工作成果进行自我学习（独立或小组合作）监控，这显示出学生是教材使用的主体。②

冯渊认为职业教育教材的使用者包括教师与学生两个主体，教材不仅是教师教学的材料，也是学生学习的材料，本质上是对教学标准的诠释。③

就职业教育教材特有的职业教育属性而言，姜大源认为职业教育教材应具有“多样化”和“教学资源化”的特点。职业教育教材要根据其本身的特点进行组织架构，应从传统的基于知识存

① 徐国庆:《职业教育教材设计的三维理论》，载《华东师范大学学报》（教育科学版），2015，33（2）：41。

② 赵志群、杨琳、辜东莲:《浅论职业教育理论实践一体化课程的发展》，载《教育与职业》，2008（35）：18。

③ 冯渊:《信息时代高职教材建设与管理的几点思考》，载《中国大学教学》，2013（11）：92。

贮与传递的封闭的模式中走出来，走向开放的课程标准（教学计划、教学大纲），在整体的教学资源建设上重构职业教育教材。[①]

（二）关于职业教育教材在建设中存在的问题研究

职业教育教材在建设中存在的问题包含以下几个方面。

第一，在教材内容方面，孙琪琪认为有些中职教材难以适应新时代中职教育的新发展和新要求，教材内容更新发展缓慢，不能及时纳入当前阶段社会经济发展、科技进步中产生的新工艺、新技术，与行业对接不密切，行业发展中的新标准、新规范没有及时在教材中体现。[②]从学生认知水平角度出发，冯志军认为有些职业教育教材并没有真正从学生的角度考虑，教材内容理论性太强，超出了学生学习认知的能力范围，也没有抓住中职学生动手操作能力强的特点，对教材内容的组织过于注重知识的逻辑性，使教材缺乏实践性。[③]周平从职业标准、岗位需求出发，提出教材内容的安排与国家职业标准、职业技能鉴定考核要求联系不紧密。[④]

第二，在教材编写方面，张云河从教材开发主体的角度出发，提出职业教育教材并没有真正做到校企合作共同规划、编写。教材编写的主体单一，有些编写团体在人员构成与组织方面缺乏规划，同时教材从研发、编撰到审查，整个过程对于质量的

① 姜大源：《职业教育：课程与教材辨》，载《中国职业技术教育》，2008（19）：19。

② 孙琪琪：《中等职业教育校企合作教材建设的研究与实践》，载《教育与职业》，2016（21）：107-109。

③ 冯志军：《我国中等职业教育教材建设现状分析及政策建议——基于江苏省域中等职业教育教材建设的调研分析》，载《中国职业技术教育》，2019（29）：5-10。

④ 周平、寇红平：《中职与本科“3+4”分段培养会计专业衔接教材建设》，载《教育与职业》，2018（15）：107-111。

把控并不严格。[①] 也有学者从学生认知角度出发，认为教材色彩单一、图文设计编排配合不恰当，生动形象的图表偏少，教材整体版式设计缺乏灵活性和新颖性，不符合中职生的年龄特点和学习习惯。[②]

第三，在教材呈现形态方面，一些学者认为，当前的职业教育教材知识呈现形式单一，难以激发学生学习兴趣，对教材内容的组织，没有打破学科本位、知识体系的禁锢，职业教育类型特色不明显，另外教材配套资源建设不足，缺乏数字资源的补充，教材形态单一，活页式和工作手册式教材应用不广泛。[③]

（三）关于职业教育教材改革对策研究

学者们对职业教育教材改革的思路及方法的研究，主要围绕教材内容、教材组织形式、创新形态教材、教材编写理念几个方面进行。

1. 职业教育教材内容的选择

从知识论的角度来看，徐国庆教授指出人们从事职业活动所需要的理论知识、实践知识、技术技艺知识都是职业知识。职业教育教材内容的选择要以职业知识为核心依据。除了职业知识的传授，要将职业精神、职业素养、职业道德的要求等内容作为职业教育教材内容选择的另一个重点。[④] 从职业活动的视角来看，

---

① 张云河:《职业教育教材建设的三维图景阐释》，载《中国职业技术教育》，2019（32）：45−48+52。

② 薛春玲：《基于课程标准的中职公共基础课教材建设的思考》，载《中国职业技术教育》，2020（20）：94。

③ 梁克东、王亚南：《基于“三教改革”的职业教育人才培养与评价改革创新路径》，载《中国职业技术教育》，2019（28）：31。

④ 徐国庆:《新职业主义时代职业知识的存在范式》，载《职教论坛》，2013（21）：4−11。

赵清梅提出职业教育教材要形成职业能力领域或者知识、技能模块单元。对内容进行组织的具体办法是，根据职业分析的要求，科学分析能力领域、技能任务，以及具体工作岗位不同工作任务对从业人员的要求，然后进行模块化组织。[①]丁翠娟提出将职业技能等级证书标准所蕴含的学习内容转化为教材的内容的两种方法。一是将现有课程进行解构，对照标准重新建构内容，实现内容对标准的支撑；二是按照职业技能等级证书标准，组织内容和设计学习任务，使学习任务完成对内容的转化，进而对内容进行提炼，构建全新教材。[②]

2. 改变教材组织形式

赵志群认为职业教育教材内容的组织，要符合行动体系能力发展观的要求，在尊重学生认知发展规律的基础之上，重视其职业成长、职业生涯发展的规律，教材内容的组织和序化要体现职业能力发展的生成性。[③]此外，学者龚雯和周志刚根据交互学习理论将教材分为导学系统、实施系统和作业系统三部分。[④]值得注意的是，因为不同行业和岗位的需求不同，其对人才所具备的知识类型也有不同的要求，这种不同也使得在职业教育中同一专业的不同课程在理论知识与实践训练的侧重点上各有不同。因此，从“职业、知识、学习”3 个维度和 9 种水平之间的组合获

① 赵清梅：《从教学取向变革看职业教育课程教材形态的发展趋势》，载《中国职业技术教育》，2018（26）：40−45。

② 丁翠娟：《职业教育教材对 1+X 证书标准的转化及其实现路径》，载《中国职业技术教育》，2020（18）：19−25。

③ 赵志群：《职业教育工学结合一体化课程开发指南》，3 页，北京，清华大学出版社，2009。

④ 龚雯、周志刚：《职业教育教材交互学习功能设计研究》，载《中国职业技术教育》，2016（2）：49−53。

得5种职业教育教材的组织模式，职业教育教材在编写中，要对不同专业中不同课程之间的区别进行区分，根据课程的特点和实际情况组织编写教材。[①]

3. 创新教材形态

针对职业教育的类型教育特征，从国家层面提出的职业教育新形态教材主要包括活页式教材、工作手册式教材和立体化教材，不同的教材形态具有不同的内涵和特征，适用于不同类型的职业教育教材建设的需要。

（1）活页式教材

活页式教材与传统教材最显著的区别在于“活页”，即教材采用活页的方式进行装订。黄涛认为活页式教材主要包括如下特征。首先，教材一般以典型工作任务为基本组织单位，教材本身应包含所涉及职业岗位相应工作领域的全部内容，并覆盖完成同一工作任务可能使用的不同类型设备、技术、工艺和方法。教师可以根据所授课程对应职业岗位需求、教学目标、学生学情、实验实训条件等，对具体的教材内容进行定制，从而满足不同职业院校、不同专业、不同实训条件下教材使用者对同一工作领域的不同教学需求。其次，便于教师根据实际教学情况和需求，对教材进行二次开发，学生也可以将自己的课程笔记、实训作业、体会反思等添加到活页式教材中，从而形成完整的过程性学习资料，既可以满足学生的个性化学习要求，也可以满足教师对每个学生学习过程的把握。最后，活页式教材的开发者可以根据技术发展和产业升级情况灵活地对教材中所涉及的工作任务进行单独

① 徐国庆：《职业教育教材设计的三维理论》，载《华东师范大学学报》（教育科学版），2015，33（2）：41-48。

更新和优化组合，这就解决了传统教材修订周期长的问题，进而提高了教材反映新知识、新技术、新工艺、新标准、新岗位的时效性。①

（2）工作手册式教材

工作手册式教材是指在职业教育教材建设中引入企业工作手册的编写方式，其实质在于突出职业教育教材的类型教育特征，契合产教融合、工学结合的教学改革理念。崔发周（2020）认为与传统教材相比，工作手册式教材主要呈现出以下特征：第一，工作手册式教材必须打破传统的学科知识体系，面向具体的职业岗位，遵循职业岗位工作过程，以岗位工作活动为中心、以典型工作任务为载体组织教材内容，通过归纳梳理职业活动中相关对象、内容、工具、方法等要素，引导学生整体建立系统的工作逻辑。第二，工作手册式教材的主要内容是完成职业岗位相应工作指导信息与任务清单，完成从工作准备到工作验收的完整操作流程以及妥善处理可能遇到的工作问题，通常具有较为鲜明的企业文化烙印。第三，工作手册式教材以学生为中心，为学生提供或模拟真实的工作情境，满足其工作现场学习的需要，学生使用教材的过程就是"做中学"的过程，有助于获得直接学习经验加深对专业理论知识的理解。②

（3）立体化教材

学者们对立体化教材有不同的理解。李政认为立体化教材

① 黄涛：《基于任务驱动的高职软件开发类活页式教材设计研究》，载《武汉职业技术学院学报》，2019，18（6）：62–67。

② 崔发周：《工作手册式教材的基本特征与改革策略》，载《教育与职业》，2020（18）：97–103。

是一种教材呈现形式，它是随着信息技术的飞速提升发展而来，其本质仍然是教材，只是对教材内容的呈现形式做出了改变。其借助纸质教材呈现知识的组织结构，搜集构建教材数字资源对纸质教材进行补充。在呈现方式上，它提供给学习者多种使用教材的方式，拓展了纸质教材的功能领域；在表达形式上，它调动了学习者多种感官，改变了传统纸质教材仅依靠文字和平面插图表述知识的方式；在内容上，超越纸质教材在空间上的局限性，扩充和丰富了纸质教材的内容。① 孙京新等认为立体化教材是一种配套教学出版物的集合，它通过对不同用途、不同层次、多媒体多形态的教学资源和多种教学服务进行结构性组织，形成配套教材。②

4. 教材编写理念的研究

曹巍认为教材编写应从学生的角度出发，将“以学生为中心”作为教材编写的理念。在教材的实际编写中，为满足做学结合、理实一体的教学模式需求，可以采取项目引领，任务驱动等多种方式编写教材。对于抽象概念的阐述，可通过图示法、案例分析法，化抽象为具体，降低教材难度；为方便教师用书，和学生自学，可增加拓展案例分析的比例；③ 李媛从岗位能力的角度出发，提出突破学科本位的思维模式，将“能力本位”作为教材编写的指导理念，借鉴职业教育课程改革的研究成果，以职业能力

① 李政：《职业教育新形态教材：内涵、特征与编写策略》，载《职教论坛》，2020（4）：21–26。

② 孙京新、褚庆环、李鹏：《在精品课程建设中建立立体化教材》，载《现代远距离教育》，2007（1）：28–30。

③ 曹巍、周强：《职业教育精品教材开发模式与实施路径》，载《中国职业技术教育》，2016（32）：36–38。

发展、工作过程系统化为导向，对课程内容进行解构、重组，编写能够突出职业教育鲜明特色的教材。[①] 韦晓阳认为职业教育教材应突出其职业性，提出教材应当将职业教育教学理念，即“以学生为主体、能力为本位、就业为导向”作为教材编写的指导思想。在实际的教材编写中，提升教材趣味性，改变教材枯燥单一的文字阐述，以直观、形象的插图、实物，从而激发学生学习的积极性。[②]

（四）北京市职业教育教材建设现状

为贯彻《国家职业教育改革实施方案》精神、教育部《关于全面推进职业院校教学工作诊断与改进制度建设的通知》以及《北京职业教育改革发展行动计划（2018—2020年）》等文件要求，2019年北京市教委启动了全市职业院校教学计划诊改工作，全面查摆各职业院校在坚持立德树人、落实教学中心地位、校企协同育人、教学管理体制机制方面的工作情况。

教材建设与管理是教学管理制度诊改内容之一。2019年，全市68所职业院校共提交了教学管理制度2241项，其中教材建设与管理制度仅123项，占比5.49%。数据结果显示，教材建设作为一项教学管理制度，在各职业院校教学管理制度建设中处于薄弱环节，亟待加强。各校教材建设管理制度的内容集中体现在教材的选用、征订、供应商选择以及教材发放等方面，而对教材开发与编写缺乏一些明确的制度要求。

---

① 李媛：《职业教育大改革大发展背景下的教材建设路径探析》，载《中国职业技术教育》，2019（28）：42-45。

② 韦晓阳：《深化“三教”改革新时代教材建设的实践与探索》，载《中国职业技术教育》，2020（5）：84-87。

表 5-1 2019 年教学管理制度总体分布情况一览

项目 / 数量及占比	教学常规管理	专业设置与管理	教学计划制定与修订	课程与资源建设	教材建设与管理	实践教学体系建设	产教融合衔接	师资队伍建设	总计
小计	894	161	134	122	123	423	56	328	2241
占比	39.89%	7.18%	5.98%	5.44%	5.49%	18.88%	2.50%	14.64%	100%

三、国内外职业教育教材研究对我们的启示

借鉴国内外职业教育教材编写的成功经验，优化教材体系结构，创新教材形式与内容，编写出版与产业技术升级、符合职业教育规律和技术技能型人才成长规律相配套的高质量教材，是新时期教材建设工作的重要任务。

（一）更新教材理念，改革教材编写内容

1. 细化专业教学标准

专业教学标准是教材建设的依据。目前，我国教育部已颁布新的中高职专业目录，也先后研制和颁布了《高等职业学校专业教学标准（试行）》《中等职业学校专业教学标准（试行）》，为教材的建设提供依据。但专业教学标准里面还缺少专业核心课程的专业教学标准，教材编写缺乏必要的参照依据。因此，必须依据修订的中高职专业目录与中高职专业教学标准，加快专业核心课程标准制定与颁布。课程标准的制定要做到统一性与多样性相结合。制定出来的专业教学标准既要普遍适用，又要考虑职业院校的不同需求。具体来说，公共基础课和大类专业的核心课程等，可由国家统一制定专业核心课程标准。规模小的专业则要求体现区域特点，由各省、市教育行政部门组织制定符合当地实际需求

的课程标准。

2. 融入环境与可持续发展教育、质量管理等跨专业教育

教材建设应该突出职业教育人才培养特色，充分考虑专业实际和发展需求，本着“重能力、求创新”的总体思路，优化整合教材内容。教材编写应树立与时俱进的新理念。在教材开发中应紧密关注相关行业资讯，保障教材的时代性、信息及时更新；突出职业教育特点，围绕行业对技术技能人才多样化的需求，动态更新教材内容。

跨专业知识，如环境与可持续发展教育、质量管理、成本经济核算知识、劳动保护等知识，对学生的终身发展影响至关重要，职业教育教材的编写引入以上内容，可以极大地丰富职业教育教材的内容，符合学生的学习与能力发展需要。

因此，如何将这些有效地与专业知识整合是我国职业教育教材内容改革的重要课题之一。教材内容的选择可以职业教育教学为主线，恰如其分地添加环境与可持续发展教育、质量管理、成本经济核算知识、劳动保护方面教育内容，使职业教育的功能多元化。

3. 从“教材观”逐步走向“学材观”

“教材观”和“学材观”是两种不同的观点。“教材观”着重“教教材”，教授教材是教学的重点；“学材观”强调“用教材教”，教材是开展教学的手段和载体。从“教材观”到“学材观”的变化，集中体现在教材的组织编排、内容选择和知识呈现等方面。①

尽管我国职业教育也有从“教材观”逐步走向“学材观”的

① 李志超：《从“教材”到“学材”：以学生为中心的教材观研究》，载《课程·教材·教法》，2020（8）：25。

趋势，但不甚明显。所有这些努力，旨在帮助学生更好地学习新知，充分体现“学材观”的特征，而那些成功的做法，恰恰是我国职业教育教材试图努力实现的方向。

（二）创新教材形式，深化职教特色教材改革

1.构建形式丰富内容完善的教材体系

要开发“多元化”教材，既有纸质教材，又有配套学习、实践光盘，并建设网络学习环境等，使教材和教学形象化、直观化。纵观德国“双元制”职业教材，图文并茂，形象直观，要把这种好的经验吸取过来，引入我国职业教育教材的开发。加强与教材配套的教辅材料、电子音像材料的开发，做好网站资源的配套建设。合理运用现代信息技术，使教学教材与教辅材料相结合，建立开放式的教材体系，帮助学生更直观、更多地接触职业本身并有利于启发学生的思考。

2.加强版面设计的科学性、合理性

教材是保存传统知识的重要载体，是教育者传授知识、学生获取知识的主要媒介。教材的版面是对教学内容的文、图符号进行平面组合的结构化视觉表达，是一种独特的空间艺术语言符号，其主要的目的和功能不仅在于审美，而且在于知识信息传授的实用功效。好的版面设计能很好地展示教学内容，揭示其知识的内在与精神，有助于贯彻、实现教学目标，提高效果。教材内容较为系统、严谨、严肃，示范性和规范性强，生疏抽象、结论性的东西、需要记忆的东西较多。所以版面不要太满，从视觉上给学生一个宽松的感觉，思维上留下一个抽象、消化的余地。职业教育的内容逻辑性较强，版面结构应明快、简练，各部分配合的内容要有明显的视觉区分，从视觉上增加易读性，帮助理解的照片或图解要突出一些，用形象的东西从视觉上化解抽象的感觉。同时，版面布局要合理编排，增加协调性和整齐性。

另外，可以增加知识点的索引。在教材中增加知识点的索引，一方面可以渗透学科的科学性，另一方面可以方便教师、学生查找知识点相关内容，便于对特定知识点进行针对性的指导和复习。

3. 提高教材版式设计的艺术性

我国职业教育教材在版式设计方面，尚有提高的空间。职业教育教材功能上具有两重属性，其一是基本属性，即传递知识的属性，与其他学科的教材一样，学生通过阅读教材，可以了解职业教育知识，学习职业教育技能；其二是职业教育教材的外沿属性，即对学生进行美育的属性。随着教材印刷技术的不断进步，职业教育教材的图像质量得到了提高，职业教育教材中各种不同的图像可以让学生领略鬼斧神工的自然之美，也可以让学生感受不同地域的人文之美。图像作为职业教育教材的一个重要组成部分，只有职业教育教材的整体设计达到艺术性与科学性的兼顾，才能更好地发挥职业教育教材美育的最大功效。版式设计作为职业教育教材形式设计的主干，更应得到足够的重视。此外，教材版式设计的科学性，也会影响学生专业学习的效率、效果、意愿和兴趣，因此也要得到教材编写者的充分认识。

虽然我国职业教育教材中插图的数量上并不少，但插图的表现形式还很单一。插图大多是模式图、示意图、图表、实物照片等，而生动有趣的漫画图和组合图缺乏。另外图群数量很少，且图群内没有很好的顺序标识。

（三）优化管理制度，提高教材建设质量

1. 加强教材的本土化研究和设计

由于国情的差异，完全参照国外的职业教育模式也有一定的困难，此外教育是一项本土性极强的事业，每一种教育理论的提出，都是本地社会文化传统的产物。社会背景、文化传统不同，理论之间不能僵硬地套用。即使在相同的社会制度下，国外的理论也需要根据中国的具体国情进行本土化改造，先进的理论不会在每一个具体的情景下都和中国的教育实践相契合。所以将外国先进的、经典的理论本土化是职业教育教材建设的一项重要的工作。吸收借鉴国外先进经验，改革我国本土化职业教育教材，成为当前职业教育教学改革的当务之急。

2. 构建专兼结合的教材编写队伍

从国外教材的研究中可以发现，国外的职业教育教材的编写队伍的特点是“专兼结合”，编写队伍既了解企业需求又懂得教育规律，利于开发出更具实用价值的工学结合教材。教材既体现行业企业需求，又符合教育认知规律和能力培养规律；既符合个别企业需求，又满足行业共性需求；既符合企业利益需求，又满足社会利益需求。

我国职业教育以职业院校师资为主，可以组织具有一定学术造诣的“双师型”教师和企业专家共同根据职业岗位群能力需求开发教材。编写教材过程中，教师可以跳出本校实训实习教学条件的束缚，企业专家视野也需脱离自身企业条件的限制。

第三节　贯通培养专业课教材编写

贯通培养项目作为北京市构建现代职业教育体系，推进教育领域综合改革的项目，在推进七年中高本贯通人才培养的过程中，面临一些亟待破解的难题，如多校分段培养、师资队伍缺乏、课程体系不衔接、教材缺乏等问题。特别是2015年首批贯通培养的学生结束高中学段两年学习后，进入高职学段学习，缺少针对贯通培养中高本一体化培养的专业课教材，更多的是选用三年制高职学校同专业所使用的教材，要对接本科院校专业的课程体系及课程内容还缺乏有效衔接，贯通培养专业课教材开发落后于人才培养的进度。因此，为确保贯通培养学生的可持续发展，保证人才培养的质量，迫切需要加快中高本一体化贯通培养专业课教材的开发。

一、贯通培养教材编写的原则

贯通培养专业课教材的编写要体现“工作过程系统化”或“工作过程导向的”职业教育课程改革的理念，落实国家专业教学标准，突出职业教育类型的特点，反映新时代特征与专业特色，遵循贯通学生的心理特征、学习认知、技能训练和职业成长的规律，既满足学生学习的需求，又兼顾教师教学的需要。

（一）落实国家专业教学标准

《国家职业教育改革实施方案》指出，“完善教育教学相关标准”“发挥标准在职业教育质量提升中的基础性作用”，进一步明确了教学标准在整个教学工作中的重要地位。2019 年，在 2010 年版《中等职业学校专业目录》基础上，教育部颁布了新增补的 46 个专业，并启动新增专业教学标准的制定工作；2019 年教育部公布了第一批 347 项高职专业教学标准；2021 年，教育部又制定并发布了本科层次职业教育专业目录。以专业目录、专业教学标准、课程标准为核心的职业教育国家教学标准体系，作为贯彻落实党和国家教育方针的具体教学规范，是专业与课程设置、教学内容与教学实施、教材编写的主要依据。

教材不同于一般的科普读物或学术专著，有很强的教学规定性，其内容的深度、广度必须遵循教学标准，通过基于教学标准的再创作，将标准中对人才培养目标的定位和相对宏观的教学内容、教学要求，具体、形象、直观地表达出来，并对教学实施起到支撑作用。因此，目前虽然尚未有针对贯通培养的国家及省级专业教学标准，但是在课程改革、教学实施、教材编写中可以参照国家目前发布的专业教学标准，明确中、高、本各学段人才培养的目标定位及能力要求，做好教材内容编写的系统化设计，实现教材专业知识和技能的系统性、过程性和衔接性。

（二）体现中高本课程体系及内容的衔接

中高本贯通培养的核心是课程体系和课程内容的衔接。从贯通培养实践推进来看，课程衔接还停留在中职学校和高职院校课程体系衔接方面，与本科专业课程体系与课程内容衔接方面的研究和实践还不够深入。开展贯通培养专业课教材的编写，首先要对中高本各层级人才培养目标进行分级，明确各学段的人才培养定位及职业能力发展的接续，开发相互衔接的贯通课程体系和课程内容，以便保证贯通培养教材编写的质量和有效性。

（三）体现职业教育课程改革新理念

校企合作是职业教育的必然要求和本质特征。贯通培养的教材编写要充分体现校企合作，充分发挥行业企业专家优势，确保教学内容、考核标准等符合行业企业岗位工作实际，符合职业标准要求。贯通培养教材编写要有鲜明的教育思想和教育价值取向，注重贯彻立德树人根本任务，关注学生的核心素养、全面发展，强调教学要以学生为中心，使新教材成为“直接帮助学生学习”的导学材料。

教材要充分体现工作过程导向的课程观。依据典型职业活动分析，全面考虑涉及课程内容的工作对象、工具、方法、组织、要求等职业活动要素，注重培养学生解决实际问题的综合职业能力。教材要充分体现行动导向的教学观。以具有典型性、代表性的任务、项目、活动为载体设计行动导向的学习过程，充分调动学生的学习积极性和主动性。

教材要充分体现以能力为本、促进学生发展的评价观。依据典型职业活动的特征，体现完整的工作过程，融入行业企业评价标准，有利于促进每一位学生能力提高和发展，促进职业标准的有效落实。

（四）体现理论与实践一体化

教材编写要体现完整工作过程所需的理论知识与实践能力，内容要以与职业活动和工作情境紧密联系，围绕工作过程选择、重构知识与技能体系，要体现“是什么”和“为什么”的陈述性知识，更要体现“怎么做”和“怎么做得更好”的工作过程知识，注重工作过程中长期积累的关键技术技能与经验策略等隐性知识的归纳整理，突出应用性、综合性和实践性。要吸收行业企业生产、经营、服务中的新知识、新技术、新工艺、新方法，贯彻国家或行业最新职业标准，体现科技进步和时代要求。

要兼顾完成工作任务的需要和可持续发展的需求，准确把握其广度与深度，利用多个可迁移的学习单元，体现典型职业活动对学生综合职业能力的要求，有效促进教、学、做合一，使学生明确并获得职业道德、职业规范、专业知识和技能，逐步形成职业意识、职业能力。

（五）体例编排体现“以学生为主体”的原则

教材体例编排要体现以学生为主体的原则，充分考虑职业学校学生的认知水平和职业成长规律，由浅入深、循序渐进，为学生构建一个完整的学习框架，并体现从教师指导优先逐渐过渡到学生自主学习为主的发展过程。

教材体例编排要有利于学生自主学习，能够帮助和指导学生主动参与教学全过程，并便于学生进行学业的自我评价。教材体例编排要按照学习单元顺序展开，各学习单元的内容结构应具有一致性。每个学习单元应包括知识和技能等学习内容、学习过程、成果评价等部分。

（六）呈现形式新颖、图文并茂，可读性强

要创新教材编写形式，尽可能用图例、照片、表格等形式，设计新颖、活泼的学习栏目，图文并茂，可读性强，利于激发学生的学习兴趣，便于学生理解，易于学生自学。

利用嵌入二维码技术，在教材中植入视频、音频、作业、试卷、拓展资源、主题讨论等数字资源，将教材、课堂、教学资源三者融合在一起，创新教材形态。进一步细化课程标准，使课程教学目标、内容与考核要求落实到教材的每个学习活动设计中。要处理好教材的普适性和教学的个性化关系。载体的选择要具有代表性、典型性，便于借鉴，便于推广。

要注重教材体系的整体性和教材之间的关联性，处理好本课程教材内容与其他课程教材内容的关系，注重整体编写风格的一致性。教材的语言表达要准确、规范，文字要精练，要通俗易懂，化繁为简。

二、贯通培养教材编写的实施路径

贯通培养教材编写是一项复杂的系统工程，需要高水平的行业企业专家、课程专家、学术专家以及实验学校一线骨干教师共同推进，统筹区域内职业教育专家资源，组建不同专业类别的贯通培养教材建设专家库，为专业课教材的建设和决策提供咨询服务。

（一）成立贯通培养专业教材编写委员会

专业编委会要制定年度工作计划，组建教材编写组，研讨、交流本专业教材编写思路、方法，统一编写风格，统筹各课程间的有机衔接，保证教材编写质量，组织完成本专业核心课程的教材编写。专业编委会成员原则上由贯通培养实验学校教学副校长和专业主任、行业企业专家等组成。

（二）成立贯通培养专业课程教材编写组

教材编写组以团队形式按课程组建，由主编、副主编和参编人员组成。主编负责教材编写大纲、样张、编写、组织、统稿等工作。教材编写组按照专业编委会的要求，落实年度工作计划，完成教材编写大纲、样张和整本教材的编写工作。教材编写思路、编写内容、呈现形式、编写分工、编写进度等涉及编写质量、进度安排等均由主编负责。

教材编写组原则上由贯通实验学校参与该门专业核心课程开发和实施的专业教师（含本科院校师资）、行业企业技术人员、参与专业核心课程开发的教师组成，其中，行业企业技术人员不少于编写团队成员的四分之一。

可以采用双主编制，其中一名须为行业企业专家。学校教师担任主编须具有副高级以上职称，有较强的组织、协调能力，参与课程开发与实施，具有教材编写经验的骨干教师作为优先选择的对象。行业企业专家担任主编，原则上须具有副高级以上职称或具有高级技师以上职业资格，丰富的岗位工作经验，参与过教材、培训手册的编写，在业内具有一定的权威性。

（三）贯通培养教材编写工作流程

1. 开展教材编写培训

组织有关教材编写规范化和创新性培训，了解国内外同类教材的编写特色。

2. 开展教材编写研讨、交流等活动

通过对编写的贯通教材进行研讨、交流，进一步明确教材编写的思路、方法，落实职教最新课改理念和教材编写原则，并形成共识。

3. 制订各专业教材编写工作计划

专业编委会组织其成员，深入理解教材编写原则与要求，明确教材编写的工作程序、工作进度与工作要求，根据本专业的专业核心课程的课堂教学实施、讲义编写、教学资源建设等情况，组建教材编写团队，遴选主编，确定教材编写顺序，制订本专业核心课程的教材编写工作计划。

4. 研究与编写教材

教材编写团队制订具体教材的编写计划，在各实验项目学校课程实施和讲义编写的基础上，认真研究，充分讨论，确定教材编写大纲、样张并完成编写任务。

5. 教材审议及完善化修改工作

各专业编委会会同有关出版单位聘请相关专家对完成的教材文稿进行审读，提出修改意见。要求两人主审，至少一人为行业企业专家。教材编写人员根据主审意见修改教材，完善定稿，确保教材的编写质量。

6. 教材出版与交流

相关出版社按照编委会的统一要求，完成出版工作，保证教材的出版质量。在贯通专业核心课程教材出版后，编委会组织开展相关总结、交流、展示、推广等活动。

（四）贯通培养教材编写大纲建议

1. 编写内容

教材内容与学校制定的专业课程标准要保持一致。重点描述本课程在岗位和课程体系中的位置，以及教材包含的主要知识、能力、职业素养等学习内容。

2. 编写思路、编写原则

注重体现工作过程系统化或工作过程导向课程改革核心内容，突出体现工作流程、理论与实践一体化、做中学、学中做。有助于学生自主学习和教师实施课堂教学。

3. 教材结构

教材一般应由学习单元、工作项目和工作任务构成。学习单元一般设置 3 ~ 6 个，各学习单元之间应有清晰的逻辑关系。每个学习单元包含一个或若干个工作项目，每个工作项目中包含若干个工作任务（活动）等。每个项目或工作任务必须包含必要的专业理论知识，并与工作任务紧密结合。各项目和任务排列应遵循由简到繁、由易到难，梯度明晰，序化适当。

4. 目录

一般为三级目录，目录层级之间应体现逻辑关系。同层级目录的逻辑关系要保持一致，每一级目录均应体现核心内容要点。目录中不出现学校、公司及品牌名称等。

5. 编写框架

根据三级目录，详细介绍每个三级目录下的知识、技能、素养等要点，明确教材基本呈现形式、基本栏目等。

6. 编写体量

每门课程教材编写字数一般不少于 30 万字（含图表等）。教学中的考核评价、过程记录等可在教材正文外，以练习册或其他形式呈现。

7. 光盘

每本教材附光盘。光盘中内容至少包括教材的电子版和必要的图片、视频、音频等。

（五）贯通培养教材编写样张的建议

1. 选择体现本课程核心内容的学习单元，呈现一个完整的学习单元的全部内容（至少应呈现一个完整的二级目录中的全部内容）。学习单元中，除包含专业理论知识、专业技能、岗位实际操作、职业规范等核心内容外，还要有单元概要描述（含单元学习目标、学习内容、职业标准等）和拓展任务、考核评价、单元知识总结与提炼。

2. 教材内容要体现典型工作任务，体现理论知识、操作技能与技巧、工作经验与策略的有效融合，有机嵌入职业标准、行业标准或企业标准，体现理论和实践一体化。

3. 每个三级目录的学习内容应有清晰的任务描述、职业标准、岗位要求等，体现岗位工作情境、工作过程，要注重工作经验的总结、梳理和呈现，力求每个任务都能提供相关工作经验、工作技巧等隐性知识，丰富岗位实际内容，凸显教材特色。

4. 要根据每个工作任务的描述需求，提供相应的岗位工作照片或者图形。

5. 每一个项目或任务结束时，应有教学内容的简单归纳、总结，提炼出本项目（任务）教学中的重点和难点，并尽可能形成简单、通俗、实用、易记的操作方法概括，以利于学生自主学习。

第六章　贯通培养实训基地建设研究

第一节　实训基地研究现状及相关概念界定

一、研究背景

随着经济全球化的不断推进，世界范围内的竞争愈演愈烈。经济的竞争、科学技术的竞争等，归根到底是人才的竞争。作为人才培养的一种类型、一个层次，职业教育在此竞争中也扮演着越发重要的角色。而实训教学是职业教育人才培养和教学体系的重要组成部分，是体现职业教育技术技能人才培养不可缺少的教学环节。实训基地是实施实训教学最基本的依托和物质保障。实训基地建设质量的高低，直接影响着人才培养的质量。

2019 年 4 月发布的《国家职业教育改革实施方案》提出，加大政策引导力度，充分调动各方面深化职业教育改革创新的积极性，带动各级政府、企业和职业院校建设一批资源共享，集实践教学、社会培训、企业真实生产和社会技术服务于一体的高水平职业教育实训基地。搞好实训教学是职业教育发展的关键，是职业教育人才培养模式改革的核心和突破口。它关系到人才培养的适应性，关系到学生的就业，关系到职业教育的生存与发展，因此，开展实训基地建设研究具有重要的意义。

推动经济转型升级和创新驱动，实现价值链与产业链的升级，必须更多地依靠科技创新和劳动者素质提高。北京高精尖经济结构的形成和发展不仅需要一大批拔尖创新人才，更需要职业教育培养的生产服务一线的高端技术技能人才将大量科技成果转化为现实生产力。因此，为适应国家和首都经济社会发展、产业转型升级需要，深入推进教育领域综合改革，加快北京市现代职业教育体系构建，2015 年 3 月，北京市教委发布了《关于开展高端技术技能人才贯通培养试验的通知》（京教职成〔2015〕5 号）文件，提出在北京市部分中职、高职、本科院校开展七年贯通培养试验。高技术技能人才的培养，对试验院校的配套实训基地的建设与改造提出了更高的要求，有必要对我国职业院校实训基地建设的研究现状、建设主要模式、发达国家实训基地建设模式及特色等问题进行深入研究，为试验院校实训基地的建设及改造提供参考与借鉴。

二、核心概念界定

（一）实训

“实训”是“职业技能实际训练”的简称，是指在学校控制状态下，按照人才培养规律与目标，对学生进行职业技术应用能力训练的教学过程，也是职业院校教学过程的一个环节。实训与一般意义上的实验、实习不同，包含但不局限于一般意义上的实验、实习环节，突出了职业能力的训练，具有实验中“学校能控”、实习中“着重培养学生职业技术”的显著特征。职业教育的实训环节主要依托于特定的环境，包括师资、场地、设备及技术支持等。

（二）实训基地

实训基地是实训教学过程实施的实践训练场所。它可以使学生接触受训所需要的各种软、硬件要素，即技术、人员与设备支持。作为职业教育的实训教学与职业素质培养、职业技能训练与鉴定及高新技术推广应用的主要场所，实训基地成为职业教育人才培养过程中不可或缺的一环。

（三）实训基地主要功能

实训基地是职业院校实施专业实践教学的主要场所，一个完善的实训基地应具有专业实践教学功能、产学研训相结合的功能、职业技能等级培训与鉴定功能、对外服务功能、“双师”型师资队伍的培训功能等。

1. 专业实践教学功能

职业教育的目的是培养合格的技术技能人才，实践教学是极其重要的教学环节，能使学生在学校学习期间就接触本行业的新技术、新技能，因此专业实践教学功能应是实训基地的基本功能。实训基地应能根据专业人才培养方案和课程标准开出所要求的专业基础课和专业课等的实训，能够对学生进行专业岗位基本技能训练、模拟操作训练和综合技能训练。

2. 产学研训相结合的功能

科研工作是职业院校，特别是高职院校的一项重要工作，是提升办学品位、树立学校良好形象和增强学校办学实力不可缺少的因素；是高职院校自我发展的内在动力，是学校上水平、上质量、上品牌的重要手段和途径，也是高职院校教师专业发展的需要。实训基地的建设必须体现科研功能，应能为教师提供良好的科研环境。实训基地不仅要有优良的科研场所、先进的仪器设备，同时还应具备有利于科研工作开展的管理体制。

3. 职业技能等级培训与鉴定功能

目前国家人力资源和社会保障部一般都在高职院校设有职业技能鉴定所（站）。在这种情况下，高职院校的实训基地应具备职业资格技能实训能力，充分发挥职业技能鉴定功能，并努力取得好的社会效益和经济效益。此外，根据《教育部等四部门印发〈关于在院校实施“学历证书＋若干职业技能等级证书”制度试点方案〉的通知》（教职成〔2019〕6 号），教育部已启动了 3 批“1+X”证书制度试点工作，至 2020 年 12 月已有 447 个职业技能等级证书公布，职业院校应与社会培训评价组织联合，把“1+X”证书考试的内容融入专业课实训教学中，完善并扩展实训基地的功能。

4. 对外技术服务

通过对外技术服务，职业院校可以提升自身在社会上的声誉和地位，并给学校争取到额外的办学资金。通过对外技术服务，能够促进职业院校教师专业的发展，提升教师专业精神，丰富教师专业知识，提高教师教学能力。通过对外技术服务，学校与企业的联系更加紧密。社会对人才的要求和生产发展的动向可以及时地反馈到学校来。学校根据这些信息调整教学，使职业技术教育改革能更及时、更准确地反映经济的发展和社会的进步。通过对外技术服务，学校也能及时将科技方面的成果及学校办学的有关信息与社会沟通，有利于科技向生产力转化。实训基地对外技术服务是多方位的服务，包括培养技术人员和直接完成服务项目。所以，它既是对外信息交流的窗口，也是对外服务的基地。实训基地应建立对外技术服务的管理体制与机制，充分利用自己的各种资源，开展有效的对外专业技术服务工作。

5.“双师型”师资队伍的培训功能

职业教育的突出特色就是使其培养的学生掌握最新的实用技术和较强的技术创新能力。要培养这样的学生就必须有更高水平的教师。只能讲不能练，没有实践经验的教师不可能培养出实践动手能力强和解决实际应用能力强的学生。职业教育师资知识技能储备要更为全面，且具有较高的专业技术应用的实践能力，这是搞好教学工作和教学改革的关键。为此，教师应首先在实训基地不断地进行自我培训，实现其实践能力的转变和提高。

三、发达国家实训基地建设模式及特色

（一）发达国家职业教育实训基地建设模式[①]

1. 以德国为代表的“双元制”

“双元制”是以德国为代表的职业教育模式，是一种国家立法支持、校企合作共建的办学制度，即由企业和学校共同担负培养人才的任务，按照企业对人才的要求组织教学和岗位培训。

所谓“双元制”，是指企业和职业院校在职业教育中共同发挥作用，且以企业为主（每周在企业实践 3 ~ 4 天，在学校学习理论 1 ~ 2 天）。在“双元制”职业教育体系中，理论课程的教学由职业院校负责实施，实践课程的教学由企业负责实施。在实践教学实施过程中，“双元制”模式十分重视学生实践技能的培训，理论和实践之比约为 3 ∶ 7 或 2 ∶ 8，而且理论教学也注重实用性，与实践联系紧密，服从实践需要。企业的培训场所包括工作岗位、实训工场和跨企业的训练工场。实训工场的任务是

① 冯帆:《发达国家职业教育实训基地建设典型模式及其启示》，载《宿州教育学院学报》，2013（10）：76-78。

把那些在劳动岗位上无法传授或训练的技能及相应知识传授给学生。此外职业学校也有教学车间，补充企业里无法完成的实训，为理论教学提供直观的演示手段。企业的实训教师一般都是毕业于技术学院，并在完成职业培训后具备 2 ~ 5 年职业实践经验的专业人员。实训教师同时还必须通过教育学、心理学考试，符合《实训教师资格条件》的要求。高水平的师资成为实训基地发挥效用的重要保证。

2. 以澳大利亚为代表的“TAFE”

TAFE 是 Technical and Further Education 的缩写，即“技术与继续教育”，是以职业教育和培训为主的教育，是建立在明确的行业（企业）职业岗位需求上的教育，是为发展“职业”的教育或以就业为导向的教育。它是一种国家框架体系下以产业为推动力量，政府、行业与学校相结合，以学生为中心进行灵活办学的、相对独立的多层次综合性实训模式。

TAFE 建有完善的校内实习、实训基地。实训基地不仅在设备数量上充足、设施完善，而且技术先进，管理规范，为实践教学创造了必要的、现代化的教学环境。TAFE 教学工作重点放在训练学生的实际工作能力上，强调实践教学环节，十分注重学生动手能力的培养，使理论教学与实践教学融为一体。教室就是实验室，实验室即教室；学习环境就是工作环境或模拟工作环境。教室里一般摆满了教学用具及一般性试验设备，边讲边练。学生的实训操作教学都在实习车间进行，业余时间对学生开放。这种安排方便了学生的实习和实践，提高了教育效率和学生掌握知识和技能的速度。TAFE 对职业教育教师的执业资格要求比较严格，首先要求有行业经验。TAFE 的教师实践经验丰富，全部是从有实践经验的专业技术人员中招聘。其专职教师应当具备以下三个条件：一要具有相关专业大专以上文凭和教师资格证书；二要具有澳大利亚教师认证体系中的四级资格证书；三要具备至少 3 ~ 5 年的行业工作经历。在成为正式教师之前，一般要先担任兼职教师，经过几年的教学实践锻炼才能转为正式教师。兼职教师也应具备三个条件：一要具有 3 年以上的专业工作实践经验；二要具有合适的专业技术资格；三要具有较强的现场生产操作能力。

3. 以新加坡为代表的“教学工厂”

新加坡的“教学工厂”模式，是新加坡南洋理工学院在教学过程中吸收德国“双元制”教学模式基础上的成功创新，是一种将先进的教学设备、真实的企业环境引入学校，与教学有效融合，形成学校、实训中心、企业三位一体的综合性教学模式。“教学工厂”以学校为本位，以有利于培养与训练学生创新能力和实践能力为宗旨。“教学工厂”不惜投入巨额资金保证教学所用的教学设备实用、超前，把工厂目前使用的先进的机器设备装进实验室，让学生去看、去操作、去理解，为学生研发项目、体验工作提供了一个真实的平台，培养了学生的职业意识、职业习惯，提高了学生的职业技能和创新能力，缩短了教学与就业岗位之间的距离，使学生毕业后即能胜任岗位工作。“教学工厂”人才培养模式的实现离不开一支学识渊博、技术高超、肯拼肯干、精益求精的具备丰富的企业实践经验的高素质教师队伍。“教学工厂”招聘教师的条件是大学本科即可，但一定要具备 5 年以上企业工作经历。在“教学工厂”，每年有 20% 的教师不安排教学任务，专门在企业或校内做项目。教师每 5 年必须回到企业接受 3 个月的新技术培训，或者直接在企业任职直到完成一个项目后才能返回“教学工厂”。培训和任职结束时，“教学工厂”和企业会共同对教师的项目完成情况进行评价。教师每年至少要进行 25 天的培训，每个老师在年终时要填写自己下一年的培训意愿。“教学工厂”每年拿出总经费的5%用来支持教师提出的培训项目。

（二）发达国家职业教育实训教学特色

1. 德国“双元制”实训教学特色

（1）“双元制”实训教学虽然由企业负责完成，学校仍然具备先进的教学设施和良好的实训教学环境，教师仍然要在校内对学生开展实践训练指导。校内实训基地的仪器设备保持了与企业使用的设备相当的水平，具有工厂车间和学校实验实训基地两个功能。校内实训基地的设备来源主要有企业投资、联合投资和无偿捐赠等几种形式。设备数量充足，可以满足学生完成校内实践教学要求。

（2）“双元制”实训教学的师资队伍主要由两部分组成。一部分是数量较少的专职教授，要求具有博士学位，有至少5年企业工作经历，并且在成为专职教师后，要经常到企业去参与实践，以掌握企业最新的发展情况。另一部分是兼职教师。兼职教师在职业学校占到教师总数的86%。兼职教师不仅具有扎实的专业知识、丰富的实践经验，而且能把企业的生产、经营、管理及技术进步等方面的最新成果与教学工作紧密结合起来，真正实现工学结合。

（3）专业设置符合企业需要。“双元制”的各类专业都是依据劳动力市场对各类人才的需求设置的，充分做到了为地方经济发展服务。学校的专业建设工作都有企业直接参与，由校企共同完成。在专业建设过程中，企业担负的责任是最大的。

（4）在“双元制”培养模式中，政府直接充当企业与职业学校联系的桥梁，以保证双方培养目标的一致性。

2. 澳大利亚“TAFE”实训教学特色

（1）政府颁布了一系列有关职业教育的法律、法规，保证TAFE获得必需的办学经费。

（2）TAFE重视职业能力培养，建立职业资格证书体系。澳大利亚规定，只有取得TAFE证书才能从事相关专业的技术性工作，TAFE证书成为就业的必备条件。因此，学生进入职业岗位后，不仅文化素养较高，而且有较强的操作技能。TAFE学院毕业后70%以上的学生都能找到对口的工作岗位。

（3）TAFE学院的教师由专兼职教师组成。专职教师必须有4～5年的实践经验或行业经历，必须有技能等级证书，至少具有学士学位。兼职教师均来自行业、企业的有工作经验者。

（4）TAFE考核严格按照行业要求的客观能力标准掌握，以实际操作结果为依据进行课程成绩判定。考核的重点强调学生应该做什么，而不是学生应该知道什么。

3. 新加坡“教学工厂”实训特色

（1）“教学工厂”把学校与工厂合二为一，作为“教学”场所，它可供教师和学生开展理论及实践的教学活动；作为“工厂”，它可以面向企业承揽设计和科研开发等任务；既是企业的科研开发中心，也是学生的实习基地。

（2）“教学工厂”的运行原则是“实用”和“超前”。在“教学工厂”的环境中，实验实训设备很多是由企业赠送并且是企业正在使用的先进的技术设备，或者是学校按照企业实际使用和将要使用的要求配备的。它力求让学生“现在学的”“毕业后企业用的”和“自己今后要做的”基本保持一致。这种实用而超前的教学大大缩短了学习与应用的距离，体现了职业教育的功能和价值。

（3）“教学工厂”对教师实施培训的原则是“六个超越”——超越现有工作经验、超越现在岗位、超越现在系部、超越本人现状、超越学校及超越国土。他们力图通过培训，使全体教师能够在提升能力的基础上提高终身雇用能力及对环境的适应能力。

（4）“教学工厂”以项目为媒介，将理论与实践有机地结合在一起，从而可以促进学校与企业的联系；确保课程与企业需求挂钩；为教师提供与企业沟通研究的机会，让老师在项目研发中了解企业前沿技术，提升自己的科研能力；培养学生的创新意识和团队精神，提高学生解决实际问题的能力。

四、国内实训基地建设研究现状

笔者通过对知网全文数据库的查阅，发现学术界对职业院校实训基地建设的研究主要集中在基地建设模式、原则、教学、课程、师资以及存在的问题等方面。

关于实训基地建设模式的研究，概括比较全面的是以下几种观点：沈华锦、蒋喜锋[①]从高职院校自身、校企合作、校际合作以及政校合作四个角度提出了四种高职院校实训基地建设模式。南海[②]教授通过案例分析了校内实训基地、校外实训基地、校际共建实训基地以及校企共建实训基地。王良春[③]还介绍了“订单式”模式，即高职院校与企业之间签订协议，在实训基地共同培

① 沈华锦、蒋喜锋：《高职院校实训基地建设的主要模式》，载《教育学术月刊》，2008（7）：86-87。

② 南海：《职业教育实训基地建设的调查研究——基于某省职业教育实训基地建设的案例研究》，载《职教论坛》，2013（33）：81-84。

③ 王良春：《高职院校实训基地建设原则及途径探讨》，载《职业圈》，2007（18）：55-56。

养所需人才。同时也介绍了“双挂牌”模式，即合作企业在高职院校挂牌建立职工培训基地，高职院校在合作企业挂牌建立实习实训基地。

关于实训基地建设原则的研究，最具代表性的有王良春①所持观点，即从现实性、先进性以及服务性原则出发来建设高职院校实训基地。

关于实训基地实训教学的研究，李景霞、甲继承②把校内实训基地的教学分为实验教学和专业技能教学两个方面。通过部分理论教学用实验方法和充分利用演示教学方法来进行实践教学，也可采取分散实验归类集中实训方法。专业技能训练实训教学可分为专业工种实训教学、现场实训教学以及职业资格证书教学三个步骤。此外，作者还指出实训基地的教学模式在我国有如下几种，即工学交替合作模式、项目合作教学模式、“E&T”合作模式、“订单式培养”模式以及“随需”模式。

关于高职院校实训基地实训课程的研究，姜大源③有相关研究。他认为高职院校的课程过于强调知识，而没有意识到知识和相关实践任务的结合。徐国庆④也通过研究表明，专业理论知识与实践教学的分离是当今高职院校教育的一大弊端。赵志群⑤也持有类似的观点。他指出：学校里现有的课程大多数只是让高职

① 王良春：《高职院校实训基地建设原则及途径探讨》，载《职业圈》，2007（18）：55-56。

② 李景霞、甲继承：《实训基地教学模式的探究》，载《职业技术》，2007（18）：28。

③ 姜大源：《论高职教育工作过程系统化课程开发》，载《徐州建筑职业技术学院学报》，2010（3）：2-6。

④ 徐国庆：《当前高职课程改革有关概念辨析》，载《江苏高教》，2009（6）：130-132。

⑤ 赵志群：《浅论职业教育理论实践一体化课程的发展》，载《教育与职业》，2008（35）：15-18。

学生掌握相关的专业理论知识，无法满足他们对真正的实践工作的要求，劳动力市场对人才的诉求也无法实现，这样的课程无益于社会转型期经济的发展。

关于高职院校实训基地师资队伍的研究，黄湘倬[①]指出，高职院校的实训教师不仅应像普通教师一样要具备一定的教学能力，还应像企业的技术人员一样掌握相应专业实践能力，建设具有双师素质的实训师资队伍。这就要求高职院校不仅要提高教师的教学能力，建设中青年师资队伍，而且还应该从先进企业中吸纳一批掌握高技能的实用性人才。针对大多数教师缺乏相关专业实践技能的现状，高职院校应该为其去企业进修提供一定的机会，改善这一局面，建设“双师型”师资队伍。

关于高职院校实训基地建设存在的问题的研究，黄维跃[②]认为实训基地建设主要存在以下几个普遍问题。第一，定位不准，建设方向不明确。高职教育健康发展的关键在于实训基地建设，定位不准会使得基地建设迷失方向，浪费资源。第二，缺乏统一规划。在高职院校实训基地建设过程中，不同的学校、不同的院系，甚至不同的课程针对各自的专业建设实训基地，容易造成资源的重复与浪费，无法形成资源共享。第三，功能单一。在我国，大多数高职院校实训基地功能相对单一，学生只能在实训场所中进行简单的、低技能的训练。高度仿真的、功能齐全的、拥有先进设备与先进管理理念的实训场所比较缺乏。第四，建设实

① 黄湘倬：《高职实训基地建设的师资队伍研究》，载《当代教育论坛（宏观教育研究）》，2007（11）：155-156。

② 黄维跃：《实践教学基地建设的文献综述》，载《科技信息（科学教研）》，2007（34）：49。

训基地的软件资源不健全。高职院校实训基地缺乏规范的管理制度，无法为基地建设提供良好的制度环境。此外，不完善的教学管理制度也是实训基地建设的瓶颈之一。

第二节　职业院校实训基地建设模式

实训基地对提高学生职业能力这一核心价值目标的实现，依赖于合理的实训基地建设模式。笔者深入探究这一基本问题发现，应根据现实情况与新时代社会经济的发展，完善各种实训基地建设模式，使之适合市场需求并有完整的实践教学体系，解决实训资金与资源紧缺或浪费的问题，使得实训教学的质量得到提高。因此，实训基地建设的模式问题直接关系到实训基地建设价值发挥的广度与深度，还关系到实训基地建设的可持续发展。在我国，现有的实训基地模式划分没有统一科学的依据，一般根据实训基地建设的功能和建设主体划分，主要有以下常见几种模式。

一、校内仿真型实训基地

校内仿真型实训基地是职业院校在学校内部，由学校出资或企业资助规划建设的模拟真实生产环节的实训场所。职业院校初期的实训基地建设大多选择校内仿真型模式。在高职教育发展的前期阶段，校内仿真型实训基地是实践教学的主要场所，承担着大部分的实践教学任务。

目前，大多数的职业院校都有仿真型实训基地，特别是一些重型工业、化工等专业，多采用仿真型实训基地建设模式。校内仿真型实训基地大量存在，主要基于以下几点原因。

第一，校内仿真型实训基地能基本满足专业实训需要。仿真型实训基地模拟真实的生产环节，所用到的设施设备、场所、信息系统、生产耗材等虽有别于真实的生产过程，但可以实现演示工作流程、训练基本操作方法、运转设施设备、熟悉信息系统等专业实训项目。一些先进的仿真型实训基地甚至可以进行简单的产品生产，信息系统也和生产企业所用的系统一样。如此，职业院校在进行实践教学时就能设置更多的项目，完成更多的任务，同时也可以增强学生的参与热情。

第二，校内仿真型实训基地符合院校实训基地建设的实际情况。近年来国家对职业教育的支持力度越来越大，中央财政支持的实训基地建设项目逐年增加。但是相对于社会企业车间建设的支出来说，院校实训基地建设资金非常有限。仿真型实训基地耗资相对较少、建设周期短、所需场地小、后期维护简单，因此成为可选择的较好模式。

第三，校内仿真型实训基地方便管理，能更有效地进行实践教学。校内仿真型实训基地的首要任务就是完成学校的实践教学，之后再考虑对外培训等其他事宜，因此这种建设模式管理简单，学校在进行实践教学时更有计划性。

另外，随着现代技术的普遍应用，校内仿真型实训基地能够更好地发挥实践教学的功能。例如，虚拟仿真技术（VR）可以把抽象的知识、繁琐的实验步骤直观地展示出来，为学生提供仿真的练习环境，达到和实景一样的实践教学效果。

二、校内生产性实训基地

校内生产性实训基地建设模式通常分为两种，一是由政府财政支持，学校自行投资建设、自行管理或外包管理。其中，学校自行管理产生的耗材费用与管理成本较高，服务外包则可有效解决专业管理人员不足的问题。二是学校与企业共同投入、合作建设，学校提供场地，由校企双方分别购置设备，或由企业独立购置设备并负责维护保养以及投入实训耗材、水电气暖、安保卫生等费用，企业可以利用实训基地进行生产经营。

校内生产性实训基地初期采取校企合作、产学结合的方式，建设完成之后由企业进行经营性生产，而学校可以在实训基地从事实践教学，以此作为持续发展的动力机制。

校企共建的生产性实训基地优势明显，学校投入较少就可以安排实践教学，既可满足学生需求，也利于提升教师的实践教学能力，而企业用较低的租金就获得了经营场地，可谓双赢。然而在实践中，这种模式也存在着一些发展瓶颈。

第一，利益机制缺失导致持续性运营存在障碍。校企共建的生产性实训基地在学校提供场地时，租金远远低于市场价格，甚至是免费提供，加上相关政策法规的缺失，实训基地生产运营之后产生的校企之间利润分配就会出现分歧或纠纷，使持续发展产生隐患。对此，有学者提出校企双方采取股份制的形式进行基地建设，以解决利益分配问题。

第二，生产的性质制约实践教学效果。校企共建型的生产性实训基地从根本上说是要赢利的，否则企业就会失去参与校企共建的动力。企业为了实训基地赢利，自然会按照市场规则安排生产进程，很可能和学院的实践教学任务相冲突，使实践教学无法按人才培养方案推进，大大降低了实践教学的效果。针对这个问题，有学者提出学院在制订人才培养方案和设置课程时积极邀请企业相关人员参与，从而在生产和实训之间找到平衡点。

最近，由学校自行投资建设的生产性实训基地模式悄然发展。学校对基地自行投资、自行管理或者外包管理，在进行实践教学的同时，可以获取收益来维持实训基地持续发展。这种模式适合投入资金较少的行业，特别是市场可以锁定在校园之内的行业。例如，连锁运营管理专业的连锁门店实训基地、物流管理专业的快递业务实训基地等。

三、校外实训基地

校外实训基地多是学校和社会企业签署相关协议后，将后者作为学生在校园之外的实训场所。这种实训基地的建设模式一直伴随着职业教育的发展，在这种模式中，企业负责按照学校的安排对学生进行相应项目的培训，保证实践教学效果，学校则会通过技术支持、项目研究、员工培训等方式进行回馈。

校外实训基地的建设模式可以最大限度地减少学校的投入，企业则可以低价甚至免费获得学校提供的各种支持，双方优势互补。但这种模式也出现了很多问题，比如学校根本无法控制实践教学过程，教学效果因此大打折扣；而随着企业的发展壮大，学校可能无力再为企业提供必要的技术科研支持，发展到后期，这种模式主要靠个人关系来维系，实践教学的稳定性、可持续性无法保证。

四、公共型实训基地

公共型实训基地是较为新型的建设模式，杭州在这方面提供了很好的经验。杭州市公共实训基地位于杭州经济技术开发区高教园，基地设立了先进机械制造、现代服务业、电工电子与自动化技术、信息技术、汽车修理技术、食品与药品检验、制冷技术等七大实训中心，总建筑面积约 4 万平方米，总投资 3 亿元，其中实训设备投资1.7亿元。该实训基地面向主导产业、院校及社会开放平台，为包括全市企业职工和院校学生在内的技能人才提供职业培训。

公共型实训基地由政府主导、行业参与，属于公益性的实训基地。学校在这种模式下进行实践教学时只需要提前和实训基地预约，然后将学生带到实训基地进行教学，效果良好。但由于是公共资源，各学校之间要合理安排，防止发生分配不均或资源浪费的情况。

第三节　贯通培养实训基地建设策略

笔者通过对各贯通培养试验院校的调研，发现多数院校都是在原有的实训基地或实训中心开展贯通培养学生的实训教学，新增的贯通专业增加了相应的实训室。高端技术技能人才的培养定位是从事高精尖产业，掌握高新技术、胜任高端岗位，实现可持续发展的综合素质高、职业技能精、创新能力强的技术技能人才，因此，学校在新建或改造实训基地时应采取整合校内外软硬件设施资源、充分利用不同主体的实验、实训条件资源，创建形式多样的教学场所，为技术技能人才培养搭建各类成长平台。

一、建设原则

（一）实用性原则

实训基地要适应以能力训练为主线，体现现代高新技术和紧跟现代社会发展前沿的综合性生产训练，减少演示性和验证性实验，使学生通过在基地训练能够很好地掌握当前企业生产技术、工艺标准或管理实务要领。实训基地的结构与布局要适用于专业实践教学组织，适合学生的学习特点，并与学生专业能力的提高规律相适应。

（二）仿真性原则

实训基地应充分体现生产现场的特点，尽可能贴近行业的生产、技术、管理、服务第一线，努力体现真实的职业环境，让学生在一个真实的职业环境下与社会上实际的生产服务场所尽可能一致的实训工位，按照未来专业技能发展要求，得到实际操作训练和综合素质的培养。实训基地可请企业专家参与设计和建设，确保实训的仿真模拟性。

（三）开放性原则

实训基地的建设要以社会和市场需求为导向，用新思路、新体制、新机制、新模式设计基地建设方案，要建立校企合作、社会参与的新模式，以政府投入为主、多渠道筹措经费的新机制，按市场规律来经营和管理的新体制。实训基地在环境和总体设计上要具有社会开放性，构建与行业、企业、社会的良好的沟通渠道，使学校实训基地紧密与社会经济发展相联系，成为对外交流的窗口和对外服务的基地。

（四）超前原则

实训基地的设施和装备在技术先进性方面要适度超前，对一些技术更新周期短、产品更新换代快的专业（如信息技术专业）要采用接近该专业最新技术水平的设施和装备，实训设备要能够代表本行业技术应用发展趋势，要能体现近几年内先进的技术手段，使学生所掌握的知识技能能够适应未来技术发展的需要。改革实践教学方法，实现实践教学手段现代化，使学生在实训过程中，熟悉、掌握本专业领域先进的技术方向、工艺路线和技术实际应用的本领。

（五）多功能原则

职业教育实训基地的功能是多元的，包含实践教学功能、研发功能、社会服务功能等。实训基地必须既是培养高精尖人才的场所，又是职业技术教育师资培养基地，是高新技术开发、应用、推广基地，是终身教育培训、职业技能培训、考核、鉴定的依托，并为相关专业实训提供服务。实训基地在内容安排上要具有综合性，使学生通过实训不仅掌握本专业的核心技术和技能，而且熟悉和了解与专业相关的技术和技能，得到基本能力、基本技能和职业综合素质的全面训练。

二、建设策略

（一）加强校内仿真型实训基地建设

校内教学型实训基地的建设应有高度仿真性，按照企业的生产流程进行实践教学，贴近行业的生产与服务流程，展开模块化教学，使各项任务与完整的工作流程有机结合。因此，校内仿真型实训基地要以类似公司运营的方式管理，真实、完整地营造实训环境，努力实现实践工作的完整性，实现现场操作与职业的对口衔接，这样才能真正完成其实践教学的任务。

（二）完善生产性实训基地功能

要发挥校内生产型实训基地的“运行”载体功能。这种实训基地教学型与生产性结合的特点是职业院校与企业信息结合的纽带与桥梁。该模式下的实训基地调研人员能够获取市场信息，了解行业企业的发展动态与人才需求信息，然后再把这些信息反馈给教学活动中去，促进教学改革，提高教学质量。适合市场需求的高效教学成果不仅应用到实训基地自身的生产与服务中，同时也输入到企业中，继而转化为企业的生产力，开发出适合市场的产品。

（三）创新实训基地课程建设

实训基地的主要功能是承担专业（群）单一或多项综合性技能实训课程的教学，实训基地课程教学是职业院校课程教学中关键的环节，是学生理论知识与专业实践知识联系的桥梁与纽带，是影响实训基地建设的要素之一。在实训基地，通过校企行合作、推进产教融合，及时将新技术、新工艺、新规范、新要求融入基地的实训项目内容中，确保课程内容的及时更新，在技术发展、岗位需求与人才成长之间实现专业设置与产业需求对接，课程内容与职业标准对接，教学过程与生产过程对接，毕业证书与职业资格证书对接，职业教育与终身学习对接，不仅是学习适应，更是引领发展，最终培养适应国际化竞争、高端化岗位要求的技术技能人才。

（四）健全实训课程评价体系

课程评价是通过一系列的标准对课程的功能作用展开衡量的活动。实训课程评价包含对教学内容、教学手段、教学方式以及教学结果等的评价。实训基地的课程评价体系应体现独有的实践特点。评价内容要市场的需求为依据，按照企业岗位的职业能力要求确定评价内容。此外，要有多个评价主体，实训课程评价体系要把教师与学生都作为评价主体，体现评价体系的公平性。评价体系除了要遵循共性的标准外还要有一定的灵活性。

（五）加强“双师型”教师的培养

教师是立教之本，兴教之源。高质量的职业教育需要高质量的教师队伍支撑。在培养高精尖人才的贯通项目中，双师素质教师具有重要的作用。在实训基地建设的同时，必须抓紧抓好双师素质教师队伍建设，在数量上要能够满足实训教学的需要，在结构上（年龄、学历、学位、职称）上要达到基本合理。要采取“积极引进、加强培训与兼职聘用相结合”的综合措施，不断优化队伍结构，提高教师的教学水平和实践能力。

案例：北京财贸职业学院贯通培养会计专业实训室建设方案

一、实训设施整体构架及环境要求

根据会计专业实践教学的需要，设置会计基本技能训练实训室、会计多功能综合实训室、会计岗位实训室、ERP 实训室等四类实训室，各实训室功能以 50 名学生为最大容量。

（一）实训设施整体构架

本专业实训设施体系由下列实训室构成：一是以会计岗位基本技能训练为主的会计基本技能实训室；二是以会计核算岗位实训和以企业管理软件应用能力实训为重点的会计多功能综合实训室；三是以会计岗位综合实训及内部会计控制流程实训为重点的会计岗位实训室；四是以模拟企业经营全过程为实训重点的 ERP 实训室；五是根据学校实际情况，依托税务、证券、金融等相关专业的实训室，形成一个全仿真会计工作内、外部环境，集会计核算、纳税申报、银行结算任务实训为一体的会计职业岗位实训室群。

1. 会计基本技能实训室

会计岗位基本技能实训室的实训主要包括会计书写、珠算技术、点钞捆钞、凭证整理装订、小键盘录入、台式计算器运用等实训项目。通过各项目的实训，使学生掌握会计职业岗位必需的基本操作技能，提高专业学习的兴趣，为其他会计专业课的学习奠定基础，能在毕业后马上适应实际工作。

2. 会计多功能综合实训室

会计多功能综合模拟实训室可提供单项实训、专题实训、分岗实训、混岗实训等多种形式的实训条件，使学生熟悉会计业务处理的流程，熟练掌握会计核算的七种专门方法和会计岗位的各项技能，以实现分阶段、分岗位及综合实训的教学目标。本实训室主要适用于：小键盘录入与计算器应用、出纳业务操作理实一体课程、会计基础理实一体课程、企业财务会计理实一体课程、成本计算与分析理实一体课程、企业财务管理理实一体课程、审计实务理实一体课程、税费计算与申报理实一体课程、会计信息化理实一体课程、Excel 财务应用实训等实训课程和实训项目的教学与实训。会计多功能综合模拟实训室应具有手工模拟实训、电子模拟实训、会计电算化实训、岗位实训、网络教学、教师备课、教学管理和社会服务功能。

手工模拟功能——通过手工模拟对会计核算方法及会计业务处理流程进行混岗和分岗实训，使学生初步熟悉业务，掌握会计核算的一般程序。其生成的原始凭证，作为后续会计电算化模拟及内部控制、财务预测的原始单据使用。

无纸化模拟功能——利用仿真实训软件进行会计核算制单岗位、成本计算岗位、总账报表岗位及会计管理岗位、财务管理岗位、税务管理岗位等岗位的仿真实训业务。

会计信息化实训功能——采用企业版财务软件，通过用友 U8 软件仿真大型企业业务活动进行会计电算化仿真实训，通过用友通软件仿真中小企业会计电算化实训，使学生具备应用财务软件进行企业资源管理的基本能力，并就会计电算化岗位分工进行制度设计和内部控制，与大、中、小型企业的真实财务软件操作接轨，便于进行岗位的对接。

网络教学功能——实训室依托校园网实现网络实训与教学功能，最少可供1000用户同时在网上进行电子实训。学生和教师均可以在不同的地方通过网络进行实训设计与实训练习，扩展了实训空间，提升了会计模拟实训的科技品质。

“查错—纠错—考核”功能——教师可利用实训教学软件设置模拟实训的答案或模糊答案，以便学生在实训过程中运用软件“查错”功能提示实训错误，并按照“实训要求或标准”及时更正错误，或教师利用实训教学软件对学生进行机上标准化考核。

教师备课功能——教师可以通过系统设置实训单位的背景信息、实训角色、业务流程、签章、单证选择等，灵活组合设计实训案例，具有针对性和先进性。

教学管理功能——利用教学软件进行实训信息统计、学生档案管理和学生实训成绩考核等教学管理工作。学生可通过“登录”选择角色，进行教学所要求的角色岗位实训，实训管理人员可通过系统对学生实训角色、实训内容、实训成绩进行统计，并进行标准考核。

社会服务功能——实训室可面对社会会计人员和企业管理人员开展社会培训和认证工作，实现实训室的教学效益和社会效益。

3. 会计岗位实训室

按照学生会计岗位职责实训及内部会计控制流程实训的要求，建设仿真财务室布局、岗位、传递程序、内部控制的会计岗位实训室。通过仿真出纳、会计主管、成本、往来、总账报表等岗位业务，使学生明确各岗位处理流程、内容及职责权限，正确认识人与人之间、岗位与岗位之间、业务与业务之间相互控制的原理和实务操作要求。缩短学生的岗位适应期，提高学生就业能力。会计岗位实训室是基于网络环境下按岗位进行财会模拟的实训基地。实训室分设 10 ~ 13 个小组，每小组为一个模拟财务室，由 4 名学生组成，分别担任会计主管、总账会计、成本会计、出纳 4 个岗位角色，采用用友 ERP 管理系统，在局域网环境下，相互配合，完成从建账等初始化、日常凭证处理、财务决策、账簿生成、财务分析、会计数据综合利用、报表编制等一系列财务会计工作。会计岗位实训室可考核学生从业务原始单据填写到会计数据综合利用的全过程；强调团队合作、强调工作协同；考核学生会计实务处理的综合能力和专业水平。

4. ERP 沙盘模拟对抗实训室

按照学生会计管理能力训练的要求，建设集财务会计、财务管理、工商管理、市场营销等实训内容为一体的 ERP 沙盘模拟对抗实训室。通过沙盘对抗模拟，培养学生综合分析及解决问题的能力和团队合作精神；通过 ERP 电子模拟实训，使学生熟悉企业的资金流、物资流和信息流的融合，了解企业购销存业务处理、人力资源管理、生产制造管理等企业综合管理内容，增强学生管理意识，提高其管理能力。ERP 实训中心安装 ERP 电子沙盘、ERP 物理沙盘，用于进行 ERP 训练。

ERP 电子沙盘功能——企业全面运营电子对抗系统（电子沙盘）是软件模拟类沙盘，主要采用软件功能，使用一系列参数表对各角色功能进行定义。在演练过程中，让学员组成若干团队，分别接管完全相同的若干个企业，构成相互竞争的市场。他们需要在瞬息万变的环境中为自己的企业制定规划并付诸实施，并在生存中求得发展。他们需要理解并遵守运行规则、安排筹资投资、决定订货方案、完成生产运行、进行经营成果核算、掌握市场和其他企业的动态、互相检查和监督规则执行情况。学生通过进入场景担任角色亲身体验一个企业经营的完整流程，亲自操作资金流、物流、信息流及其协同，深刻理解企业实际运作中各个部门的相互配合，体验团队的力量和自己的作用，从而深刻理解ERP的管理思想，领悟科学的管理规律。

ERP物理沙盘功能——ERP物理沙盘模拟教学以一套沙盘教具为载体，模拟工业企业和商品流通企业经营管理各环节的实战演练教学模式。工业沙盘盘面按照工业企业的职能部门划分了四个职能中心，分别是营销与规划中心、生产中心、物流中心和财务中心。各职能中心覆盖了企业运营的所有关键环节，包括战略规划、市场营销、生产组织、采购管理、库存管理、财务管理等，是一个制造企业的缩影。商业沙盘按照商品流通企业的部门和岗位职能设置总经理、财务总监、营销总监、采购总监和终端店长等角色，分别负责企业战略决策、资金运作和投资建议、市场开拓和销售及情报分析、集中采购和运输、专卖店或代理商和大卖场的管理。通过以上角色的体验，让学生了解商品流通企业的经济业务内容，训练学生综合分析问题和解决问题的能力。

5. 税务、金融、证券等外部环境实训室

根据学校专业开设情况，可联合相关专业的实训室建立会计环境外部实训室，主要包括税务实训室、证券实训室、金融实训室，可进行税费计算与申报、银行开户与结算、证券投资决策等方面的实训。

（二）实训室环境总体要求

1. 实训室面积

单个实训室建筑面积100～200平方米。

2. 实训人数

单个实验室按照满足 40 ~ 50 人同时实训的要求设置，执行中应根据招生人数增减每个实训室的座位数或增加实训室的数量。

3. 实训室装修设计

为了使学生在岗位实训中能够真切感受职业内部环境和外部环境，应仿真会计职业工作的内部环境和外部环境进行实训室装修设计。

内部环境：会计专业实训室应按照教学人数（每班 40 ~ 50 人）设计仿真财务办公室（办公桌），放置相应组别的仿真会计办公环境的硬件实训设备和岗位标志牌。每个实训单位由四人组成，以供 4 名学生分主管、会计、成本、出纳等会计岗位进行岗位实训。

外部环境：会计工作离不开银行、税务等外部部分，与这些单位的沟通、交流和业务往来是会计工作的重要组成部分。对银行、税务外部环境实训室建设途径有两种，一是在会计专业实训室中设置仿真银行、税务部门，主要用于会计核算方法实训、企业经济业务核算实训等会计核算、会计管理、会计监督、财务管理等岗位的单个岗位实训；二是利用其他专业建设的金融实训室、税务实训室联合进行会计专业岗位技能的实训，主要用于出纳业务操作实训、税费计算与申报理实一体课程、会计综合岗位综合实训等与外部环境更加密切的仿真实训教学。

岗位角色设置：各实训室均通过设置岗位工作牌或岗位标志等形式进行职业岗位角色营造，如会计岗位实训室、多功能实训室的每个实训小组都设置了总账、会计、成本、出纳 4 个岗位工作牌，ERP 实训室在实训台面上设置了总经理、财务总监、财务助理、采购总监、生产总监、营销总监、研发总监等标志，使学生步入实训室如同走进会计职场。

二、实训项目及主要内容

表 1　会计专业校内仿真实训项目表

<table>
<tr><th>职业岗位</th><th>实训项目（课程）</th><th>实训时间</th><th>岗位实训类型</th></tr>
<tr><td rowspan="4">出纳岗位</td><td>点钞捆钞实训项目</td><td>第 1 学期</td><td rowspan="13">单一岗位实训</td></tr>
<tr><td>小键盘录入与计算器应用实训项目</td><td>第 1 学期</td></tr>
<tr><td>珠算技术应用</td><td>第 1 学期</td></tr>
<tr><td>出纳业务操作理实一体课程</td><td>第 2 学期</td></tr>
<tr><td rowspan="5">会计核算岗位</td><td>会计书写实训项目</td><td>第 1 学期</td></tr>
<tr><td>会计职业基础理实一体课程</td><td>第 1 学期</td></tr>
<tr><td>会计资料整理与装订实训项目</td><td>第 1 学期</td></tr>
<tr><td>企业财务会计理实一体课程</td><td>第 2 学期</td></tr>
<tr><td>成本计算与分析理实一体课程</td><td>第 3 学期</td></tr>
<tr><td rowspan="2">财务管理岗位</td><td>财务金融计算工具应用实训项目</td><td>第 1 学期</td></tr>
<tr><td>企业财务管理理实一体课程</td><td>第 4 学期</td></tr>
<tr><td>会计监督岗位</td><td>企业财务报表审计理实一体课程</td><td>第 4 学期</td></tr>
<tr><td>税务管理岗位</td><td>税费计算与申报理实一体课程</td><td>第 4 学期</td></tr>
<tr><td rowspan="2">信息管理岗位</td><td>会计信息化理实一体课程</td><td>第 4 学期</td><td rowspan="3">岗位综合实训</td></tr>
<tr><td>Excel 财务应用实训项目</td><td>第 4 学期</td></tr>
<tr><td>综合岗位</td><td>财务共享体验、会计综合实训、ERP 沙盘模拟</td><td>第 5 学期</td></tr>
</table>

（一）点钞捆钞实训项目

通过钞票整理即拆把、点数、扎把和盖章的实训，使学生在人民币的收付和整点中，能对混乱不齐、折损不一的钞票进行“准、快、好”地整理。

（二）小键盘录入与计算器应用实训项目

通过用计算机数字键盘录入数据的指法和技巧运用实训，使学生能够在工作中运用小键盘准确、快速地进行各种票据的数据录入，提高工作效率。

（三）珠算技术应用

通过拨打算盘的基本要领和拨珠指法实训，培养学生手脑眼迅速协调能力，想象与抽象思维迅速转换能力，计算思维的敏捷、准确能力及基本技能的实际应用能力，使学生的技术熟练程度能达到直接应用的水平。

（四）出纳业务操作理实一体课程

本课程为专门训练出纳岗位技能的课程。实训内容包括各种银行结算方式票据的填列及结算手续、收付款业务办理流程与手续、出纳账簿实训。通过实训，使学生掌握出纳岗位技能。

（五）会计书写实训项目

通过练习阿拉伯数字书写、汉字大写数字书写和金额、货币符号书写，使学生能够做到会计数据的书写规范、清晰，字迹工整、流畅，账表记录美观大方。

（六）会计职业基础理实一体课程

本课程训练学生的会计基本逻辑及会计核算的基本技能与方法，奠定学生的职业基础。实训项目主要包括：会计科目认知；会计凭证、账簿、报表认知；建立会计账簿；填制与审核原始凭证；编制与审核记账凭证；登记会计账簿；结账；银行存款余额调节表编制；对账业务处理；编制会计报表。

（七）会计资料整理与装订实训项目

本项目包括会计凭证整理与装订实训、会计账簿整理与装订实训、会计资料整理与装订实训，使学生能够熟悉会计凭证的传递程序、会计账簿的用途、会计报表的分类，按照会计基础规范进行会计凭证、会计账簿、会计报表的整理与装订，使装订成册的会计凭证内容完整、方便查询、外形美观；会计账簿符合制度要求，便于查看和资料信息的完整；会计报表封面及审核程序齐全。

（八）企业财务会计理实一体课程

本课程根据会计核算岗位的技能要求设计，主要训练学生对交易与事项的确认与计量以及编制会计报表的能力。本课程所实训的交易与事项至少应包括：货币资金收付业务、往来核算业务，存货取得、发出业务，固定资产的取得、折旧、处置、修理、更新改造业务，无形资产取得、摊销、出售、出租业务，股票投资、债券投资、基金投资的取得与减少业务、长期待摊费用发生与摊销业务、应收款项、存货、固定资产的期末计量事项、非货币性资产交换业务、税费核算业务、职工薪酬业务、借款业务、借款费用事项、发行债券业务、债务重组业务、换业务、税费核算业务、职工薪酬业务、借款业务、借款费用事项、发行债券业务、债务重组业务、投入资本业务、销售商品业务、提供劳务业务、出租业务、期间费用发生与结转业务、所得税计算与核算、期末损益结转业务、利润分配业务。本课程还应对资产负债表、利润表、现金流量表、所有者权益变动表等四张报表的编制进行实训。通过实训，使学生能够对企业日常业务进行确认计量。

（九）成本计算与分析理实一体课程

本课程根据成本会计岗位的技能要求设计，主要训练品种法、分步法、分批法三种不同成本计算方法的应用，通过实训使用学生能够正确选择成本计算方法并运用该方法进行产品成本的计算和分析。

（十）财务金融计算工具应用实训项目

如台式计算器运用实训，通过计算器的运用指法、运用技巧以及各功能键具体运用的实训，使学生能够在日常工作生活中运用台式计算器快速、熟练进行数据计算。本课程是一门动手能力强、专门训练会计基本技能的实训课，训练内容将贯穿于学生将来会计职业生涯的始终，也是学习其他会计专业课的基础。

（十一）企业财务管理理实一体课程

本课程根据财务管理岗位的技能要求设置。课程主要实训内容包括财务预测、财务预算、财务控制、财务分析、筹资管理、投资管理、营运管理、收益分配管理。通过实训，使学生全面掌握财务管理的方法和技能。

（十二）企业财务报表审计实务理实一体课程

本课程根据会计监督岗位的技能要求设置。课程实训分单项实训和综合实训，主要实训项目包括审计业务约定书的签订、审计计划的编制、业务循环的审计、审计报告的出具。通过实训，使学生全面掌握企业财务报表审计工作的流程、方法和技能。

（十三）税费计算与申报理实一体课程

本课程根据税务管理岗位的技能要求设置。课程实训内容至少包括开业税务登记、变更税务登记、注销税务登记、发票领购、申报与缴纳等企业纳税工作流程认知模拟实训；一般纳税人增值税纳税申报、小规模纳税人增值税纳税申报、生产企业出口退税、外贸企业出口退税等增值税计算与申报模拟实训；酒类生产企业、卷烟生产企业、化妆品生产企业、成品油生产企业消费税纳税申报及外贸企业出口退税模拟实训等消费税计算与申报模拟实训；交通运输企业、建筑安装企业、邮电通信业、文化体育业、服务业、金融保险业、娱乐业营业、房地产开发企业营业税计算与申报模拟实训；货物进口报关业务及出口货物报关等关税计算与申报模拟实训；企业所得税月（季）度预缴纳税申报及年度纳税申报模拟实训；个人所得税自行申报纳税及扣缴个人所得税纳税申报模拟实训；房产税、城镇土地使用税、城市维护建设税、房地产开发企业土地增值税、其他企业土地增值税、其他规费等纳税申报模拟实训。通过实训，使学生掌握各税种计算与申报的操作要求与技能。

（十四）会计信息化理实一体课程

本课程根据财务软件应用所需技能设置。本课程通过仿真环境学习，使学生熟练掌握通用财务软件中总账、报表、工资、购销存等子系统从初始化到日常处理整个流程的实际操作方法、操作技能、相应的维护知识以及各个子系统之间数据的传递，使学生感受物资流、资金流、信息流在会计信息系统中的融合，体会会计信息化的优势，提高学生熟练处理会计业务的水平。通过会计电算化课程的教学，使学生了解会计信息化的基本概念、基本知识和财务软件工作的基本流程、基本原理以及企业建立会计信息系统的基本程序、基本方法。本课程是基础会计、中级财务会计、税法、成本会计及计算机相关课程在财务软件中的综合运用，也是学生了解企业信息系统建立过程的一个平台，是会计专业的一门综合实训课程。

（十五）Excel 财务应用实训项目

本课程根据财务实践所需 Excel 表格应用技能设置。实训内容包括：凭证、凭证汇总 Excel 应用实训、材料收发余核算 Excel 应用实训、工资计算 Excel 应用实训、成本计算 Excel 应用实训、报表编制 Excel 应用实训、财务函数 Excel 应用实训、Excel 图表应用综合实训，通过实训使学生掌握运用 Excel 表格进行财务数据处理、数据分析、函数计算的技能。

（十六）会计综合实训

本课程为对企业会计工作综合实训课程。课程实训仿真学生就业全过程，设计“企业认知、会计机构与会计制度认知、手工建立会计账簿实训、查账与错账更正方法实训、手工分岗会计业务处理实训、手工银行对账业务实训、会计档案整理实训、电算化混岗会计业务处理实训”等八个实训项目，对企业各会计岗位技能进行全面综合的实训。在实训的组织上，采用手工分岗、电算化混岗实训方式，并在具体教学过程中，嵌入点钞、小键盘录入、Excel 财务应用、打印机应用、凭证整理与装订等实训项目内容，全面提升学生的职业综合能力，为实现零距离就业打下基础。

（十七）ERP 沙盘模拟

本课程为对企业的经营活动进行全面模拟的实训课程。实训内容包括沙盘初始状况设置操作、初始年模拟运营、第 1 ~ 5（6）年的模拟运营。通过实训，强化学生对企业经营过程的全面认识，提高学生的思辨能力和综合解决问题的能力。

（十八）财务共享体验

课程通过对企业财务共享服务中心业务解析、各岗位的业务操作，系统讲解共享中心的建设要点和工作方法，让学生了解企业财务共享中心从无到有的全过程，掌握企业财务共享中心的工作方法。同时，通过业务抢单的方式，理解企业财务共享中心的考评标准和考核评价体系。

三、实训室软件配备

（一）实训软件名称及规格

表 2　会计多功能综合实训室、会计岗位实训室软件配备表

软件名称、规格
windows2008 或 2010 xp/server 操作系统
office 办公操作系统
多站点杀毒软件
网管软件（如万象网管软件）
多媒体局域网络教学软件（如凌波多媒体软件）
具有用友 ERP 及用友通同等功能、市场占有率较高的企业版财务软件
理实一体课程相应的无纸化实训教学软件
小键盘录入训练软件
电子 ERP 沙盘软件

（二）实训软件功能

表 3　理实一体课程相应的无纸化实训教学软件

<table>
<tr><td>软件介绍</td><td colspan="2">理实一体课程无纸化实训软件是将企业的岗位任务内容如单位背景、业务背景、原始单据、岗位角色等“平移”至软件中，通过软件的操作，营造全仿真的职业环境和职业条件，使用该软件进行无纸化仿真实训教学，具有仿真度高、信息量大、节约教育成本等优点</td></tr>
<tr><td>软件功能</td><td colspan="2">① 仿真实训教学；② 网络实训；③ 教学管理；④ 教师备课</td></tr>
<tr><td rowspan="6">实训模块</td><td>实训岗位与对应课程</td><td>实训任务</td></tr>
<tr><td>出纳岗位实训</td><td>出纳岗位现金收付款业务、银行存款七种结算方式业务办理、日记账记账工作、其他出纳业务</td></tr>
<tr><td>会计核算岗位 1 实训：会计核算方法实训（会计职业基础理实一体课程）</td><td>设置会计科目—建立账簿—填制及审核会计凭证—登记会计账簿—结账—对账—更正错账—编制会计报表</td></tr>
<tr><td>会计核算岗位 2 实训：制单会计、总账报表会计岗位实训（企业经济业务核算理实一体课程）</td><td>货币资金实训、应收项目实训、存货实训、投资实训、固定资产实训、无形资产实训、负债实训、所有者权益实训、收入、费用和利润实训、财务会计报告实训</td></tr>
<tr><td>会计核算岗位 3 实训：成本会计实训（成本计算理实一体课程）</td><td>要素费用的归集和分配实训、辅助生产费用和制造费用的归集和分配实训、生产费用在完工产品和在产品之间的分配实训、产品成本计算的基本方法实训、产品成本计算的辅助方法实训、成本报表的编制实训</td></tr>
<tr><td>税务管理岗位实训（税费计算与申报理实一体课程）</td><td>增值税纳税处理实训、消费税纳税处理实训、营业税纳税处理实训、城建税和教育费附加处理实训、关税纳税处理实训、资源税纳税处理实训、土地增值税纳税处理实训、其他小税种纳税处理实训、所得税纳税处理实训</td></tr>
</table>

续表

实训模块	财务管理岗位实训（企业财务管理理实一体课程）	财务估价项目实训、财务指标分析项目实训、企业筹资项目实训、财务预算与财务控制项目实训、企业投资项目实训、证券投资项目实训、现金和有价证券的管理项目实训、应收账款的管理项目实训、存货管理项目实训、资本成本与资本结构项目实训、股利分配项目实训
	会计监督岗位实训（企业财务报表审计理实一体课程）	审计目标确定、审计业务约定书、审计证据、计划审计工作与风险评估、主要审计底稿范本、货币资金审计、销售与收款循环审计、采购与付款循环审计、存货与仓储循环审计、筹资与投资循环审计、审计报告

表 4　用友 ERP、用友通财务软件

软件名称	软件介绍	软件模块
用友 ERP 软件	用友 ERP 是一个企业综合运营平台，着眼于企业内部资源、关键业务流程的管理和控制，不仅考虑到信息资源在部门内、企业内、集团内共享的要求，还充分体现了预测、计划、控制、业绩评价及考核等管理方面的要求，实现了资金流、物资流、信息流管理的统一	财务系统（含总账、UFO、应收应付、工资、固定资产、资金管理、成本管理、现金流量表、财务分析等模块）；购销存系统（含采购计划、采购管理、销售管理、库存管理、存货核算模块）；分销业务管理；人力资源；生产制造；决策支持；行业报表；合并报表；商业智能；客户化工具等
用友通软件	用友通标准版支持成长型中小企业快速应对日益激烈的市场竞争，从客户实际需求出发，面向成长型企业开发设计，提高管理水平、优化运营流程，实现全面、精细化财务管理与业务控制的一体化管控信息平台	账务（往来管理、现金银行、项目管理）、出纳、报表、工资、固定资产、财务分析、业务通（采购、销售、库存）、核算、票据管理模块

表 5　电子沙盘实训软件介绍

<table>
<tr><td>软件介绍</td><td colspan="3">企业全面运营电子对抗系统，使用一系列参数表对各角色功能进行定义。在演练过程中，让学生组成若干团队，分别接管完全相同的若干个企业，构成相互竞争的市场。他们需要在瞬息万变的环境中为自己的企业制定规划并付诸实施，并在生存中求得发展。他们需要理解并遵守运行规则、安排筹资投资、决定订货方案、完成生产运行、进行经营成果核算、掌握市场和其他企业的动态、互相检查和监督规则执行情况。学生通过进入场景担任角色亲身体验一个企业经营的完整流程，亲自操作资金流、物资流、信息流及其协同，深刻理解企业实际运作中各个部门的相互配合，体验团队的力量和自己的作用，从而深刻理解 ERP 的管理思想，领悟科学的管理规律</td></tr>
<tr><td>软件功能</td><td colspan="3">模拟对抗体验式教学</td></tr>
<tr><td rowspan="3">实训系统</td><td>财务管理实验</td><td>总账、应收款管理、应付款管理、工资管理、固定资产管理、报账中心、网上银行、公司对账、票据通、UFO 报表、现金流量表、财务分析等模块</td><td>各模块从不同的角度，实现了从预算到核算到报表分析的财务管理全过程，可以充分满足企事业单位对资金流的管理需求</td></tr>
<tr><td>SCM 供应链管理实验</td><td>物料需求计划、采购管理、销售管理、库存管理、存货核算、质量管理、GSP 等模块</td><td>加强了对企业业务环节的规划和控制，实现了管理的高效率、实时性、安全性、科学性、现代化、职能化</td></tr>
<tr><td>生产制造试验系统</td><td>涵盖了企业的七大管理职能（资料、规划、营销、供应、生产、质量、财务），由 30 多个模块构成</td><td>各模块之间高度集成，是离散制造型企业情有独钟的首选系统。生产制造系统能充分体现 MRP Ⅱ 的核心价值与理念</td></tr>
</table>

四、会计多功能综合实训室硬件及实训工具、资料配备列举

（一）实训室硬件配备

表 6　会计多功能综合实训室硬件配备表

硬件名称规格	数量
教师多功能讲台	1 套
空调	满足需要
网络机柜	1 套
交换机（24 口）	3 个
音响扩音设备	1 套
电脑投影仪及移动式投影屏幕	1 套
多媒体教学附属设备	1 套
多功能输出设备（包括复印、打印、扫描等功能）	1 台
台式计算机	40 ~ 50 台
硬件还原或软件还原卡	40 ~ 50 个
实训桌	40 ~ 50 张
实训座椅	40 ~ 50 把
文件柜（含展示柜、会计档案保管及资料陈列柜）	1 组

（二）实训工具

表 7 会计多功能综合实训室实训工具配备表

工具类型	工具名称	数量
财会工作用具	平推打印机、凭证装订机、验钞机、支票打印机	各 5 台
	印签、印泥、票据夹、复写纸、红色碳素笔、黑色碳素笔、胶棒、橡皮、尺子、剪子、裁纸刀、订书机等	13 ~ 15 套
计算工具	卡西欧财务计算器、算盘	40 ~ 50 台

（三）实训资料

实训资料包括票据及申报表资料、账证表资料、业务资料。票据及申报表资料是指收集或印刷的全真实务票证，具体包括银行票据、业务票据和纳税申报表三种类别；账证表资料是指收集整理印刷的会计记账凭证、各类型账簿和报表；业务资料是以企业真实的业务为载体进行去密处理后，形成完整反映企业某会计期间所有任务的仿真业务信息资料，业务资料内容一般采用教材、讲义的形式。

第七章　贯通培养项目质量评价及优化对策研究

第一节　贯通培养实施现状调研

为深入推进教育领域综合改革，适应国家和首都经济社会发展、产业转型升级需要，加快北京市现代职业教育体系构建，2015 年 3 月，北京市教委发布了《关于开展高端技术技能人才贯通培养试验的通知》（京教职成〔2015〕5 号）文件，提出在北京市部分中职、高职、本科院校开展七年贯通培养试验。

经过几年的改革实践，初步构建了中高本贯通的人才培养“立交桥”，探索了高端技术技能人才培养的新路径，受到社会广泛关注。为全面了解贯通人才培养的实施现状，2019 年，通过调研问卷和访谈形式，对试点的 7 所高职院校的部分教师、学生和教学管理者进行了抽样调研和访谈。调研内容包括对贯通项目的认识、教学实施情况、学生学习情况、贯通项目运行情况、存在问题及改进建议等。

一、调研基本情况

“贯通培养”是指以北京市重点高职院校和中职学校为招生单位，与示范高中、本科院校、国内外大型企业合作，选择对接产业发展的优势专业招收初中毕业生，完成高中阶段基础文化课学习后，接受高等职业教育和本科专业教育。

目前，贯通培养项目主要有高端技术技能人才贯通培养、非通用语外语人才培养、学前教育与基础教育师资培养、校企深度合作人才培养等4种主要的人才培养模式。招生主体涉及7所高职、6所中职、4所本科，涉及40多个专业大类和专业，对接十几所本科院校。根据办学主体和专业的不同，人才培养形式有“2+3+2”“3+2+2”“3+3+2”“2+1+1+3”多种形式，初步形成了“中高本”贯通衔接的现代职业教育体系。截至2018年年底，7所试验高职院校的在校生有8000多人。

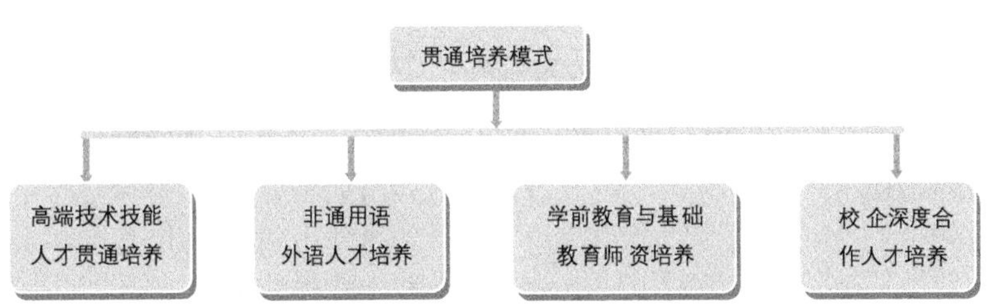

图7-1　北京市高端技术技能人才贯通培养模式

2019年的本次调查主要针对贯通培养的第一种模式——高端技术技能人才贯通培养模式开展的，办学主体是7所高职院校，人才培养形式为“2+3+2”。共计收集了664份教师有效问卷，

5916份学生有效问卷，访谈了7位试验高职院校的贯通教学管理者。其中，在调查的教师中，担任高职专任教师的有415人，占比达到62.50%，其中教师所担任课程类型中，公共基础课为448人，占比为67.47%，专业课为212人，占比为31.93%。（因2015年招生的试点高职只有3所，后续每年陆续增加试点院校，大部分学生处于高中阶段学习还未进入高职学段，所以公共基础课的教师占比较大。）

二、调研数据分析

（一）教师问卷调研结果分析

1. 关于招生及专业设置

教师对于贯通项目的态度主要表现在招生数量以及专业设置方面。调查数据显示（如图7–2所示）：目前51.66%的教师认为应当扩大招生数量，有40.48%的教师认为要保持当前招生数量，仅有7.85%教师表示要缩减招生数量，可见目前教师对于贯通项目整体持有认可态度。不过在对贯通项目招生专业的看法上（如同7–3），有25%的教师认为一些招生不理想的专业应当适当缩减，由此可以看出目前在整个项目实施中，专业设置还需要进一步优化。

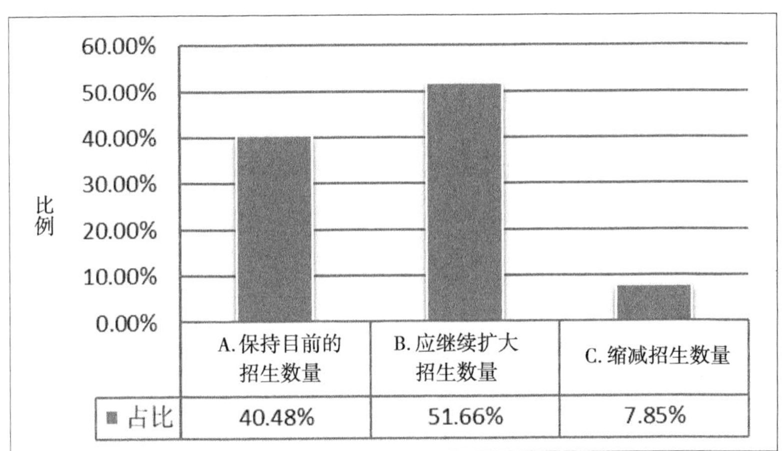

图 7-2 贯通项目每年招生数量

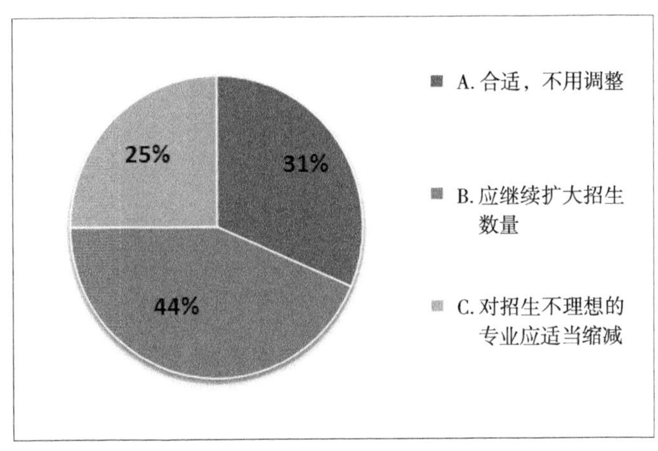

图 7-3 学校贯通项目专业数量

2. 关于学生情况

（1）选择就读贯通项目的原因

学生在选择贯通项目的时候，主观目的对于整个项目的实施具有很大的影响。从图 7–4 中的调查数据来看，其中 79.07% 的教师认为学生之所以选择贯通项目是为了拿到本科文凭，另外还有 60.99% 的教师认为是由于学生成绩所限，可见教师普遍认为学生之所以选择贯通项目并不是出于自身对本次项目的认可。

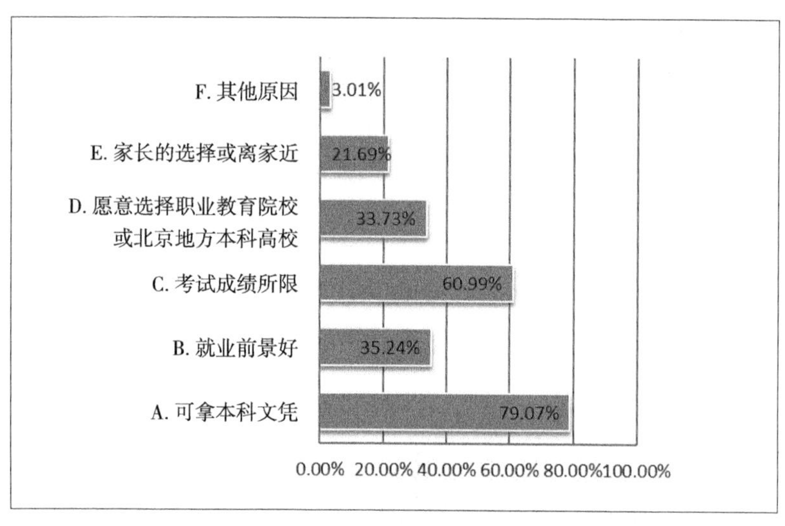

图 7–4　学生选择贯通培养项目的原因

（2）贯通专业学生素质情况

在贯通项目实施过程中，学生的素质是检验人才培养质量的根本，是能否实现高端培养目标的关键。从调查数据结果来看，在贯通项目实施中，教师普遍认为贯通专业学生与其他专业学生之间的差距并不大，43.98% 的教师对此表示认可，36.60% 的教师表示贯通专业学生的动手操作能力较强，因此综合来看，贯通项目实施中的学生整体素质并没有比其他同类专业学生表现出太大的差异（见图 7–5）。另外，从不同专业学生的质量进行对比来看，其中41.87%的教师认为贯通项目人才的培养质量存在一定的优势，但是同样也有38.70%的教师表示目前没有看出（见图7-6）。总体来看目前教师对于学生的素质看法存在一定的分歧，从这一点也可以看出贯通项目的实施效果还没有能够获得所有教师的认可。

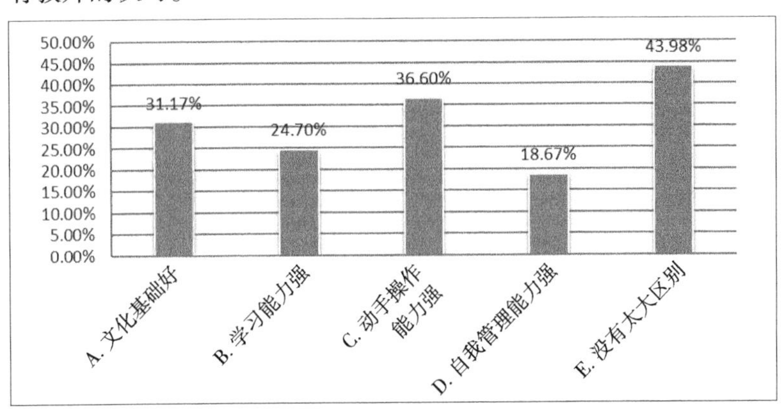

图7-5 贯通专业学生综合素质与其他同类专业学生相比

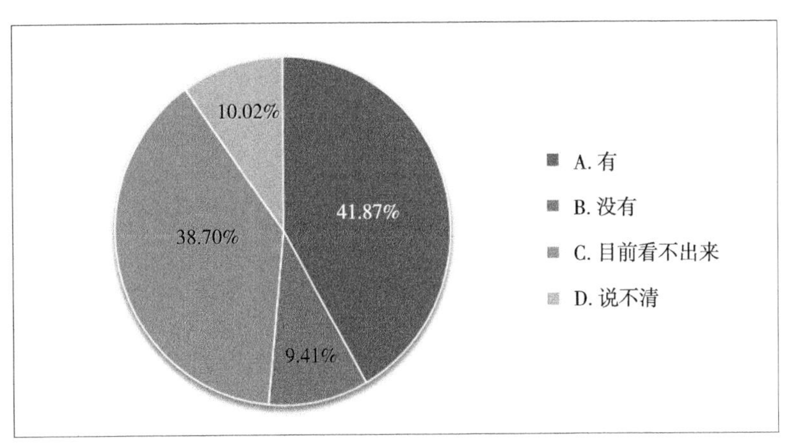

图7-6 贯通专业与非贯通专业相比，人才培养质量上是否有优势

（3）学生学习现状

从图 7–7 数据显示来看，其中 73.80% 的教师认为目前项目学生存在倦怠现象，只有 13.40% 的教师表示目前学生并没有倦怠感。总体来看可以发现，贯通项目实施过程中，学生倦怠问题还是非常突出的。导致学生学习倦怠的原因有多个方面，如图 7–8 所示，其中 66.11% 的教师表示学生自己不用担心被淘汰，这一原因占比最大，另外 28.01% 的教师认为学习任务太轻松是导致学生学习缺乏动力的原因。由此可以看出，大多数的学生在贯通项目实施过程中缺乏学习压力和动力是比较普遍的现象。

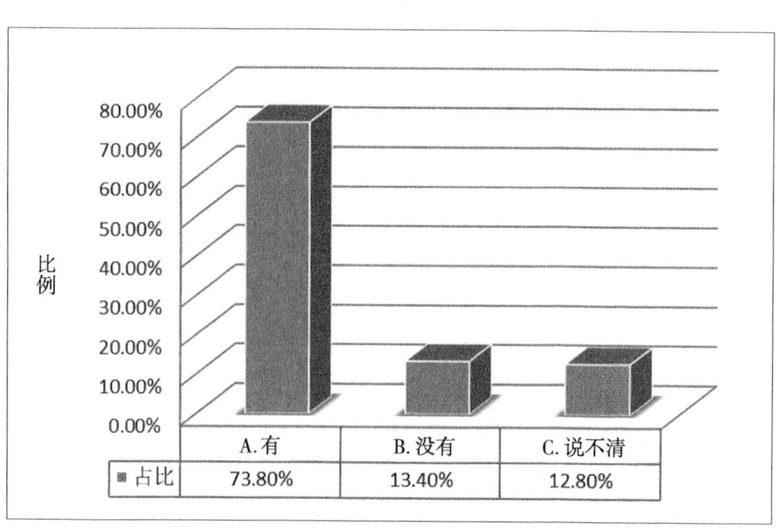

图 7–7　学生学习倦怠现象

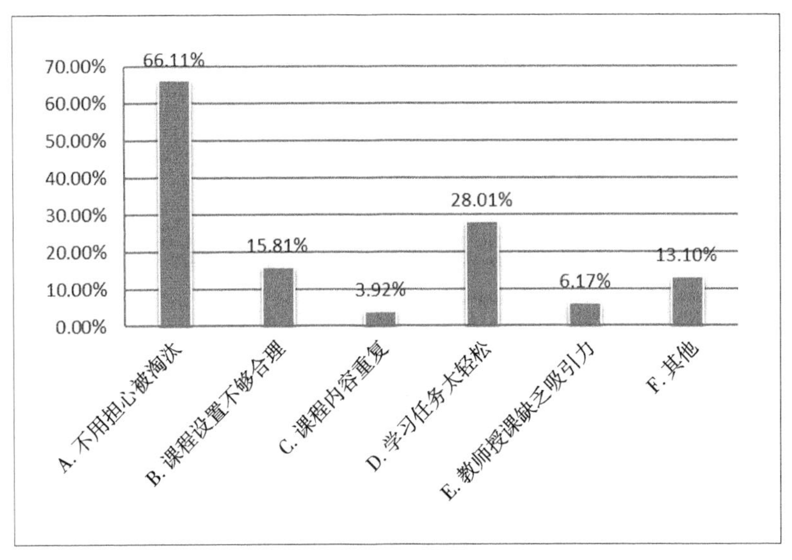

图 7–8　学生学习动力不足的主要原因

3. 贯通专业人才培养及教学实施情况

（1）人才培养方案制定及课程体系设计

在贯通项目实施过程中人才培养方案的制订及课程体系的设计的合理性将会直接决定人才培养的目标及质量。从调查数据来看（如图 7–9 所示），目前 50.53% 的教师对于目前贯通专业人才培养方案及课程体系设计表示基本满意，另外还有 36.54% 的教师表示满意，这两部分教师占比超过 85%。从这一点可以看出目前贯通专业的人才培养方案制订及课程体系获得了任课教师的基本认可。

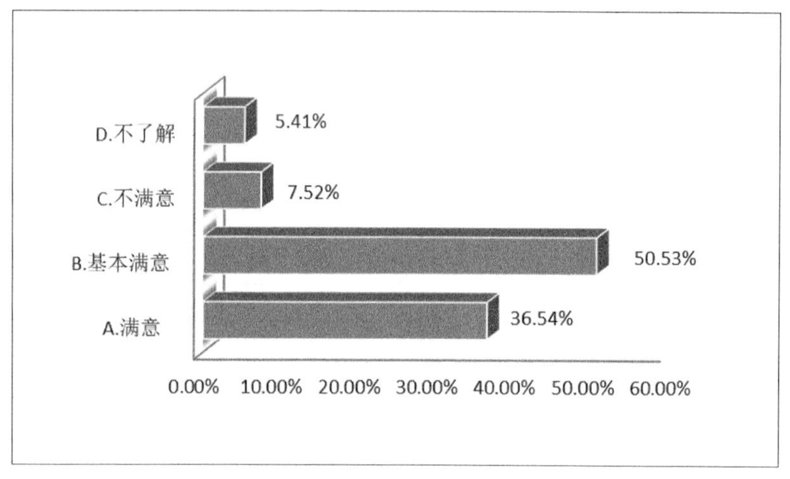

图 7–9　教师对人才培养方案的制订及课程体系设计的满意度

（2）贯通专业课堂教学及实施效果情况

如图 7–10 所示，针对教师对待贯通专业课堂教学与其他专业对比结果进行统计，可以发现 61.60% 的教师认为教学方法发生了改变，63.10% 的老师认为教学手段发生了改变，57.53% 的教师认为教学评价方式出现了改变，只有 4.52% 的教师认为没有太大的变化。总体来看，可以发现教师对于贯通专业课堂教学改革所带来的变化持肯定的态度，说明通过贯通项目实施确实对于人才培养在教学实施层面有一定程度的创新。

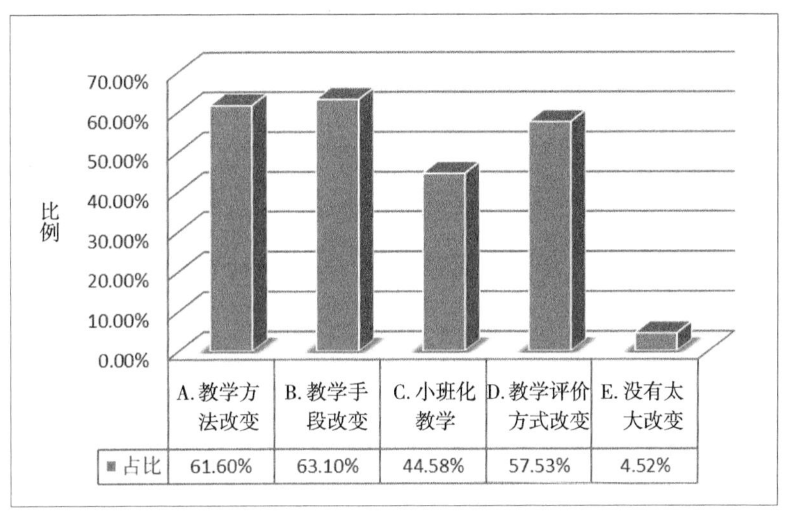

图 7–10 贯通专业教学改革与其他专业相比

从图 7–11 中关于教师对于所教授贯通专业课程教学效果与其他专业课程教学效果进行对比的结果来看，其中 41.92% 的教师表示相比而言贯通项目课程效果要好于其他课程，也有 25.40% 的教师则认为与其他专业一样，还有 8.53% 的人认为相比较差。

总体而言，对于贯通专业教学效果持有认可态度的教师占比最大，但是同样还是有一部分教师对于教学效果不认可。由此不难看出在贯通项目推进过程中，课程教学效果还需要进一步增强。

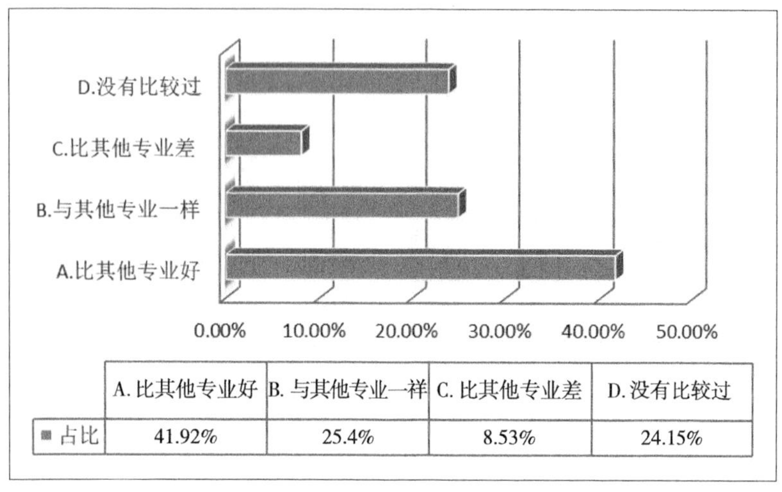

	A. 比其他专业好	B. 与其他专业一样	C. 比其他专业差	D. 没有比较过
■ 占比	41.92%	25.4%	8.53%	24.15%

图 7-11　贯通专业教学效果与其他专业相比

（3）贯通专业教材使用

教师、学生、教材是教学质量生成的三个基本要素。教材选用的合理性及使用的有效性直接影响贯通人才培养质量。为此，针对贯通教材的使用进行了调查。如图 7-12 所示，其中公共基础课教材满足和基本满足人才培养需求的占比合计达 65.61%，专业课达 69.86%；不能满足需求的占比分别为 12.35% 和 6.29%。总体而言，目前贯通专业教材能够满足教师的教学需求，相比公共课程教材来看，专业课教材的认可度相对高一些。

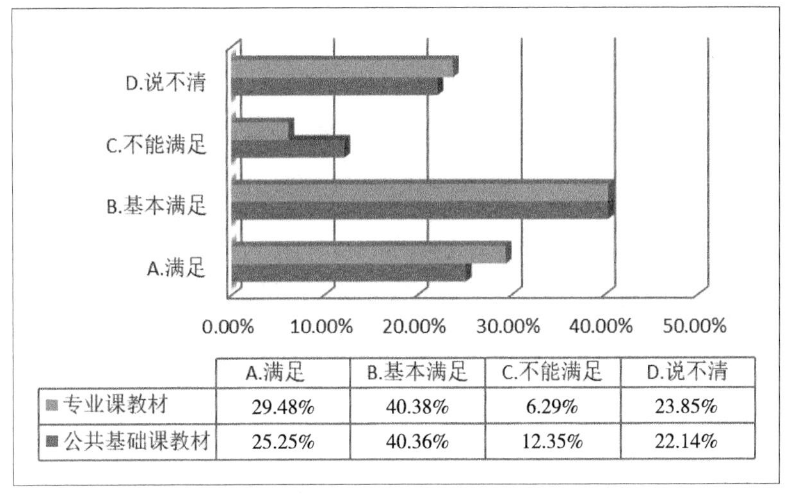

	A.满足	B.基本满足	C.不能满足	D.说不清
专业课教材	29.48%	40.38%	6.29%	23.85%
公共基础课教材	25.25%	40.36%	12.35%	22.14%

图 7-12　贯通专业教材是否能满足人才培养需要

4. 教师需要提供的指导和帮助

贯通项目的实施，给高职院校教师带来极大的挑战，为此针对教师的需求进行了调研。如图 7-13、7-14 所示，组织开展经验交流活动的需求占比 59.79%，开展相关讲座培训的需求占比 41.27%。在急需的培训类型中，教学方法的培训占比达 48.04%，职业发展与综合能力提升的培训占比达 43.83%，专业技能培训占比 34.34%。通过调研数据统计，反映出对贯通教师开展的交流活动及提升教师专业素质及能力方面的培训还不够。

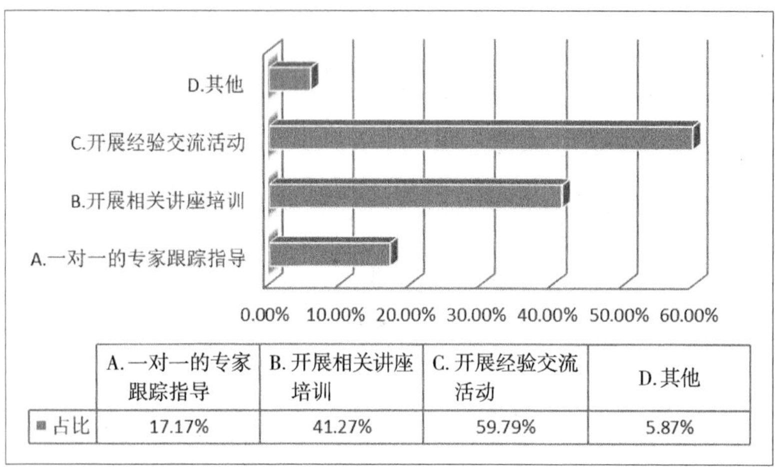

	A.一对一的专家跟踪指导	B.开展相关讲座培训	C.开展经验交流活动	D.其他
■占比	17.17%	41.27%	59.79%	5.87%

图 7–13　贯通教师需要提供的指导和帮助

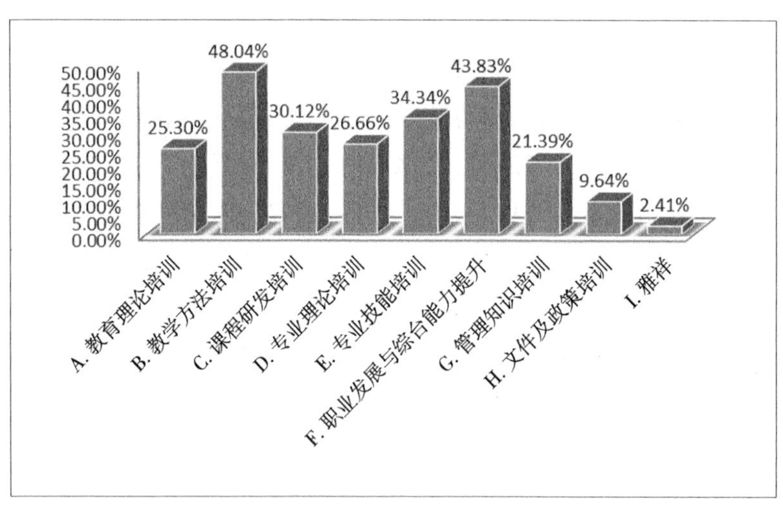

图 7–14　贯通教师需要提供的培训类型

（二）学生问卷调研结果分析

1. 选择就读贯通项目的原因

此调研问题与教师问卷的问题是一致的。通过调研数据显示（见图 7–15），学生选择贯通项目是“可拿本科文凭”的占比达 55.73%，选择“就业前景好”的占比是 39.91%，选择“考试成绩所限”的占比是 30.73%。这与教师对学生选择该项目的原因的判断基本一致。“愿意选择职业教育院校”的占比仅为 19.62%，说明职业教育本身对学生的吸引力不是很高。

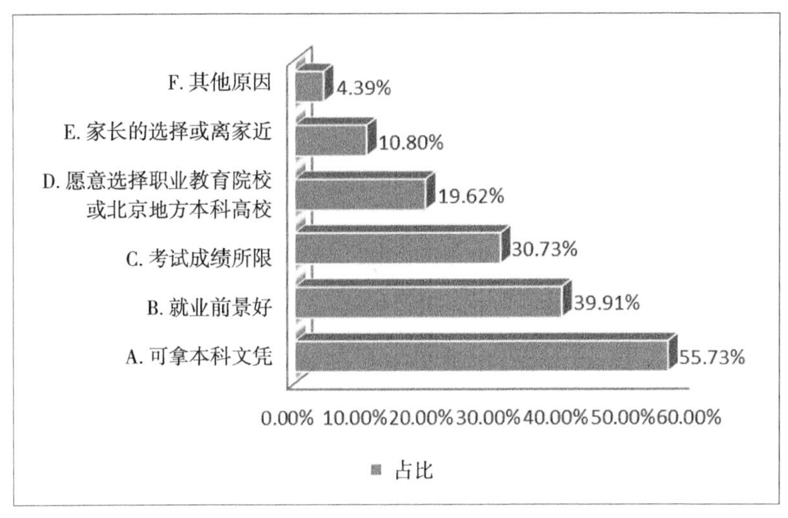

图 7–15　学生选择贯通培养项目的原因

2. 对贯通培养实施的满意度

学生对贯通培养实施情况的满意度是衡量贯通项目质量和持续发展的关键指标，因此，围绕就读学校整体情况、配备的师资、就读专业、开设课程等方面对学生进行了调研。从统计数据结果来看（见图 7–16），30.71% 和 57.63% 的学生对待目前所就读的学校整体情况分别表示满意和基本满意，37.23% 和 54.67% 的学生对于目前所就读的专业分别表示满意和基本满意，36.12% 和 54.94% 的学生对于目前所开设的课程分别表示满意和基本满意，另外 42.01% 和 50.06% 的学生对于当前贯通项目专业配备的师资分别表示满意和基本满意。综合来看，各要素满意度基本保持在 90% 左右，这说明绝大多数的学生目前对于贯通项目实施的满意度非常高。

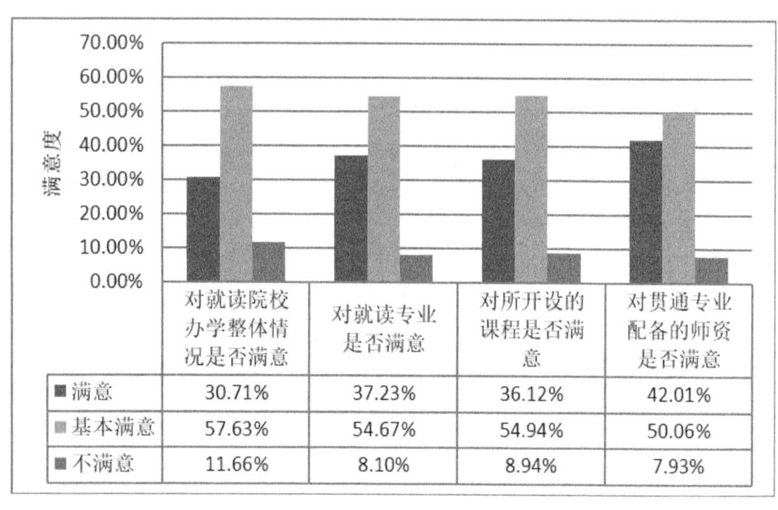

	对就读院校办学整体情况是否满意	对就读专业是否满意	对所开设的课程是否满意	对贯通专业配备的师资是否满意
■满意	30.71%	37.23%	36.12%	42.01%
■基本满意	57.63%	54.67%	54.94%	50.06%
■不满意	11.66%	8.10%	8.94%	7.93%

图 7–16　学生对贯通项目的满意度

3. 关于贯通教学与自身学习状况

（1）学习任务及难度

从目前学生对贯通学习任务及难易度认可情况来看（见图 7–17），其中 56.24% 的学生认为目前的学习任务一般，只有

19.17% 的学生表示学习任务重，因此从总体来看，贯通学习任务并不重。而从课程难度情况来看，其中 58.05% 的学生认为一般，还有 18.07% 的学生认为难度小，仅 24.07% 的学生认为难度大。综合来看，目前只有少部分学生感觉贯通学习任务和难度比较大，可见在学习任务和难度方面能够为大多数学生接受。

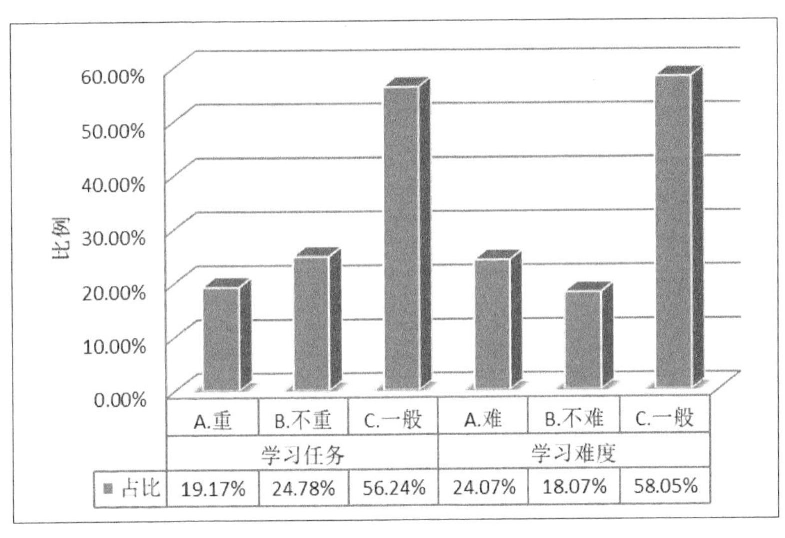

图 7–17 学生对于学习任务及难度的认可度

（2）对贯通教学的满意度

调查的一个关键是对贯通课程教学工作的满意度，从图 7–18 中的调查数据来看，其中 84.13% 的学生对于公共基础课教学满意，另外 85.74% 的学生对专业课教学满意，二者之间差异并不明显，因此可以看出学生目前对待贯通课程教学总体满意度相对较好。

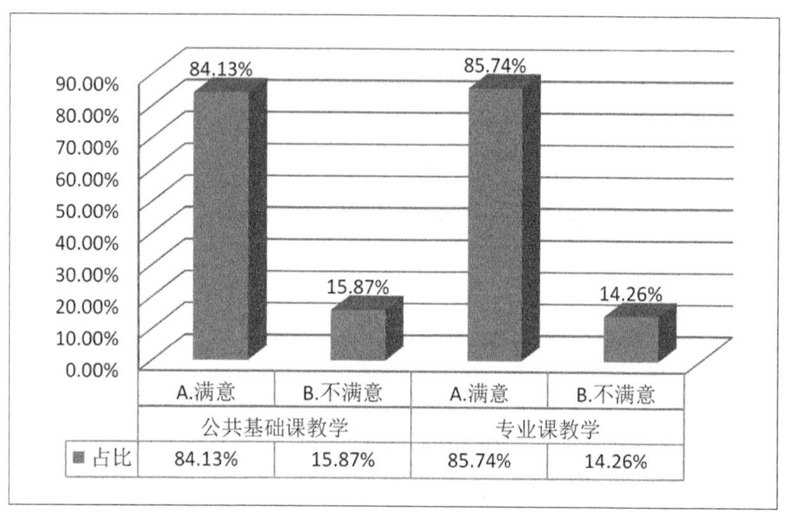

图 7–18　学生对贯通项目的教学的满意度

在满意度调查中，有 15.87% 的学生对公共基础课的教学不满意，14.26% 的学生对专业课教学不满意。为了能够进一步了解这些学生对于公共课和专业课感到不满的原因，在这一方面进行了调查（如图 7–19 所示）。从图中数据可以发现，不能激发学习兴趣是学生对于公共基础课教学不满的最主要因素，占比达 22.86%，另外 12.22% 的学生认为考试评价方式单一是不满因素。而对于专业课不满因素来看，其中 18.67% 的人认为课程无法激发兴趣，还有 12.83% 的学生认为教学过于理论化。总体来看，感到不满的学生普遍认为教学是传统讲授式，理论性强，无法激发他们的学习兴趣。

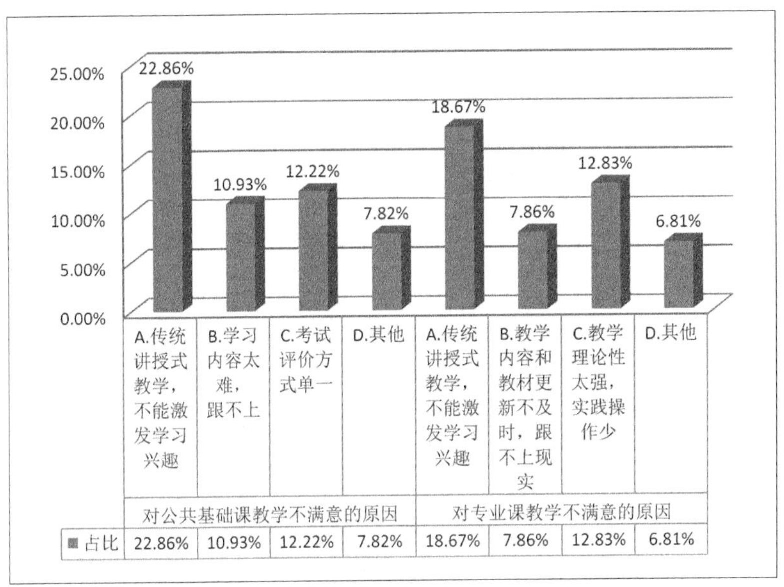

图 7–19　学生对于贯通课程教学不满的影响因素

4. 学生对于贯通项目的倦怠感

对于学生对贯通项目的倦怠感调查如图 7–20 显示，66.68% 的学生表示并没有产生倦怠感。这一点与教师组调查存在一定的矛盾。在教师调查中，超过 70% 的教师认为学生存在倦怠感，而学生只有 33.32% 的人认为出现了倦怠。由此不难看出，很多学生并没有认识到自身的倦怠表现。

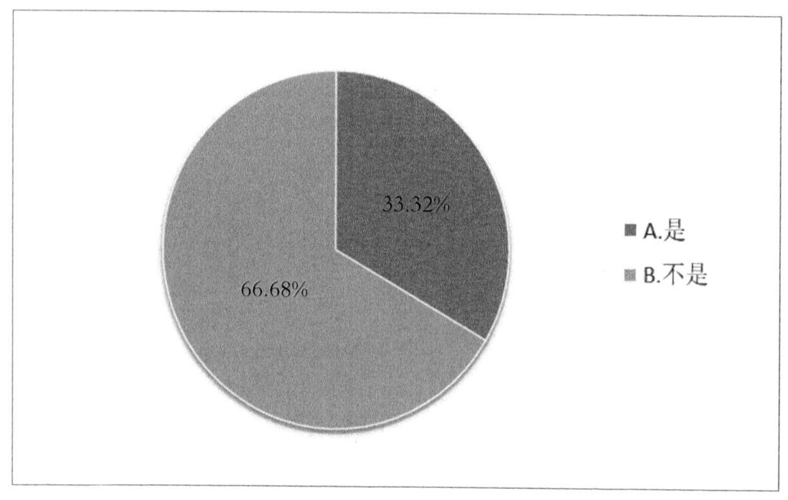

图 7–20　您是否对贯通项目的学习感到倦怠

针对学生出现学习倦怠感的原因进行调查分析，如图 7–21 所示，可以看出导致学生在贯通项目中出现学习倦怠的原因有很多，其中表现最突出的是教师授课缺乏吸引力，这一部分学生占比达到 28.30%，可见在贯通项目实施过程中如何提升教师的授课吸引力是关键。另外有 21.39% 的学生认为当前课程设置不够合理，还有 14.74% 学生对于课程内容重复表示不满，而不用担心被淘汰的选择率只有 10.93%。可见大多数的学生并不认为自己缺乏压力是导致学习倦怠的原因。

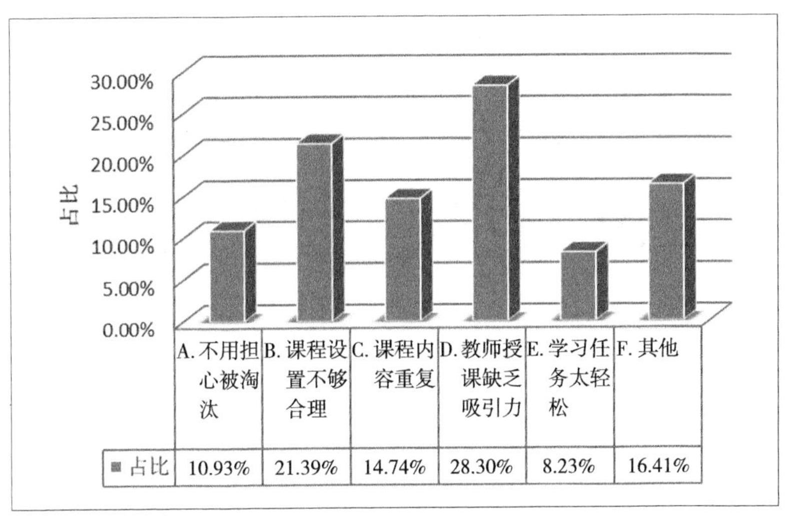

图 7-21　学生对贯通项目的学习感到倦怠的原因

5. 学生对于自身选择的看法

学生对于自身选择的态度和看法能够在一定程度上反映项目实施情况。从图 7-22 中的统计数据可以发现，其中有 40.31% 的学生认为在参与贯通项目之后，自己的就业竞争力一般，有 36.76% 的学生认为自己的竞争力强，还有 16.97% 的学生认为自己的竞争力非常强，总体来看目前仅有一半多的学生认同贯通项目对于提升自身竞争力所发挥的作用。

从学生对待自身选择的态度来看，其中有 17.60% 的学生表示后悔选择，有 38.10% 的学生表示自己选择正确，而有 44.30% 的学生表示说不清楚，可见目前很多学生对自身选择贯通项目的正确性持有怀疑态度。

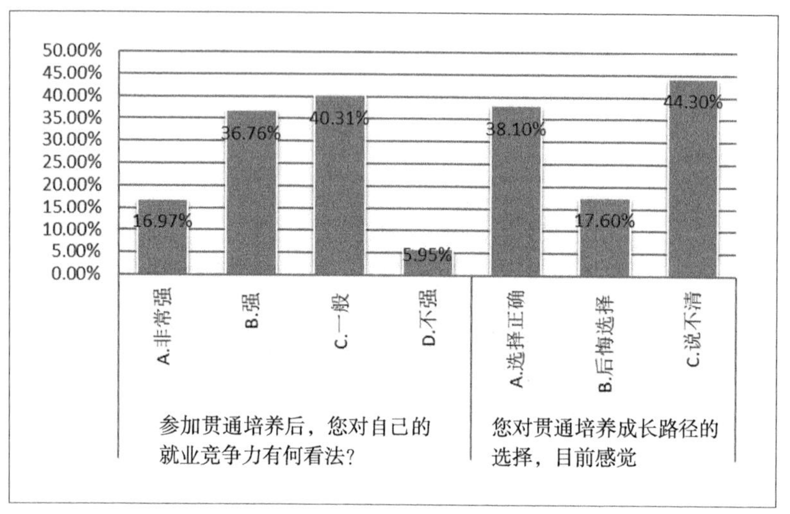

图 7-22 学生对于自身选择的看法

（三）访谈结果分析

调查问卷的对象是针对教师和学生群体，主要围绕贯通项目的教学实施和学生学习情况来开展。此外，本次调研还采用了结构化访谈的方式收集资料，7 所试点高职院校，每校访谈教学管理者 1 人，共访谈了 7 人，内容围绕贯通项目的运行现状、成效和问题建议三个方面进行。每人访谈时间持续 30 ~ 45 分钟。

访谈结束后，及时将访谈录音逐字、逐句地进行转录，转换成文本资料。在对访谈转化的文本资料分析过程中，利用质性分析软件 Nvivo12.0，对访谈内容进行词频分析和编码设计，以进一步反映出贯通项目的实施现状，最终形成优化贯通人才培养的相关建议。

访谈文本的关键词主要集中在“学生”“教学”“培养”“贯通”“专业”等近 40 个关键词。这些关键词主要分布在三个方面：一是体现以学生为中心，包括“学生”“培养”“学习”“技术”“活动”“能力”“技能”等；二是体现在教学运行方面，包括“教学”“课程”“教育”“评价”“质量”“师资”等方面；第三个方面体现在贯通项目本身属性即中高本贯通衔接方面，包括“贯通”“专业”“大学”“建设”“对接”“体系”“创新”“标准”等。

表 7-1　贯通项目高职院校教学管理者访谈文本关键词词频分布

序号	单词	计数	加权百分比（%）	序号	单词	计数	加权百分比（%）
1	学生	626	2.60	21	能力	90	0.37
2	教学	389	1.62	22	技能	89	0.37
3	培养	380	1.58	23	成绩	84	0.35
4	贯通	373	1.55	24	本科	83	0.34
5	专业	336	1.40	25	建设	79	0.33
6	课程	253	1.05	26	评价	76	0.32
7	教育	246	1.02	27	对接	74	0.31
8	学习	238	0.99	28	质量	69	0.29
9	教师	234	0.97	29	综合	60	0.25
10	职业	192	0.80	30	组织	59	0.25
11	人才	178	0.74	31	发展	58	0.24
12	基础	172	0.71	32	体系	56	0.23
13	学院	156	0.65	33	合作	54	0.22
14	工作	150	0.62	34	师资	54	0.22

续表

序号	单词	计数	加权百分比（%）	序号	单词	计数	加权百分比（%）
15	技术	138	0.57	35	工程	53	0.22
16	管理	129	0.54	36	提升	51	0.21
17	开展	107	0.44	37	实践	49	0.20
18	大学	101	0.42	38	创新	47	0.20
19	文化	97	0.40	39	标准	44	0.18
20	活动	93	0.39	40	企业	43	0.18

图 7-23　贯通项目教学管理者访谈文本关键词词云

在词频统计的基础上进一步对访谈文本进行编码，把前期设定的访谈主题“运行情况”“阶段成效”“问题建议”等三个访谈主题设定为三个节点，手动对文本进行人工编码，在初步编码的基础上，进行聚类和选择，形成表 7–2。

表 7–2　贯通项目高职院校教学管理者访谈文本编码主题

<table>
<tr><th>节点</th><th>次节点及参考点</th><th>参考点举例</th></tr>
<tr><td rowspan="6">运行情况（1105）</td><td>人才培养方案制定（19）</td><td>整体设计，融通贯通</td></tr>
<tr><td>教学实施（25）</td><td>全面推动教学组织、教学方法的创新</td></tr>
<tr><td>学生管理（17）</td><td>强化各项管理制度，组织系列主题教育活动</td></tr>
<tr><td>师资队伍（16）</td><td>选拔和培训教师，提升师资队伍水平</td></tr>
<tr><td>质量监测（12）</td><td>优化和完善了内部教学质量保证体系</td></tr>
<tr><td>转段（6）</td><td>转段方案制定坚持过程考核与综合测试相结合、七年贯通培养、激励导向和公平公正的原则</td></tr>
<tr><td>阶段成效（17）</td><td>未设立次节点</td><td>现代职业教育体系的有力探索
契合北京市高精尖产业结构转型升级
带动学校人才培养质量的全面提升
搭建青年教师平台，助力教师成长
贯通学生参加技能大赛，获得优异成绩
开设了丰富的选修课、学生社团活动课，促进了学生全面发展
学生总体状况稳定，自理能力进步，对未来充满信心</td></tr>
</table>

续表

节点	次节点及参考点	参考点举例
问题建议（28）	未设立次节点	招生政策不太连贯，应尽早发布政策，以便学校进行宣传 加强中高本人才贯通培养一体化课程体系的设计，进一步体现职业性和贯通性 部分学生学习动力不足，建议明确内培学生进入本科阶段学习的准入机制和淘汰机制 与国内外本科对接难度较大，建议组建与本科院校对接机构 贯通培养各学段的人才培养标准应进一步明确 贯通培养项目发展走向和配套政策不明晰 教师的教学能力及基础教育阶段教学的把握需要提升 加大对教师的培训力度

从对 7 位教学管理者的访谈中，可以看出他们对贯通项目非常认可，一方面是贯通项目构建了北京中高本衔接的职业教育体系，探索了多种人才培养的路径，满足了学生持续发展的需求，同时也给北京职业教育在面临“疏解非首都核心功能、控制人口规模”的严峻形势下，注入了新的生机和活力，拉动了中高职院校的生源，促进了试点院校办学质量和办学水平的全面提升。当然，项目实施过程中，因涉及多元利益相关方，一些政策难以突破，又缺少既有改革的借鉴经验，不可避免地遇到一些困难和挑战，亟待解决和改进。

三、调研结论与建议

高端技术技能人才贯通培养项目作为北京市适应产业转型发展的重要思想创新和行动举措，各试验院校努力改革创新，成效显著，基本做到了社会认可、学生满意、家长满意，在改革的初期已经彰显了其提高职业教育吸引力、促进教育公平的重要作用，同时也体现了北京特色。目前，新的育人模式和特色正处于形成阶段。这一阶段尤为重要，既需要解决实践中遇到的问题和困难，更需要站在更高的层面上预见未来可能遇到的难题，并及时地在现有条件下做出积极的努力，为此，提出以下建议。

（一）进一步稳定招生政策，优化招生专业

自 2015 年贯通项目招生以来，试验高职院校 5 年计划招生数平均为 3750，至 2019 年实际招生平均数为 2146，平均招生完成率为 57%。高职院校贯通培养招生计划完成率低的原因除了 2016 年和 2017 年的招生计划数量大之外，主要还有三点：一是招生对象仅限于北京市应届初中毕业生，生源数量有限；二是北京市有些区县实行区域保护政策，让本区的初中毕业生选择留在本区上高中，对贯通招生宣传不到位或存在偏差；三是贯通项目招生的部分专业对家长和学生的吸引力不高，如工科类和农业类，而招生好的专业，计划名额又有限。

通过调研，教师和管理者比较一致地建议保持现有的招生规模，同时贯通的招生政策要尽早下达，便于学校开展招生宣传；招生政策是提招还是统招、名额到区县还是到学校，要相对稳定。此外，招生的专业要进一步优化，要选择对接首都“高精尖”产业发展，技术技能要求较高、培养周期较长、社会人才紧缺且需求旺盛的专业，如在信息技术、轨道交通、学前教育、护

理、养老服务、现代服务业等领域，扩大招生规模，而传统的机械类、农业类可以适当减少招生计划。

（二）完善机制保障，出台相关配套政策

通过调研，贯通教学管理者普遍反映，目前优质高中—高职—本科贯通的培养体系，在院校层面的协同还不够，试验院校的沟通协调机制还不健全。比如，定期召开的协调会，特别是与本科院校的协调以现在的职业院校为主，周期较长，没有形成院校间的条块组织，如专门的教学指导委员会、学生管理委员会等。本科院校在实施过程中参与的积极性不高。需要尽快落实与本科院校的对接工作、制度等，需尽快明确内培学生进入本科阶段学习的场所、师资、对接专业等问题，对接本科后续的相关政策，需提前做出安排。

此外，在基础文化教育阶段，对少数违纪学生或者出现多门课程不及格的学生，该如何实施留级、退学等淘汰机制，还缺乏一定的政策支持。

（三）改革招考制度，由“单一考试”向“分类招考”转变

2014 年 9 月国务院发布的《关于深化考试招生制度改革的实施意见》明确提出：到 2020 年基本建立中国特色现代教育考试招生制度，形成分类考试、综合评价、多元录取的考试招生模式。贯通培养目前只有“中考”一种形式，而且将文化课考试成绩作为唯一选拔标准，难以体现职业教育的特点，而且贯通培养是 7 年长学制的学习，让初中毕业生仅通过一次考试就决定未来的职业发展方向，难免会出现一些不确定性。

为此，建议针对初中毕业生的考试形式调整为“文化课考试 + 职业适应性测试”，除了文化课之外，增加专业发展潜能的测试，这样能避免学生盲目报考，影响未来发展。如果未来贯通培养对象增加高中毕业生和社会人员的类型，考试形式可以增加为“文化课考试+职业技能考试+证书（加分项）”，给高职院校一定的招生自主权。这样一方面可以调动高职院校的办学积极性，另一方面有利于国家培养高层次技术技能人才，有助于促进学生的职业生涯发展，促进教育公平。

（四）加快研制中高本人才培养标准，优化课程体系

从国际视野来看，发达国家普遍将建立涵盖范围广泛、层级结构完善的资格框架体系作为构建现代教育体系的重要举措。《国家职业教育改革实施方案》中提出：将标准化建设作为统领职业教育发展的突破口。

贯通项目人才培养标准的标准应包括中、高、本一体化的职业能力标准、对接专业的专业教学标准、核心课程标准等内容。各项标准的制定要学习借鉴国内外先进的经验，从服务京津冀协同发展国家战略、北京产业体系建设需要和现代职业教育改革发展的要求出发，从中、高、本三个层次培养的整体目标出发，将高端技术技能人才培养目标与相应岗位群和职业能力要求、职业资格标准紧密对接，研究从中职到本科的技术技能人才培养定位，做好各学段课程内容的衔接，从而构建中职、高职、本科阶段的课程体系，体现人才培养的“贯通”性。

（五）加快市属本科院校向应用型大学转型

《国家职业教育改革实施方案》中提出：完善高层次应用型人才培养体系，推动具备条件的普通本科高校向应用型转变。建立应用型本科院校是高等教育发展差异化以及经济社会发展对各类人才需求的必然趋势和发展潮流，北京市政府应尽快出台相关政策，促进部分市属本科院校向应用技术大学转型。

转型的关键在于遵循高等教育的规律，以“产教融合、校企

合作”为主线，构建应用型人才培养体系，实现办学定位向“应用型”转变、专业结构向“需求导向”转变、课程体系向“工作过程导向体系”转变。只有应用型大学增多，贯通人才培养的上升通道和前景才会更加广阔。

（六）建立各类教师标准，提升专业师资水平

贯通人才培养模式的创新对文化基础课教师、专业课教师、企业教师、外籍教师的知识、技能、素质等方面提出了更高的要求。首先，要根据贯通人才培养目标和课程建设的需求，建立相应的各类师资标准，对不同类型的专任教师应具备的能力结构做出规定；加大师资队伍中行业企业导师、国外专业师资的比例。其次，要加强对贯通项目师资队伍的培训与培养；对现有高中阶段的基础课教师进行素质教育和职业教育理念方面的提升培训；加强中、高职院校专任教师的知识和技能水平培训；加快在本科院校中培养一批具有职业教育理念和技术技能素质的教师。

第二节　贯通培养项目质量评价指标体系构建

北京市高端技术技能人才贯通培养项目经过多年的实践和探索，各试点院校的贯通培养项目取得了初步成效，同时也不可避免地遇到了困难和挑战。为了更好地对项目运行情况进行跟踪监测，在对项目的运行现状进行深入调查和研究的基础上，探索构建适用于北京市贯通项目质量监测与评价的指标体系，以期为北京市教育行政部门不断优化贯通培养项目政策，试点院校不断提升人才培养质量提供决策参考。

一、核心概念的界定

（一）教育质量

《教育大辞典》将“教育质量”解释为：“教育质量是对教育水平高低和效果优劣的评价”，“最终体现在培养对象的质量上”，“衡量标准是教育目的和各级各类学校的培养目标。前者规定受培养者的一般质量要求，亦是教育的根本质量要求，后者规定受培养者的具体质量要求，衡量人才是否合格的质量规格”。①

（二）教育质量评价

评价是一个运用标准对事物的准确性、实效性、经济性以及满意度等方面进行评估的过程，具有可衡量性、全面性、定性与定量相结合的特性。教育质量评价就是根据教育质量目标的要求，运用评价标准对教育过程进行评判，以期促进教育质量提高的活动。②

（三）职业教育质量评价

职业教育质量评价是运用评价标准（质量标准），判断职业教育过程中中等职业教育目标实现的程度。其中，职业教育培养目标是职业教育人才培养的总原则和总方向，是职业教育质量标准制定的基础，是开展职业教育教学的基本依据。

职业教育质量评价的内容一般包括三个方面：一是促进区域、行业或企业人力资源开发的宏观教育质量评价，二是促进学校发展

① 刘阳：《以就业为导向的中等职业教育教学质量评价体系研究》，长沙，湖南师范大学硕士学位论文，2013。

② 张琦英、沈美媛：《浅析我国高职教育的质量评价体系》，载《职业教育研究》，2008（3）：27。

的学校质量评价，三是促进学生发展和教师提高教学水平的教学质量评价。本书重点研究贯通试验学校质量评价和贯通教学质量评价。

二、相关理论

（一）教育评价理论

20 世纪 30 年代，美国教育家泰勒提出了以教育目标为核心的教育评价理论，将教育评价与教育测量区分开来。泰勒提出，教育评价是在系统地、科学地和全面地搜集、整理、处理和分析教育信息的基础上，对教育的价值做出判断的过程，目的在于促进教育改革，提高教育质量。[①] 美国学者格朗兰德（Gronland）将其描述为“教育评价 = 量的记述 + 价值判断或质的记述 + 价值判断”，[②] 即教育评价是定性方法（质的记述）和定量方法（量的记述）两种评价方式结合的产物。教育评价提供了衡量教育过程及结果的标准，对教育教学活动的各个环节具有一种导向和指导作用，包括教育目标的制定、教育内容与方法的选择、教育过程的展开等。

将教育评价理论引入贯通培养质量评价模型的构建中，可将贯通培养质量存在的问题及时反馈给贯通试验学校、教师和学生，使学校更新和改进教育策略，使教师改进和提升教学方法，使学生找出自身不足，认识自我。同时，教育管理部门可依据教育评价提供的数据对学校和教师给予评价。学校可以利用教育评价促进学生的发展和教师自身的专业发展。

① 辛涛、李雪燕：《教育评价理论与实践的新进展》，载《清华大学发展研究》，2005，25（6）：38−42。

② 陈玉昆：《教育评价学》，北京，人民教育出版社，1999。

（二）系统评价理论

系统评价理论（system evaluation theory）是把评价对象看成一个系统，评价指标、评价权重、评价方法均应按系统最优的方法进行运作。任何系统都有内在结构，系统只有具备一定的结构才成为系统，并具备特定的功能，并且系统的结构决定系统的功能。系统行为结构包括以下几个方面。

1. 输入：指环境对系统的作用，即环境向系统输入物质、能量和信息的过程。这是知识系统运转的前提。

2. 运行：指系统内部对接受的物质、能量和信息进行加工、处理或改造，使之转换成新的形式的物质、能量和信息。

3. 输出：将系统转换后的物质、能量和信息送出去，向环境进行反输入并作用于环境。这个环节才是系统的存在目的，系统的效率或对目标的实现程度就反映在输出结果上。

4. 反馈：把系统的输出结果对环境反作用的状况作为新的信息输入系统中，开始系统新的运转循环。通过反馈作用，使得系统成为开放的、闭环的回路，能自我调节，达到最佳的平衡。

构建这一评价体系必须对其质量系统的结构、内涵有一个完整的理解，准确把握职业教育系统整体同外部环境的联系及其相互作用。进行价值判断时，必须对各种影响职业教育发展过程和发展质量的因素做出全面而整体的分析，得出符合客观事实的结论。

（三）利益相关者理论

1984 年，弗里曼（Freeman）提出了利益相关者理论。该理论认为，利益相关者是能够影响企业或受企业决策和行为影响的个人与团体。换言之，利益相关者指任何可能影响组织目标实现的群体或个人，或者是在这一过程中遭受其影响的群体或个人。

企业在从事社会责任活动时是有风险的，而这些利益相关者在企业发展中与企业一同承担了风险。该理论还指出，企业在投资的过程中虽然在短时间内失去了短期效益，但从发展的眼光看，仍会带来长远效益。将利益相关者理论引入贯通培养项目质量评价体系，能够提供一个系统而完整的评价模型，清晰地识别出贯通培养质量的影响因素，更加全面地检验贯通项目人才培养质量，让试验学校从经济、技术、社会、政治和管理的角度，更重视这些利益相关者，制定可执行和可控制的方案和政策，将重心转移到人才质量当中，使教育评价更加全面。

三、国内外职业教育质量评价模式概况

（一）国外的职业教育质量评价模式

1. 澳大利亚——以政府为主体的职业教育质量评价模式[①]

澳大利亚建立了一个全国性的职业技能认证体系——澳大利亚认证框架（共分 12 级）、国家资格认可标准——培训模块，这是一套在政府主导下以能力评价为主体的职业教育评价体系。这一国家资格认证体系现在已经成为澳大利亚技术与继续教育学院（TAFE）办学的法规性文件。TAFE 注重教学内容的职业体现，关注教学内容与相关的职业资格与职业证书要求之间的关系，注重将社会上已有的、有较高技术含量的中高级职业或技术培训的考核内容直接纳入课程体系，使学生学完这些课程后有可能通过相应的考核获取证书，提升学生的就业竞争能力。同时，政府在用

① 孔凡成：《简述国外职业教育评价模式及特点》，载《世界教育信息》，2007（6）15。

人政策上坚持严格实行职业资格证书制度，使学校根据社会需求设置课程并及时调整专业门类，学生根据劳动力市场需求的变化，选择自己的专业方向。

TAFE 学院强调以能力为本位的教育教学质量观。与传统大学强调学术性不同，澳大利亚 TAFE 学院重视对学生实际工作能力的培训，以能力目标作为对学生进行质量评价的尺度。学生的实践能力是考核的重要内容。

2. 美国——以社会为主体的职业教育质量评价模式

美国的高等职业教育主要通过社区学院来实施。美国的职业教育评价机构主要为政府及教育部提供评价结果。美国各州教育协调机构与评价组织密切合作。评价组织在一项评价工作开始之前，一般先通知州高等职业教育机构，才开展评价工作。评价结果是各州进行教育规划的重要依据，评价组织向教育部提供有关学校和专业的质量保证。教育部通常定期公布国家承认的评价机构一览表，列出可靠、合格的评价代理机构。为了审查和确认评价组织，教育部制定了有关准则，定期对院校评价机构和专业评价机构进行评审，以确认这些评价组织是否发挥了促进职业教育质量提高的作用。

评价内容实际、科学。评价内容包括三个方面，即教育资源、教育过程和教育结果。评价机构对这三方面的评价主要包括以下步骤：第一，明确被评学校或专业的教育目标；第二，拟定是否达到这一目标的评价途径和方法；第三，收集充分的材料证明已达到教育效果；第四，提出下一轮改进和提高教育质量的措施。美国的高等教育鉴定委员会竭力在学校、政府、公众和评价机构之间加强沟通、调解矛盾、改善关系。评价机构根据实际需要，努力为学校和专业服务，少给学校和专业添麻烦，为学校和专业提高教育质量多做实事。

3. 德国——以企业为主体的职业教育质量评价模式

德国职业教育明确提出了应遵循企业的评价标准的基本策略。学生大部分时间在企业进行实践操作技能培训，学习企业目前使用的设备和技术，培训一般以生产性劳动的方式进行，这样既减少了培训的费用，也能提高学生学习的目的性，有益于学生在培训结束后立即投入工作。企业广泛参与培训，多数大企业拥有自己的培训基地和人员。没有能力按照培训章程单独提供全面和多样化职业培训的中小企业，也能通过跨企业的培训和学校工厂的补充训练或者委托其他企业代为培训等方式，参与职业教育并按照企业的评价标准来对学生进行考核。

考试考核是检验职业教育质量的手段，只有客观规范才能使考试结果令人信服，也才能促进职业教育质量的不断提高。接受“双元制”培养的学员素质高主要是因为其培训质量高，而这一高质量的培训又是以客观、公正、规范的考试考核评价体系为保障的。为了确保考试的客观性和独立性，不受培训机构影响，“双元制”职业教育考试由与培训无直接关系的行业协会承担。行业协会专门设有考试委员会，该委员会由雇主联合会、工会及职业学校三方代表组成，其中，雇主和工会代表人数相同并且至少有一名职业学校的教师。由于考试由行业协会组织实施，这就有利于考试按照《职业培训条例》的考试要求进行，而不是根据哪一个培训机构（企业或职业学校）所传授的具体内容进行，从而更客观地评价职业教育的培训质量。

4. 国外职业教育评价模式的特点

（1）评价主体多元

国外职业教育评价主体呈现出多元化态势，这是由各国国情所决定的，同时，这也与国外职业教育的校企合作形式分不开。评价机构有的是学校的协会性质的学术团体，如美国的地区性教育鉴定机构、英国的学校副校长协会等；也有的是中介评价机构，如独立的民间监督与评价系统，它包括民间组织和一些新闻机构，如《泰晤士报》《金融时报》及商业企业、专业团体等。社会力量的广泛参与能及时将社会对人才培养的要求、毕业生的就业状况及其他有关信息直接反馈给职业学校，使职业学校及时了解、关心社会经济部门和社会发展对人才培养提出的要求，保证职业教育沿着社会需要的方向发展。

（2）评价体系较为完善

国外职业教育比较发达的国家已经形成了比较完善的质量评价与监控体系，该体系一般包括三个层次。第一，政府组织的职业教育质量评价。这种由政府组织的教育质量评价，指标体系全面科学，专家水平高，评价结论具有很强的权威性。第二，职业院校内部教育质量的自我监控与评价。学校内部的质量保证体系注重对教学过程的质量进行监控和评价。内部的教育质量监控和评价体系，可以促进全体员工树立视质量为生命的观念、持续改进的意识，是从根本上保证和提高职业教育质量的最有效、最可靠的保证。第三，第三方对教育质量的评价。第三方包括政府认可、以专业人士为主组成的中介评价机构，它兼顾过程监控和结果评价；还包括大众传播媒体，它以结果评价为主，注重社会对职业教育质量的满意度。

（3）评价方式多样

评价方法高效、科学、客观、灵活。评价方式方法通常包括职业院校自评、现场访问、实地考察、问卷调查、组织有关人员座谈等；将定性分析与定量分析相结合，对所搜集到的信息进行综合分析等。

（4）第三方评价可信度高

国外各种专业评价组织由于其历史悠久、地位独特，一直受到公众的信赖。这些组织参与评价有利于赢得公众的信任，同时对职业院校的课程与教学也是一种强有力的约束。因此，各国政府都注意利用专业组织、社会团体在教育质量评价中的优势与潜力，提高职业教育质量评价的可靠性和规范性。

（5）评价结果公开

国外职业教育评价模式的一大特点是评价结果是公开的。评价结果公开既是对国家、学校、受教育者、家庭、地方政府及其他组织负责，也是为了向社会各界提供信息，帮助学生选择学校，进行教育投资等，还有利于全社会对职业院校的教育教学质量进行监督。

总之，国外职业教育的发展空间涉及学校、企业和社会，因而，职业教育质量备受社会的广泛关注。对职业教育评价体系而言，政府、社会和企业均以自身的角色参与评价，是国外多角度、多视角审视职业教育质量的关键所在，也是国外职业教育发达的原因所在。研究国外职业教育评价模式，对于构建我国职业教育评价模式，完善职业教育评价体系具有广泛的借鉴意义。

（二）国内的职业教育质量评价的研究概况

1. 关于评价模型的研究

谢安邦等[①]认为职业教育质量评价在内涵、目标、理论基础、评价指标、评价程序等方面与 ISO（国际标准化组织）存在一定

① 谢安邦、覃玉荣：《全面质量管理与 ISO9000 在高校的运用》，载《中国高教研究》，2005（9）：16−19。

程度上的联结相关性，而在组织目标、管理方式、评价内容及结果方面存在差异。

王林等[①]通过分析ISO评价模型中符合职业教育质量评价的要素，构建了职业教育质量评价矩阵，设计出了与之相对应的质量活动。曹勇安等[②]认为ISO质量管理体系可以全面覆盖职业教育质量评价体系的各个指标。刘庆军[③]认为在职业教育过程中融入TQM（全面质量管理）有利于在学生数量增长的同时，提高学生的学习质量，提升毕业生的职业岗位适应度。王明玉[④]认为职业学校在运用TQM质量管理模型时，需要根据学校以及学校所在地的实际情况，及时做出调整和更新，保证全过程、全方位、全员落实TQM质量管理与评价。

袁晓玲等[⑤]认为职业教育与企业运营虽然在根本性质上存在差别（职业教育非盈利活动，企业运营为盈利活动），但两者在核心理念与价值选择方面是一致的。李玥等[⑥]在全面分析BSC（绩效考核方式）理论的基础上，结合教育活动的培养目标、培养方式等方面的具体要求，将教育质量评价划分为目标层、客户

① 王林、任少红：《基于ISO9000标准的高职教育质量保障体系》，载《黑龙江高教研究》，2003（4）。

② 曹勇安、高玉贵、李国文：《高职院校引入ISO9000族标准的可行性辨析》，载《教育发展研究》，2005（22）：95-99。

③ 刘庆军：《基于TQM的高职教育质量内涵及改进研究》，西安，西安科技大学硕士学位论文，2011。

④ 刘明玉：《基于TQM的高职教育质量内涵及评价标准研究——以化工物流管理专业为例》，载《物流科技》，2015（3）：53-55。

⑤ 袁晓玲、封纪琴：《基于BSC的职业教育质量评价体系框架研究》，载《职教论坛》，2014（6）：10-12。

⑥ 李玥、王宏起：《基于BSC的高校创业教育质量评估指标体系设计》，载《科技与管理》，2014，16（2）：54-57。

层、流程层和资源层四个维度。朱国锋等[①]认为，将 SERVQUAL（服务品质评价）运用到职业教育质量评价之中，以用人单位的满意度为前提，通过问卷、访谈等方式调查对毕业生的满意程度，可计算出它与用人单位期望之间的差异，以此作为评价职业教育质量的依据。宋彦军[②]的研究验证了 SERVQUAL 评价模型在高职教育质量评价中的应用的可行性。

2. 关于评价指标的研究

贯通培养质量评价研究中，最为重要的一项工作是确定从哪些方面对贯通培养教育质量进行评价，即对贯通培养质量指标进行研究。职业教育质量评价哪些内容，不同的学者有不同的见解，综合学者们的研究，可将职业教育质量评价指标分为结果性、过程—结果性指标两类。目前，我国应用的教育质量评价指标主要为以上两类。

（1）结果性指标研究

陈宇研究指出，当今职业教育和培训的着重点逐步转移到学生的学习质量，职场能力已成为接受职业教育的学生能力群的核心。[③]据此，将职业教育质量评价指标划分为职业核心能力、通用管理能力和通用生产能力三个方面。周晶[④]认为职业教育质量评价指标除了包含学生的学习效果之外，还应包括社会公众对职

① 朱国锋、兰杏芳、方旭华：《差距理论在高职教育服务质量测评中的应用》，载《浙江交通职业技术学院学报》，2003（3）：48-52。

② 宋彦军：《高职教育服务质量评价研究》，天津，天津大学博士学位论文，2008。

③ 陈宇：《职场能力是检验职业教育质量的主要标准》，载《中国教育报》，2010-12-14（003）。

④ 周晶：《职业教育质量监测指标设计的基本视域》，载《职业技术教育》，2011（12）：1-3。

业教育服务就业和再就业的满意度、企业对职业教育毕业生的满意度以及毕业生对职业教育改善生活质量的满意度。我国现行的《中等职业教育督导评估办法》中详细制定了中等教育督导评估指标体系，该评价指标属于结果性评价指标。它将中职毕业生的一次性就业率、社会对中职教育的满意度及中职教育的特色发展三个重要方面囊括其中。

（2）过程—结果评价指标研究

顾明远[①]认为，职业教育应该同其他类型教育一样，应同时关注培养过程和结果两方面，职业教育质量评价中应增加师资队伍、学校软硬件水平等具体指标。邢天才[②]从微观（学校设施、师资队伍水平、培养模式、学生素质等）和宏观（政策、机制、地理环境、自然资源等）两个方面，分析了评价职业教育质量的指标。

刘晓欢等[③]将职业教育评价指标分为人才培养质量标准和职业教育服务标准两个层面，其中人才培养质量标准包括知识、能力和素质等三个规格要素；职业教育服务质量标准包括教育管理和过程标准、社会和企业的满意程度。中职教育改革发展示范校评估体系将教育质量评价划分为学校管理、基础条件、校企合作、教育教学及办学效益等五类指标。国家级重点中职学校评估体系将教育质量评价指标划分为办学方向、办学规模、毕业生质量及示范作用等四个方面。

① 顾明远：《高等教育评估中几个值得探讨的问题》，载《高教发展与评估》，2006（3）：2-3。

② 邢天才：《试论高等职业教育质量评价体系和标准的构建》，载《评价与管理》，2006，4（4）：41-46。

③ 刘晓欢、刘聘：《论职业教育的质量标准与质量评价》，载《职业技术教育》，2005，19（26）：32-35。

3. 评价主体研究

随着我国经济体制由计划经济向社会主义市场经济转型，原有计划经济环境下以政府为主体的评价模式也相应有所改变。因此，在构建中职教育质量评价体系时，应积极实行评价主体多元化的评价模式。周劲松等[①]认为高等职业教育评价主体不能仅仅局限在教育行政部门及职业教育学校的上级管理机构，应采取相关措施转变评价主体“一元化”的状况，彻底根除教育行政部门与各级职业院校“管、办、评”混为一体的问题。刘阳[②]的研究指出目前职业教育质量评价以内部评价为主，评价主体仍继续停留在学校自身及其上级主管部门，企业、第三方评价机构很少参与到职业教育评价过程当中，至多引入企业对毕业生的满意度、就业率等评价要素，针对对口就业率的统计还处于一个相对模糊的状态。唐智彬等[③]利用博弈论分析了政府、社会、职业院校三者的关系，认为政府应打破评价职业教育质量使用统一标准的传统，尽快建立和完善符合多方利益和实现多方合作共赢的质量评价体系。

通过以上国内外职业教育质量评价的研究可见，随着国家对职业教育质量评价问题的关注，相关文献日臻丰富。但是，很多问题的研究依然停留在宏观层面，而国外学者对职业教育质量评价模型问题的相关研究已经形成体系，研究方法更加创新。与世界发达国家相比，我国对职业教育质量评价模型的研

① 周劲松、肖智清：《基于全面质量管理的高等职业教育质量评价模型的建设》，载《职业技术教育》，2008（2）：5-6。

② 刘阳：《以就业为导向的中等职业教育教学质量评价体系研究》，长沙，湖南师范大学硕士学位论文，2013。

③ 唐智彬、夏金星、饶异伦：《在博弈中完善——论我国职业教育质量评价体系》，载《职教论坛》，2006（6）：7-9。

究有待丰富，在指标体构建、模型应用及评价机构设置方面还需进一步完善。

四、贯通项目质量评价指标体系构建

（一）基本原则

1. 科学性

贯通培养质量评价体系的建立要以科学发展观为指导，要以国家的教育方针政策为指针，要符合职业教育规律和特点。评价方法要科学，评价手段要逐渐走向现代化。质量评价体系的建立要充分调动各方面的积极性，有利于贯通培养项目的健康、持续发展。

2. 整体性

贯通培养质量评价是一个系统工程。在全面分析影响贯通培养质量各个维度和相互关系的基础上，使影响教育质量的各要素、教育过程各环节紧密联系，形成有机整体，以便有效评价、诊断。要对各要素进行整体、综合地分析，而不仅仅是评判某一个要素。

3. 发展性

在评价方向上，不仅注重专业现实状态，更注重其未来发展，通过确定发展需求、制定发展目标、提供发展条件和机会，由浅入深、由初级目标向高级目标稳定推进，促进不断发展，以实现更高目标。

4. 开放性

按照行业、企业人才需求规格，作为人才培养质量评判标准；将行业、企业对培养人才的满意度、学生与家长的满意度作为贯通培养质量的评价标准。建立开放的、内外部教育质量评价主体共同参与的贯通培养质量评价体系。

（二）贯通项目质量评价指标

教育质量评价是根据教育质量目标的要求，运用评价标准（质量标准）对教育过程进行评价，判断教育目标实现的程度，以期达到促进教育质量提高的活动。教育质量评价实质是对教育过程进行判断评价。

提高教育质量是一项系统工程，既涉及职业院校内部改革、建设和管理的方方面面，也涉及职业院校外部的许多因素。从职业教育质量评价的宏观角度来讲，职业教育包括职业教育教学、职业教育管理和职业教育绩效三部分。因此，对贯通培养质量评价即是对贯通培养教学质量、贯通培养管理质量和贯通培养绩效质量的评价。质量框架见图 7–24。

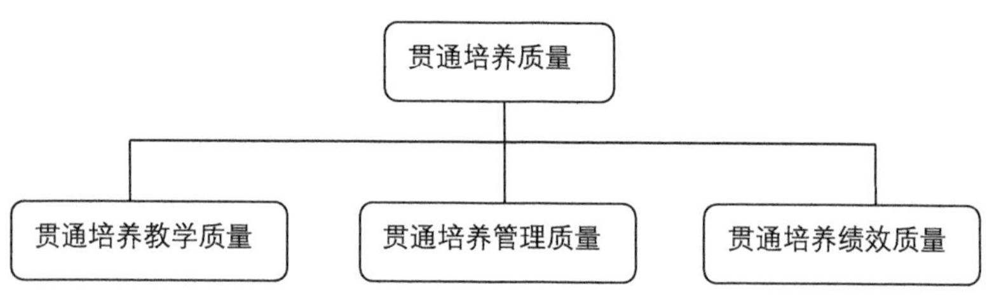

图 7–24　贯通培养质量框架图

1. 贯通培养教学质量要素

职业教育教学质量要素基本内容是专业设置与专业建设、教学计划的制订与修订、课程建设、实验实训设施建设、教学质量考核、师资队伍建设等。可以说，内部教育教学质量因素的分析是针对教育教学质量进行的因素分析。

贯通培养教学质量要素可大致划分为教育资源保障和专业与课程建设两类，各类要素初步设计如下：教育资源保障包括教育教学投入、教师队伍、教学设施、图书资料、校园文化、后勤保障六个要素；专业与课程建设包括专业设置、培养目标、课程体系、教材建设、实训基地、教师配备等要素。如图 7–25 所示。

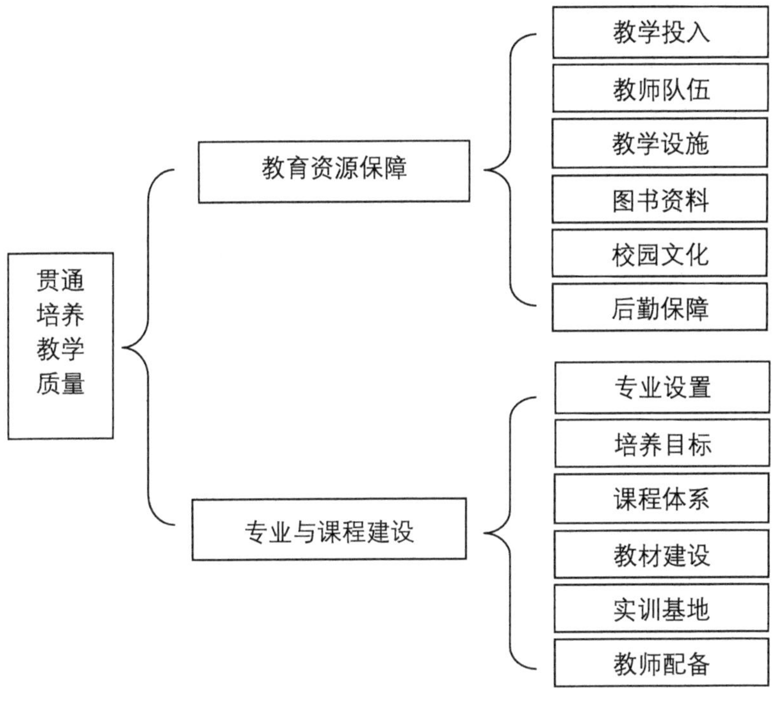

图 7–25 贯通培养教学质量要素

2. 贯通培养管理质量要素

贯通培养试验院校作为内部保障的主体，对自身的教育教学质量进行管理，要充分发挥管理者、教师、学生三方面保障主体的积极性、主动性。根据办学规模、办学资源各方面情况，全面建立校内质量管理、质量控制和自我评价的新机制，要关注学生成绩的评价、课程与专业的评价、教学质量与效果的评价、教学过程的监控、教师工作的考核等。贯通培养管理质量要素主要包括组织保障和教育教学过程控制两类，各类要素初步设计如下：组织保障包括办学理念、组织机构、制度建设、管理队伍、校企合作等要素；教育教学过程控制包括教学管理、教师教学、学生学业、思政工作等要素。如图 7-26 所示。

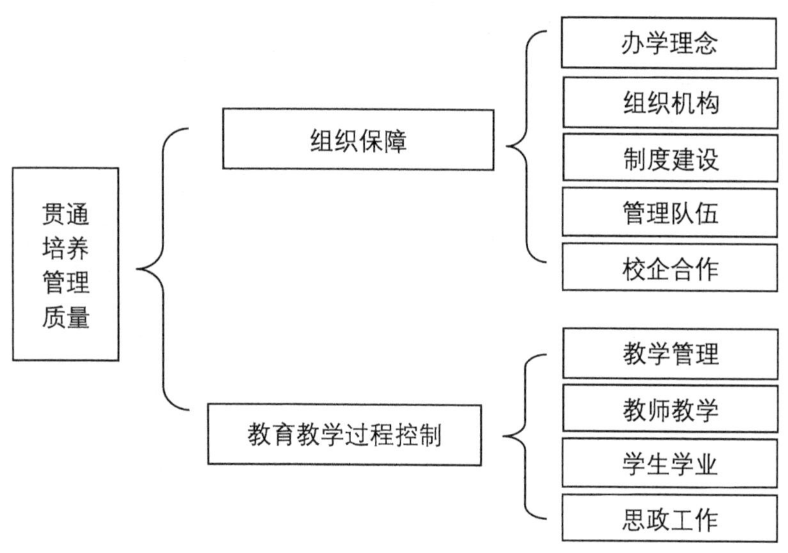

图 7-26　贯通培养管理质量要素图

3. 贯通培养绩效质量要素

这是建立与完善贯通培养质量保障体系的重要内容之一。只有当职业院校成员以教学质量为工作追求的第一目标时，才能形成全体人员自觉努力提高教育质量的行为。贯通培养绩效质量要素可大致划分为教育教学效果和社会评价两类，各类要素初步设计如下：人才培养效果包括人才培养规模、取证率、毕业生就业率、专业对口就业率等要素；社会评价包括社会声誉、毕业生及家长评价、用人单位评价、对社会服务评价（教师技术服务、社会培训、产学合作、技能鉴定）等要素。如图 7–27 所示。

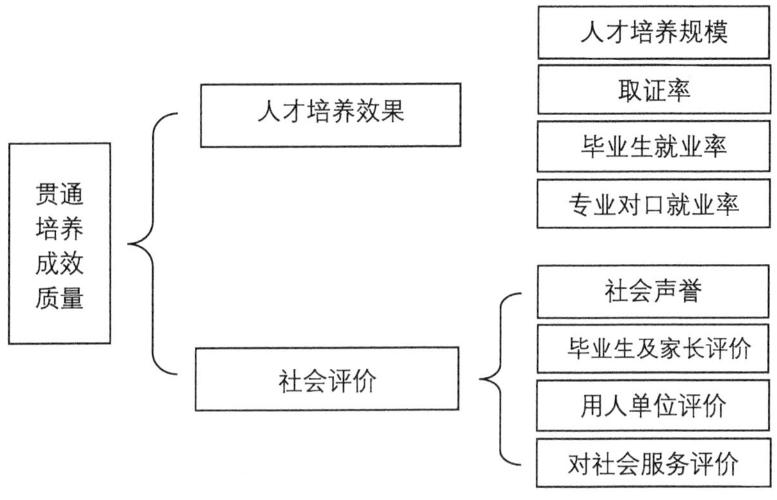

图 7–27　贯通培养绩效质量要素图

通过上述贯通培养质量评价要素分析，可将贯通培养评价过程与评价要素相结合，贯通培养质量评价如图 7–28 所示。

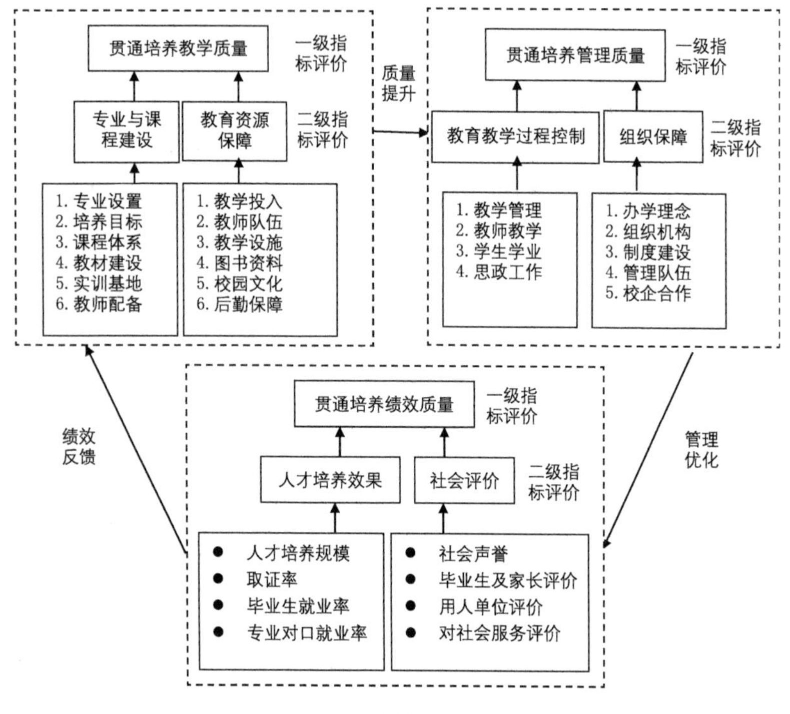

图 7–28　贯通培养质量评价示意图

第三节　优化贯通培养项目改革的若干对策

在政策推动下，经过多年的探索实践，贯通培养专业高度契合首都产业结构转型升级需求，逐步形成“中本贯通”和“高本贯通”两种培养模式，畅通了首都现代职业教育体系，提高了职业教育的适应性与吸引力，改革已初见成效，但是在实践过程中，不可避免地出现一些问题，如政策持续的支持、中高职“热”而本科“冷”、缺少一体化教学标准、考核评价标准不一等问题，为使贯通培养项目持续健康地发展下去，达到预期的改革目标，急需一些政策及配套改革措施的跟进，以确保贯通培养项目的顺利实施。

一、加强顶层设计，确保政策持续稳定支持

贯通培养项目在构建首都现代职业教育体系中仍处于试验阶段，许多政策要在试验中摸索和调整。如贯通项目试行两年后，取消外培项目招生，改为选派优秀学生外出研学，同时规定学生在中职阶段不再固定专业。贯通培养项目要实现可持续发展，仅仅靠试验院校内容改革来追求高端技术技能人才红利是不够的，还需要政府更加重视，给予完备的制度保障和持续的支持，如生均经费投入、支持重点专业建设高水平实训基地、设立高水平师资队伍建设的资金等。北京市教育部门可以根据本轮贯通培养 7 年学习周期内遇到并解决的各种问题，确定贯通培养全周期政策并确定下来，作为贯通持续实施的政策参考。

二、完善制度建设，健全“院校联合”“资源共享”等机制

在政府推动下，遵循职业教育规律、技术技能人才成长规律，协调职业教育内、外部关系，要打破体制机制限制，集优质高中资源、国家示范性高职院校资源、市属本科院校及美、德、法、英等国外优质大学资源，优化教学条件，建立健全整体设计、系统培养、贯通实施、校企合作、协同育人的人才培养新机制，形成人才培养合力，为培养“基础好、能力强、素质高、视野宽”的国际化高端技术技能人才提供良好的条件和基础。要借鉴上海、江苏、山东等省市经验，逐步完善相关保障制度，并谋求受益主体的最大化。如，针对转段考试不合格的学生，做出制

度安排与分流渠道，增加学生接受教育的机会与途径；针对中途退出、想转专业的学生出台相关制度文件等，完善退出机制。

三、明晰人才培养目标，创新开发系统化教学标准

中高本各层次人才培养目标和教学标准是贯通培养各项工作得以开展的指导和依据。实施职业教育贯通培养，必须在抓牢类型教育定位的基础上，解决中高本人才培养目标和教学标准缺失的问题。

首先，整体设计人才培养目标，应立足于各级生源的身心特点和知识能力水平，以专业领域的高素质技术技能人才所应具备的综合职业素养及综合职业能力为最终目标，分解受教育者初始素质与人才培养最终目标之间的差距，依据专业技术技能培养的内在逻辑和规律，逐级、分段制定中高本贯通培养的目标，构建起递进式、立体化的人才培养目标体系。

其次，创新开发中高本院校教学标准。建立相对统一的教学标准，是中高本贯通培养的关键。应组织骨干教师、课程专家，邀请业内大师名匠、行业专家等共同组建教学标准制订小组。在充分专业调研的基础上，分析专业对应岗位的主要工作任务和能力需求，以此确定人才贯通培养的整体指导方案和专业课程标准。

最后，综合行业调研与岗位分析的结果，来确定专业增设、退出及优化调整的标准，并建立教学质量评估指标体系，由此形成涵盖专业、课程、人才评价各个环节的中高本贯通培养教学标准体系。

四、加强过程考核，完善监管评价体系

科学的评价体系是中高本贯通高质量发展的重要保障。要确保贯通专业的人才培养质量，需要建立面向立德树人，中职、高职本科一体化，综合素质与就业质量相结合的评价标准与体系。一是要发挥政府主导作用，加强过程管理与监控，及时了解、考评中高本贯通实施情况，建立政府—社会—学校三级监控体系，聘请第三方进行评估监控。二是对中高本贯通人才培养目标、毕业要求、各类课程体系等环节确定人才培养质量标准，注重学生专业知识与学习能力培养相结合，避免因学制过长导致专业知识滞后、专业技术落后等问题。三是各合作院校需要建立一体化考核评价机制，加强过程考核，及时修正人才培养可能存在的偏差，填补制度缺陷，弥补资源的短缺与不足，为教学质量的持续改进提供依据，确保分段培养与整体培养的质量。

附　录

附录一　北京市职业院校教材管理办法

（京教办〔2021〕16号）

第一章　总　则

第一条　为贯彻落实党中央、国务院关于加强和改进新形势下大中小学教材建设的意见，全面加强党的领导，落实国家事权，切实提升教材建设与管理水平，根据教育部《职业院校教材管理办法》，特制定本办法。

第二条　本办法中所称教材是指供中等职业学校和高等职业学校课堂和实习实训使用的教学用书，以及作为教材内容组成部分的教学材料（如教材配套的音视频、图册等）。

第三条　职业院校教材必须体现党和国家意志，全面贯彻党的教育方针，落实立德树人根本任务，服务高精尖产业结构、城市运行与发展、高品质民生对技术技能人才培养培训的需求。

第二章　管理职责

第四条　在国家教材委员会指导和统筹下，实行市、区和学校分级管理。

第五条　市级教育行政部门牵头负责本市职业院校教材建设与管理，设立市级教材建设管理机构，落实国家教材规划和职业院校教材管理办法，结合实际合理规划本市职业院校教材建设，指导监督各区和学校教材建设与管理工作。

第六条　各区、职业院校应建立健全教材建设管理机构和人员配置，负责制定审定各区和学校教材建设相关制度和规划、教材编写与出版、教材选用与征订、优秀教材推荐与评选，以及研究确定教材建设与管理经费的使用等。学校党委（党组织）对本校教材工作负总责。

第三章　教材建设

第七条　市级教材建设管理机构，统筹规划教材建设工作，协调、指导各区、职业院校开展教材建设工作。充分发挥教育科研机构、职业技术教育学会、职业教育集团（联盟）在教材建设中的作用。

第八条　教材建设主要包括教材规划、教材研究、教材开发、教材编写、出版审核等。

第九条　教材规划要注重顶层设计，各区、职业院校结合实际研究制定教材建设三至五年规划和年度计划，重点规划体现区域特色的公共选修课教材和国家规划教材以外的专业课教材，以及校本职业教育特色课程教材。

第十条　教材研究要确保教材建设的方向性、科学性和先进性，要依据技能人才培养目标和职业岗位标准，加强校企合作，开展活页式、工作手册式等教材研究，以及适应北京职业教育教学改革的本土化教材和服务“一带一路”职业教育项目的国际化教材研究。

第十一条　教材开发要适应现代职业教育发展、满足教育教学改革要求、依规有序开展。公共基础课教材要与职业道德、行为规范、生活教育等相融合，与企业文化、职业素质等内容相衔接。专业课教材要加强校企合作，与人才培养模式契合配套，与行业企业及职业岗位结合紧密。重点开发编写符合生产实际、反映行业发展新趋势和实际岗位新技术、新工艺、新流程、新规范的教材，开发编写满足工学结合、项目教学改革要求、“教学训做评”一体化的活页式、工作手册式等新型教材。

第十二条　教材编写要依据职业院校教材规划以及国家教学标准和职业标准（规范）等，服务学生成长成才和就业创业。教材编写实行主编负责制，主编对教材编写质量负总责，主编资质、编写团队人员条件须符合教育部教材管理办法相关规定，专业教材编写团队成员要有若干名行业企业技术人员或能工巧匠等。教材编写过程中应通过多种方式征求各方面特别是一线师生和企业意见。教材编写完成后，应送一线任课教师和行业企业专业人员进行审读、试用，根据审读意见和试用情况修改完善教材。

第十三条　教材编审严格依据教育部相关规定执行，凡编必审，实行教材编审分离制度，遵循回避原则。学校教材建设管理机构负责组织委托熟悉职业教育和产业人才培养需求的专业机构或专家团队进行审核认定。未经审定的教材，不得印刷、出版。

第十四条　教材出版机构应符合以下条件：对所出版的教材，

有不少于3名具有相关学科专业背景和中级以上职业资格的在编专职编辑人员。具备教材使用培训、回访服务等可持续的专业服务能力。具有与教材出版相适应的资金和经营规模。最近5年内未受到出版主管部门的处罚，无其他违法违纪违规行为。

第四章　教材管理

第十五条　教材管理包括教材选用、教材更新、教材征订、教材使用、教材评价和境外教材管理等。

第十六条　学校教材建设管理机构要建立健全教材管理相关制度，确保选用使用教材符合正确政治方向和价值导向，确保教师、学生教学活动的顺利进行。

第十七条　学校要建立教材选用制度，明确分工、细化程序、强化责任，确保教材选用工作科学、规范、有序。教材选用实行备案审查制度，经学校教材建设管理机构审核后，按照管理权限报市、区教育行政部门备案。

中等职业学校思想政治、语文、历史三科，必须使用国家统编教材。高等职业学校必须使用国家统编的思想政治理论课教材、马克思主义理论研究和建设工程重点教材。中等职业学校公共基础必修课程教材须在国务院教育行政部门发布的国家规划教材目录中选用。职业院校专业核心课程和高等职业学校公共基础课程教材原则上从国家和省级教育行政部门发布的规划教材目录中选用。不得以岗位培训教材取代专业课程教材，不得选用盗版、盗印教材。选用境外教材，按照国家有关政策执行。

第十八条　学校要建立教材征订管理制度，严格规范教材征订渠道，加强教材采购工作的规范管理，牢固树立服务意识，规范职业道德行为，确保教材保质、保量、按时发放到授课教师和学生手中，保障教育教学正常运行。

第十九条　学校要建立教材使用评价反馈机制，针对教师使用效果、学生使用情况等进行评价反馈。教材评价在课程结束学期期末进行，定性评价与定量评价相结合。学校教材建设管理机构要统一发布教材质量评价通知及教材质量评价表，汇总评价结果，分析教材使用成效，作为教材选用的重要依据。

第二十条　学校要建立重大舆情报告制度。在教材选用、使用过程中发现问题，必须第一时间向学校教材建设管理机构报告、向上级教材管理行政部门汇报。坚持先口头汇报、后书面汇报程序，注意工作方式方法，妥善处理政策敏感问题，确保舆情风险化解在萌芽。

第五章　保障机制

第二十一条　市级教育行政部门统筹利用现有政策和资金渠道支撑全市职业院校教材研究、审核、指导、评价等工作，提升教材质量，打造精品教材。鼓励社会资金支持教材建设，加强教材管理信息化建设，建立本市职业院校教材管理信息平台，提高教材管理服务效率。

第二十二条　承担国家统编教材编写修订任务，主编和核心编者视同承担国家级科研课题；承担国家课程非统编教材编写修订任务，主编和核心编者视同承担省部级科研课题；承担本市地方课程教材编写修订任务，主编和核心编者视同承担厅局级科研课题；享受相应政策待遇。审核专家根据工作实际贡献和发挥作用参照以上标准执行。编审人员所在单位应充分保证其工作时间，将编审任务纳入工作量计算，作为业绩考核、职务评聘的依据。落实国家和本市教材奖励制度，加大对优秀教材的支持。

第二十三条　将教材建设与管理纳入教育督导，对职业院校教材选用、使用、编写、管理等进行检查和监督，督促指导学校完善实施细则。对教材管理落实不到位，出现违法违规行为的进行严肃处理。

第二十四条　违反本办法的，视情节轻重和所造成的影响，由上级或同级教育行政部门责令停止违规行为，并由主管部门或所在单位按规定对相关责任人给予相应处分。对情节严重的单位和个人列入负面清单；涉嫌犯罪的，依法追究刑事责任。

第六章　附　则

第二十五条　各区级教育行政部门、各职业院校应根据本办法制定完善本区、学校教材管理制度，特别是要进一步细化校本教材审核及管理要求。作为教材使用的讲义、教案和教参以及数字教材参照本办法管理。

第二十六条　本办法自发布之日起施行。本市其他现行职业院校教材管理制度，凡与本办法规定不一致的，以本办法为准。与本办法规定不一致且难以立刻终止的，应在本办法印发之日起6个月内纠正。

本办法由北京市教育委员会负责解释。

附录二　北京市高端技术技能人才贯通培养实施情况 2019 年调查问卷（学生卷）

亲爱的同学：您好！北京市高端技术技能人才培养试验项目已进入第五年，为全面了解学生的学习现状和学习需求，以便有针对性地进行教育教学改革，提高人才培养质量，我们设计了调查问卷，希望您能抽出一点宝贵时间配合我们如实完成以下问卷。调查以不记名的方式进行，数据资料仅做研究分析及政策咨询使用，再一次感谢您的支持与配合。

1. 您是哪个学段的学生？

A. 贯通培养（中职段）在校学生

B. 贯通培养（高职段）在校学生

2. 您选择就读贯通培养的原因是？（可多选）

A. 可拿本科文凭

B. 就业前景好

C. 考试成绩所限

D. 愿意选择职业教育院校或北京地方本科高校

E. 家长的选择或离家近

F. 其他原因 ________________

3. 您对目前就读院校办学整体情况是否满意？

A. 满意　B. 基本满意　C. 不满意

4. 您对目前就读专业是否满意？

A. 满意　B. 基本满意　C. 不满意

5. 您对所开设的课程是否满意?

A. 满意　B. 基本满意　C. 不满意

6. 您对所学贯通专业师资是否满意?

A. 满意　B. 基本满意　C. 不满意

7. 您感觉现在的学习任务重吗?

A. 重　B. 不重　C. 一般

8. 您感觉课程内容难易程度?

A. 难　B. 不难　C. 一般

9. 您对公共基础课教学是否满意?

A. 满意　B. 不满意

10. 您对公共基础课教学不满意的原因有:(9 题选 B 的同学回答，可多选)

A. 传统的讲授式教学，不能激发学习兴趣

B. 学习内容太难，跟不上

C. 考试评价方式单一

D. 其他

11. 您对专业课教学是否满意?

A. 满意　B. 不满意

12. 您对专业课教学不满意的原因有:(11 题选 B 的同学回答，可多选)

A. 传统的讲授式教学，不能激发学习兴趣

B. 教学内容和教材更新不及时，跟不上现实

C. 教学理论性太强，实践操作少

D. 其他 ________________

13. 您对所在专业的转段方案满意吗?(高职学段学生答)

A. 满意　B. 不满意　C. 不太清楚

14. 您对贯通项目的学习感到倦怠了吗?

A. 是　B. 不是

15. 您感到学习动力不足的主要原因是?(14 题选 A 的同学回答，可多选)

A. 不用担心被淘汰

B. 课程设置不够合理

C. 课程内容重复

D. 教师授课缺乏吸引力

E. 学习任务太轻松

F. 其他 ______

16. 参加贯通培养后，您对自己的就业竞争力有何看法?

A. 非常强　B. 强　C. 一般　D. 不强

17. 您对贯通培养成长路径的选择，目前感觉:

A. 选择正确，超出或与预期想法一致

B. 后悔选择，与预期想法有差距

C. 说不清

18. 您的性别：男　　女

19. 您的年龄:

20. 您就读或未来选择的贯通专业名称:

21. 您认为目前贯通培养存在的主要问题有哪些?

22. 您对办好贯通培养有何好的建议?

北京市高端技术技能人才贯通培养实施情况 2019年调查问卷（教师卷）

尊敬的老师：您好！北京市高端技术技能人才培养试验项目已进入第五年，为全面了解贯通人才培养情况，我们设计了调查问卷，希望您能抽出一点宝贵时间配合我们如实完成以下问卷。调查以不记名的方式进行，数据资料仅作为研究分析及政策决策参考使用，再一次感谢您的支持与配合。

1. 您的身份类型是?

A. 中职专任教师　B. 中职兼职聘用教师

C. 中职行政兼课教师　D. 高职专任教师

E. 高职兼职聘用教师　F. 高职行政兼课教师

2. 您所教授的课程类型是?

A. 公共基础课　B. 专业课　C. 实习指导课

3. 您认为目前学校贯通项目每年的招生数量：

A. 保持目前的招生数量　B. 应继续扩大招生数量

C. 应缩减招生数量

4. 您认为目前学校贯通项目专业的数量：

A. 合适，不用调整　B. 应继续扩大招生专业数量

C. 对招生不理想的专业应适当缩减

5. 您认为学生选择就读贯通培养的原因是?（可多选）

A. 可拿本科文凭　B. 就业前景好　C. 考试成绩所限

D. 愿意选择职业教育院校或北京地方本科高校

E. 家长的选择或离家近　F. 其他原因 ________________

6. 您认为贯通专业学生的综合素质与其他同类专业学生相比（可多选）：

A. 文化基础好　B. 学习能力强　C. 动手操作能力强

D. 自我管理能力强　E. 没有太大区别

7. 您认为目前贯通专业与非贯通专业相比，人才培养质量上有优势吗？

A. 有　B. 没有　C. 目前看不出来　D. 说不清

8. 您对您所教授的贯通专业人才培养方案制定及课程体系的设计，是否满意？

A. 满意　B. 基本满意　C. 不满意　D. 不了解

9. 您在贯通专业的课堂教学中与其他专业教学相比，做了哪些方面的改革？（可多选）

A. 教学方法的改变，以教为主向以学为主转变

B. 教学手段的改变，传统教学手段向现代教学手段转变

C. 小班化教学

D. 教学评价方式的改变，以结果评价为主向结果过程评价结合为主转变

E. 没有太大改变

10. 您认为您所教授贯通课程的教学效果与您教其他专业同样课程的教学效果相比较：

A. 比其他专业好　B. 与其他专业一样

C. 比其他专业差　D. 没有比较过

11. 您认为对贯通教师教学质量评价应该采取以下哪些办法？（可多选）

A. 学生无记名问卷　B. 座谈与访谈　C. 听课记录

D. 教学档案　E. 第三方机构评价

12. 您认为贯通专业使用的公共基础课教材是否能满足专业人才培养需要?

A. 满足　B. 基本满足　C. 不能满足　D. 说不清

13. 您认为贯通专业使用的专业课教材是否能满足专业人才培养需要?

A. 满足　B. 基本满足　C. 不能满足　D. 说不清

14. 您希望学校在贯通教学实施过程中提供哪些指导和帮助?

A. 一对一的专家跟踪指导　B. 开展相关讲座培训

C. 开展经验交流活动　D. 其他

15. 您认为参与贯通试验的学生学习有倦怠现象吗?

A. 有（如有倦怠，请继续完成16题）B. 没有　C. 说不清

16. 您认为学生学习动力不足的主要原因是?（可多选）

A. 不用担心被淘汰　B. 课程设置不够合理

C. 课程内容重复　D. 学习任务太轻松　E. 教师授课缺乏吸引力　F. 其他

17. 为更好地开展贯通人才培养工作，您认为以下哪些方面的培训是急需的?（可多选）

A. 教育理论培训　B. 教学方法培训

C. 课程开发方法培训　D. 专业理论知识培训

E. 专业技能培训　F. 职业发展与综合能力提升培训

G. 管理知识培训　H. 上级文件及学校政策的学习

I 其他 ________________

18. 您认为学校贯通培养的特色优势和办学经验有哪些?

19. 您认为贯通培养存在的主要问题是什么?

20. 您对办好贯通培养有何好的建议?

附录三　北京市高端技术技能人才贯通培养项目师资队伍情况调查表

表 1　贯通项目教师基本情况表

教师及学生基本情况								
全校教职工数	教师人数						学生人数	
	贯通公共基础课教师	贯通专业课教师	校内兼职教师	校外兼职教师（从企业聘请的教师数）	校外兼职教师（退休或合作高中聘请的教师）	聘请兼职外籍教师	全日制在校生人数	贯通培养学生人数

专任教师主要来源															
公共基础课教师				专业课教师				实习指导课教师				专任教师中“双师型”教师			
合计	学校毕业直接任教	企业调入	其他单位调入	合计	学校毕业直接任教	企业调入	其他单位调入	合计	学校毕业直接任教	企业调入	其他单位调入	合计	学校毕业直接任教	企业调入	其他单位调入

表 2　贯通培养项目各类教师职称级别、年龄结构、学历层次统计

教师类别	职称级别						年龄结构					学历层次				
	合计	正高级	副高级	中级	初级	无职称	合计	30 岁以下	31 ~ 40 岁	41 ~ 50 岁	51 ~ 60 岁	合计	硕士及以上	本科	专科	其他
专任公共课教师																
专任专业课教师																
专任实习指导课																
教师																
专任教师中																
“双师型”教师																
校内兼职教师																
聘请校外兼职																
公共基础课教师																
聘请校外兼职																
企业教师																
聘请外教教师																

表 3　贯通培养项目教师队伍（数量结构、职称学历、教学、培养培训及管理等方面）的优势、存在问题和进一步加强师资队伍建设的建议

优势	问题	建议

参考文献

［1］ 李兴洲，耿悦．中高职衔接“课程链”建构研究［J］．职教论坛，2017（6）：12–18.

［2］ 宋春林．中高职衔接存在的问题及对策［J］．职业技术教育，2017（23）：22–25.

［3］ 徐国庆，石伟平．中高职衔接的课程论研究［J］．教育研究，2012（5）：69–73+78.

［4］ 夏益中．“递阶分层定向式”中高职衔接课程体系与实践——以宝安职教集团为例［J］．天津中德应用技术大学学报，2021（4）：35–39.

［5］ 张雅文．中高职教育贯通人才培养模式研究［D］．上海：上海师范大学硕士学位论文，2017.

［6］ 郭晨，赵晓燕．贯通培养“一体化”课程体系构建［J］．中国职业技术教育，2017（35）：63.

［7］ 唐纪瑛．“2+1”中本贯通专业课程一体化建设实践研究——以文物保护与修复专业为例［J］．中国职业技术教育，2020（32）：20.

［8］ 夏飞．翱翔贯通：北京财贸职业学院贯通基础阶段教学体

系构建与实践［M］. 北京：知识产权出版社，2020.
［9］王成荣，龙洋. 对高端职业人才贯通培养的认识与思考［J］. 北京财贸职业学院学报，2015（6）：17–19.
［10］念潮旭. 上海“3+4”中本贯通实践及对福建职业教育改革的启示［J］. 教育与职业，2020（9）：27–34.
［11］何文明，毕树沙. 畅通我国技术技能人才成长通道的现实路径［J］. 中国职业技术育，2021（2）：59–62.
［12］周建松. 构建开放、多元、立体的高职教育质量评价体系［J］. 中国高教研究，2012（8）：89–92.
［13］徐雅娜，胡晓旭，赵萍. 高职院校内部职业评价体系的研究［J］. 职教论坛，2016（6）：21–25.
［14］徐国庆. 中等职业教育的基础性转向：类型教育的视角［J］. 教育研究，2021（4）：122–124.
［15］刘红燕. 重构高职院校课程框架体系的范式与功能分析［J］. 高等工程教育研究，2014（2）：156–158.
［16］潘海生，林晓雯. 建立作为教育类型的职业教育的评价方式［J］. 中国职业技术教育，2021（4）：5–11+17.
［17］柳燕君，王春燕. 高端技术技能人才培养模式研究与实践［M］. 北京：北京出版社，2017.
［18］王成荣，等. 职业教育贯通培养模式研究［M］. 北京：商务出版社，2021.
［19］杨晓荣.“中—高—本”院校学前教育专业课程体系衔接策略研究［D］. 河北科技师范学院硕士学位论文，2017.
［20］韩慧师. 中本贯通分段培养模式的课程设置研究——以环境治理技术专业为例［D］. 济南：山东师范大学硕士学位论文，2020.

［21］孟恩惠．“3+4”贯通培养旅游管理专业转段后对中职阶段培养的满意度研究［D］．济南：山东师范大学硕士学位论文，2019.
［22］张秀霞．中高贯通课程衔接的现状、策略与保障［J］．教育与职业，2016（24）：95–98.
［23］孙善学．职业教育分级制度基本问题［J］．教育与职业，2011（8）：41–44.
［24］姜大源．工作过程系统化课程的结构逻辑［J］．教育与职业，2017（13）：5–12.
［25］李宇红．职业教育分级制研究——职业教育分级制教学体系构建研究［M］．北京：中国财富出版社，2015.
［26］姜大源．职业教育：类型与层次辨［J］．中国职业技术教育，2008（1）：1+34.
［27］张守祥．中等和高等职业教育衔接的制度研究［J］．教育研究，2012（7）.
［28］马桂香，邓泽民．我国职业教育教材研究 40 年综述［J］．职教论坛，2019（10）：57–60.
［29］余宏亮．改革开放 40 年教材研究——图谱解析与进路探寻［J］．课程·教材·教法，2018（11）：25–29.
［30］忽杰．我国中—高—本衔接现状、问题及对策［J］．中国职业技术教育课，2016:（3）68–70.
［31］张皓明．职业技术教育中行动导向教学模式的研究［D］．上海：华东师范大学硕士学位论文，2006.

图书在版编目（CIP）数据

高端技术技能人才贯通培养研究 / 吕良燕著 . — 北京：民族出版社，2023. 7

ISBN 978-7-105-17060-9

Ⅰ . ①高… Ⅱ . ①吕… Ⅲ . ①职业教育 – 研究 – 中国 Ⅳ . ① G719.2

中国国家版本馆 CIP 数据核字（2023）第 156893 号

高端技术技能人才贯通培养研究

策划编辑　欧　泽
责任编辑　欧　泽
封面设计　金　晔
出版发行　民族出版社
地　　址　北京市和平里北街 14 号
邮　　编　100013
网　　址　http://www.mzpub.com
印　　刷　北京中石油彩色印刷有限责任公司
经　　销　各地新华书店
版　　次　2023 年 7 月第 1 版　2023 年 7 月北京第 1 次印刷
开　　本　880 毫米 ×1230 毫米　1/32
字　　数　245 千字
印　　张　9.75
定　　价　39.00 元
书　　号　ISBN 978-7-105-17060-9 / G · 2220（汉 1080）

该书若有印装质量问题，请与本社发行部联系退换
编辑室电话：010-64971909　发行部电话：010-64224782